ALGORITMOS DA OPRESSÃO

Safiya Umoja Noble

Preservadas as imagens originais do trabalho de pesquisa da autora.

Grafia atualizada segundo o Acordo Ortográfico da Língua Portuguesa de 1990, que entrou em vigor no Brasil em 2009.

Edição: Felipe Damorim e Leonardo Garzaro
Arte: Vinicius Oliveira
Tradução: Felipe Damorim
Revisão: Ana Helena Oliveira, Lígia Garzaro e Carmen T. S. Costa
Preparação: Leonardo Garzaro

Catalogação na publicação
Elaborada por Bibliotecária Janaina Ramos – CRB-8/9166

N747

Noble, Safiya Umoja

Algoritmos da opressão: como o Google fomenta e lucra com o racismo / Safiya Umoja Noble; Tradução de Felipe Damorim – Santo André - SP: Rua do Sabão, 2021.

Título original: Algorithms of Oppression: how search engines reinforce racism
396 p.; 14 X 21 cm
ISBN 978-65-86460-30-8

1. Racismo. 2. Tecnologia. 3. Algoritmos. I. Noble, Safiya Umoja. II. Damorim, Felipe (Tradução). III. Título.

CDD 305.8036

Índice para catálogo sistemático
I. Racismo

[2021]

Rua da Fonte, 275, sala 62 B,
09040-270 — Santo André — SP

www.editoraruadosabao.com.br
/ editoraruadosabao
/ editoraruadosabao
/ editoraruadosabao
/ editorarua
/ edit_ruadosabao

ALGORITMOS DA OPRESSÃO

COMO O GOOGLE FOMENTA E LUCRA COM O RACISMO

Safiya Umoja Noble

Traduzido do inglês por Felipe Damorim

[ÍNDICE]

PREFÁCIO ... 7
INTRODUÇÃO ... 17
UM ... 39
DOIS ... 123
TRÊS ... 192
QUATRO ... 204
CINCO ... 232
SEIS ... 265
CONCLUSÃO ... 296
EPÍLOGO ... 317
AGRADECIMENTOS ... 322
NOTAS ... 334
REFERÊNCIAS BIBLIOGRÁFICAS ... 351
ÍNDICE REMISSIVO ... 379

Para
Nico e Jylian

PREFÁCIO

A primeira vez que eu entrei em contato com a obra da Dra. Safiya Umoja Noble foi enquanto me preparava para assistir uma aula da prof. Becky Faith e do prof. Tony Roberts, durante meu mestrado em gênero e desenvolvimento. A aula era sobre como as relações de poder são refletidas e reproduzidas através das tecnologias digitais, de formas que afetam meninas e mulheres. O ano era 2018, e àquela altura, já conhecíamos muitas evidências de como a internet é um lugar hostil para meninas e mulheres negras. Como a maioria das jovens negras que usam a internet, eu já havia me deparado com uma boa quantidade de exemplos de como o racismo e a misoginia estavam também no ambiente on-line. Em círculos do movimento de mulheres negras brasileiras, discussões com ciberativistas negras e grupos de mulheres negras na tecnologia, cada vez mais conversávamos sobre como as tecnologias digitais e a internet estavam perpetuando racismo e misoginia contra mulheres negras. Ao mesmo tempo em que estávamos nos articulando e nos mobilizando usando a internet, redes sociais e outras tecnologias, rapidamente passamos a ser críticas das plataformas em que operávamos. Elas também eram responsáveis pelas formas com as quais éramos hostilizadas e atacadas, nas formas com as quais nosso conteúdo era escondido e censurado, e na forma como os discursos de ódio direcionados às mulheres negras eram continuamente publicados sem nenhuma sanção.

Por isso, ao ler Algoritmos da Opressão: Como o Google fomenta e lucra com o racismo, fui imediatamente tomada pela sensação de que era muito importante compartilhar essa obra com mais pessoas e, mais especificamente, com mais feministas negras no Brasil. Para aquelas de nós que estão conectadas, o Google faz parte das nossas vidas e sua ferramenta de busca é algo que usamos várias vezes por dia para encontrar informação. E apesar de muita gente já saber que o Google é uma empresa, pouca gente conhece as repercussões de se ter uma empresa à frente do nosso acesso à informação e, consequentemente, dos imaginários coletivos do que é ser uma mulher negra.

Ao longo deste livro, a autora demonstra que o funcionamento dos mecanismos de busca criados e administrados por grandes empresas, como o Google, atuam de forma a estruturar discursos e narrativas sobre pessoas e comunidades. Enquanto usuárias e usuários do Google, somos socializados a pensar que a empresa oferece acesso à informação precisa, objetiva, despolitizada e neutra. A maioria de nós aprende a ver os resultados das buscas como um mero reflexo da nossa sociedade. Ou, então, como uma classificação feita de acordo com aquilo em que as pessoas clicam com mais frequência, até mesmo como uma listagem feita conforme a relevância das informações para os usuários. Mas, neste livro, Noble mostra que as coisas não funcionam bem assim.

A autora mostra que o Google é uma empresa de propaganda que classifica e categoriza informações de acordo com seus próprios interesses comerciais — e não necessariamente de acordo com o interesse público. Ao longo de Algoritmos da Opressão, temos muitas evidências de que os resultados das nossas pesquisas no Google não representam estritamente aquilo que é mais buscado ou mais clicado. Eles representam, na realidade, quais são informações que o Google prioriza sobre determinadas comunidades, pessoas, e ideias. Ao invés de funcionar como uma fonte neutra e imparcial de informações, Noble nos mostra que o Google elenca e molda os resultados concentrando-se em maximizar sua dominação no mercado. Como consequência dessas escolhas, as práticas do Google são exponencialmente mais danosas para pessoas marginalizadas.

Um dos exemplos mais emblemáticos do livro é o da hiperssexualização de meninas e mulheres negras nos resultados de buscas realizadas no Google. Por anos, ao buscar informações sobre as vidas de meninas negras nos EUA, as pessoas não encontravam conteúdo confiável e informativo — isto é, estatísticas relevantes, contato de organizações respeitadas que trabalham com crianças e jovens negras, artigos acadêmicos, textos jornalísticos, livros de autoras e autores especialistas nos temas, ou mesmo indicações de atividades construtivas para meninas negras. Ao buscar o termo

"Black girls" (meninas negras, em inglês) na plataforma, as pessoas deparavam-se com uma lista de conteúdos de cunho pornográfico, reproduzindo estereótipos machistas e sexistas.

Ao debater este exemplo, Noble nos lembra que a socialização de mulheres negras como objetos sexuais deriva das construções históricas decorrentes do sistema escravocrata. Assim como no Brasil, ao longo da história dos EUA mulheres negras têm sido representadas nas mídias tradicionais de forma hiperssexualizada, e as novas mídias continuam reproduzindo esses valores. Apoiando-se nas obras de feministas negras como bell hooks, Noble explica que as velhas representações negativas (e racistas) da mídia tradicional seguem vivas nas plataformas digitais. Ao fornecer como resultado da busca por "meninas negras" uma sucessão de conteúdos que associavam meninas negras à pornografia, o Google estava contribuindo para moldar percepções estereotipadas e danosas sobre meninas e mulheres negras. Mostrando como esses mecanismos de busca podem influenciar imaginários coletivos, este livro é uma oportunidade para questionarmos a qualidade das informações que recebemos e para refletirmos sobre as hierarquias raciais que emergem da plataforma.

Com a sua pesquisa, Noble mostra que a opressão algorítmica não acontece como resultado de alguns equívocos ou como consequência de algumas linhas de código fora do lugar. Em Algoritmos da Opressão, vemos que a opressão algorítmica é um elemento fundamental de como a

Internet funciona hoje. Ao demonstrar como resultados de busca estão ativamente contribuindo para perpetuar perspectivas racistas e machistas, Noble nos mostra que aquilo que se torna popular na internet não é um acidente, nem exclusivamente um espelho de temas do interesse público. Na verdade, a internet é intencionalmente organizada para o benefício de elites no poder nos Estados Unidos. Este livro é essencial para entender que, mais do que alguns "erros" cometidos por esta ou aquela grande corporação de tecnologia, a opressão algorítmica é um reflexo dos valores e das normas de certas empresas, dos seus parceiros e dos anunciantes.

Isso tudo se torna especialmente preocupante quando pensamos no acesso à informação de qualidade como um direito e um elemento essencial para uma democracia saudável. Noble mostra que acreditar que um mecanismo de busca operado por uma empresa de propaganda é uma fonte confiável de informações pode trazer (e traz!) consequências terríveis para nossa sociedade. É sabido que representações midiáticas têm um papel importante em informar como entendemos diferenças sociais, culturais, étnicas e raciais, por exemplo. Assim, como qualquer tipo de mídia, os resultados de busca do Google têm uma influência significativa e podem contribuir para formar opiniões e informar o debate público sobre relações de gênero e raça. No caso do Google, por exemplo, se trata de uma empresa de propaganda que ocupa um espaço de difusão de informação em massa sobre pessoas, culturas, ideias e indivíduos. Noble explica que os resultados enviesados gerados pela empresa impactam negativamente as narrativas criadas sobre essas pessoas, suas comunidades e suas realidades.

É preciso pensar nas consequências de ter o exercício do direito à informação de qualidade mediado por empresas privadas, bem como nas repercussões que esse arranjo traz para o debate público. Noble argumenta que serviços de empresas como o Google precisam funcionar a favor do interesse público e que precisamos de políticas públicas que regularizem como a informação é classificada e categorizada, assim como de regulações que nos protejam de práticas antiéticas na tecnologia. Ao invés de priorizar narrativas dominantes que perpetuam a supremacia branca, mecanismos de busca deveriam funcionar como ferramentas de democratização de acesso à informação, focada no interesse público e na justiça social.

Este livro é parte integrante das discussões que vêm sendo travadas em diversos países por feministas negras, tecnologistas que se preocupam com justiça social, e pesquisadoras e pesquisadores que estudam os impactos das tecnologias digitais nas nossas vidas. Mais do que um diagnóstico sobre como tecnologias digitais usadas por empresas como a Google podem perpetuar racismo e misoginia, este livro é um convite para refletirmos sobre como essas empresas têm atuado e imaginarmos alternativas antirracistas e feministas. Uma das provocações que Noble traz é questionar o que significa em termos práticos buscar conceitos de gênero, raça e etnicidade em uma ferramenta como o Google e só encontrar informação incompleta ou deturpada. A autora mostra que, enquanto sociedade, precisamos também de alternativas não-comerciais para buscar informação na internet. Para garantir que o público possa acessar informações verdadeiras, confiáveis e de qualidade, precisamos de iniciativas que não sejam guiadas inteiramente por interesses comerciais.

Junto com a busca por alternativas, em Algoritmos da Opressão, Noble ressalta como é preciso que essas empresas se responsabilizem adequadamente pelo tipo de tecnologia que elas estão criando. De forma geral, elas têm adotado posturas insuficientes no que diz respeito a prestar contas sobre como suas ferramentas funcionam e as consequências causadas. Temos visto que muitas empresas de tecnologia não estão dispostas a assumir a responsabilidade pelos impactos negativos que seus algoritmos produzem e ainda insistem no discurso de que a mudança só virá "um dia no futuro, quando mais mulheres negras aprenderem a programar". Dessa forma, essas empresas insinuam que o dever de mudar essas práticas racistas e misóginas na tecnologia é apenas de mulheres negras e demais pessoas racializadas. O que Noble nos mostra é que essas empresas precisam abandonar sua lógica racista e machista imediatamente e que o ônus não deve ser transferido para os grupos que são justamente os mais afetados pelas práticas nocivas dessas empresas. É necessário que as empresas de tecnologia melhorem seus códigos e seus algoritmos agora.

Em determinado momento da conclusão desta obra, a autora relata que, conforme ela vai contando a história da sua pesquisa, nós, as leitoras e leitores, vamos fazendo buscas no Google, nos assustando com uns resultados e nos surpreendendo com outros. E, conforme a leitura avança, essas buscas vão tomando um novo significado, deixando de ser vistas como uma listagem neutra de conteúdos indexados "objetivamente", e passando a ser entendidas como parte de uma categorização arbitrária, com repercussões políticas. E esse é um processo de reflexão que não deve se limitar ao Google. É preciso repensar como grandes corporações de tecnologia estão adotando decisões automatizadas em várias áreas da nossa vida, moldando narrativas e definindo relações sociais. O livro Algoritmos da Opressão mostra que tecnologias digitais estão ecoando aquilo que as mídias tradicionais já vinham fazendo há muito tempo: reproduzindo machismo e racismo, criando e moldando nossas percepções sobre mulheres negras.

As questões que estamos enfrentando hoje na relação entre raça e tecnologia são fundamentadas em um longo histórico de injustiça. O racismo não é um fenômeno novo e, cada vez mais, as formas como ele se manifesta vão se alterando e se aprimorando. Hoje, ele tem se perpetuado também no campo das tecnologias digitais. Apesar deste diagnóstico sombrio, acredito que estamos num momento oportuno para questionar os impactos das tecnologias digitais nas nossas vidas. Parte de uma crescente literatura daquilo que Noble chama de estudos feministas negros sobre tecnologia, um campo de estudos que analisa as tecnologias digitais a partir de uma perspectiva do feminismo negro, este livro tem inspirado o trabalho de centenas de pensadoras, tecnologistas, e ativistas que estão lutando por tecnologias melhores, centradas nos valores de justiça social. Algoritmos da Opressão é um convite ao processo de compreender como as tecnologias se relacionam com estruturas de poder, como o racismo, e ao ato coletivo de imaginar novas possibilidades de tecnologias digitais que fortaleçam a luta por justiça social e defendam o interesse público.

Bárbara Paes

INTRODUÇÃO

O Poder dos Algoritmos

Este livro é sobre o poder dos algoritmos na era do neoliberalismo e as formas pelas quais essas decisões digitais reforçam relações sociais opressivas e implementam novas maneiras de perfilação racial, o que eu chamei de *demarcação tecnológica* (NT: No original, *technological redlining*. "Redlining", literalmente, "aplicação de linha vermelha", é um termo utilizado nos Estados Unidos para se referir à prática de demarcar áreas urbanas, de acordo com critérios raciais e de classe, para limitar o acesso de moradores das regiões demarcadas a empréstimos financeiros e imobiliários). Tornando visíveis os meios como capital, raça e gênero são fatores na criação de condições desiguais, ilumino várias formas de segregação tecnológica que estão em ascensão. O uso quase onipresente de softwares dirigidos por algoritmos, tanto visíveis quanto invisíveis no cotidiano de todos, exige uma inspeção mais rigorosa de quais valores são priorizados em tais sistemas automatizados de decisão. Tipicamente, a prática da demarcação geográfica é mais utilizada no mercado imobiliário e em círculos bancários, o que cria e aprofunda desigualdades raciais quando, por exemplo, pessoas não brancas têm maior probabilidade de pagar taxas de juros ou entradas maiores por viverem em bairros de baixa renda. Na internet e no nosso uso cotidiano da tecnologia, a discriminação também está embutida no código de programação e, cada vez mais, nas tecnologias de inteligência artificial das quais dependemos, querendo ou não. Acredito que a inteligência artificial se tornará uma questão de direitos humanos de grande importância no século XXI. Estamos apenas começando a compreender as consequências de longo prazo das ferramentas de tomada de decisão como formas de mascarar e aprofundar a desigualdade social. Este livro é apenas o começo da tentativa de tornar essas consequências visíveis. Haverá mais, de minha parte e de outras pessoas, e tentaremos entender as consequências de processos automatizados de tomada de decisão via algoritmos na sociedade.

Parte do desafio de compreender a opressão algorítmica é perceber que as formulações matemáticas que guiam as decisões automatizadas são feitas por seres humanos. Embora frequentemente pensemos em termos como "big data" e "algoritmos" como sendo benignos, neutros ou objetivos, eles são tudo menos isso. As pessoas que definem essas decisões detêm todos os tipos de valores, muitos dos quais promovendo abertamente racismo, sexismo e noções falsas de meritocracia, o que está bem documentado em estudos sobre o Vale do Silício e outros corredores de tecnologia.

Por exemplo, em meio a uma investigação federal sobre uma suposta diferença salarial persistente no Google, na qual funcionárias mulheres sistematicamente recebiam menos do que os funcionários homens dentro da companhia, um manifesto "antidiversidade" assinado por James Damore se tornou viral em agosto de 2017,[1] recebendo apoio de muitos empregados do Google, que argumentaram que mulheres são psicologicamente inferiores e incapazes de ser engenheiras de software tão boas quanto os homens, entre outras declarações patentemente falsas e sexistas. Enquanto este livro ia para a gráfica, muitos executivos e engenheiros do Google estavam ativamente refutando as declarações do engenheiro que, segundo relatos, trabalha na infraestrutura de buscas da empresa.

Procedimentos judiciais foram iniciados, boicotes ao Google vindos de políticos da extrema direita nos Estados Unidos foram convocados, e pedidos por compromissos explícitos de igualdade racial e de gênero no Google e no Vale do Silício e suas adjacências estão a caminho. O que essa arenga antidiversidade sublinhou para mim enquanto escrevia este livro é que algumas das mesmas pessoas que estão desenvolvendo algoritmos e arquitetura de pesquisa mostram-se dispostas a promover abertamente atitudes sexistas e racistas no trabalho, ao mesmo tempo que devemos acreditar que elas estão desenvolvendo ferramentas de tomada de decisão "neutras" e "objetivas". Seres humanos estão criando as plataformas digitais que usamos e, conforme eu apresento evidências do desleixo e da falta de consideração como frequentemente figuram mulheres e pessoas não brancas nos resultados desses sistemas, vai se tornar cada vez mais difícil para as empresas de tecnologia dissociar suas práticas trabalhistas sistêmicas e desiguais do viés ideológico de extrema direita de alguns de seus empregados e dos produtos que eles entregam ao público.

Meu objetivo neste livro é fomentar a exploração de alguns desses processos de arrazoamento digital e como eles se tornaram tão fundamentais para a classificação e organização da informação, e qual é o preço disso. Como resultado, este livro se preocupa em grande parte com o exame da cooptação comercial de identidades, experiências e comunidades negras nas mais poderosas companhias tecnológicas e em especial no Google. Li atentamente uns poucos casos distintos de opressão algorítmica pela profundidade do seu significado social em alavancar uma discussão pública sobre as implicações mais vastas de como as ferramentas de seleção de informação gerenciadas de forma privada e sem transparência se tornaram essenciais em muitas decisões guiadas por dados informatizados. Quero que tenhamos um amplo debate público a respeito das implicações da inteligência artificial sobre pessoas que já são sistematicamente marginalizadas e oprimidas. Ainda irei fornecer evidências e argumentar, em conclusão, que grandes monopólios de tecnologia, como o Google, precisam ser divididos e regulados, porque seu poder consolidado e grande influência cultural tornam a competição impossível. Esse monopólio no setor de informações é uma ameaça à democracia, como atualmente está vindo à tona conforme analisamos o fluxo de informações provenientes de mídias digitais como o Google e o Facebook na cauda da eleição presidencial nos Estados Unidos de 2016.

Considero como pano de fundo de meu trabalho um histórico de doze anos de carreira profissional em marketing e propaganda multicultural, tempo em que me dediquei a construir marcas corporativas e vender produtos para afro-americanos e latinos (antes de me tornar uma professora universitária). Na época, eu acreditava, como muitos profissionais de marketing com antecedentes semelhantes aos meus, que as companhias deviam dar atenção às necessidades de pessoas não brancas e demonstrar respeito pelos consumidores ao oferecer serviços às comunidades não brancas, assim como é feito em relação a quase todas as outras pessoas. Afinal de contas, ser acessível e responsável com os consumidores marginalizados era uma forma de gerar mais oportunidades de vendas. Passei uma quantidade de tempo equivalente realizando gerenciamento de risco e relações públicas para proteger companhias de qualquer risco adverso pelo qual elas poderiam passar por desconsiderar, inadvertida ou deliberadamente, consumidores não brancos que porventura viessem a considerar uma marca como racista ou insensível. Proteger meus ex-clientes de atuar de forma insensível a gênero e raça e ajudá-los a alavancar suas marcas criando profundas ligações emocionais e psicológicas aos seus produtos entre comunidades não brancas foi minha preocupação profissional por muitos anos, o que fez com que uma experiência pela qual passei no outono de 2010 fosse profundamente impactante. Em poucos minutos pesquisando na internet, vivenciei uma tempestade perfeita de insultos e injúrias dos quais eu não podia escapar. Enquanto buscava no Google por coisas que poderiam ser interessantes para minha enteada e sobrinhas, fui surpreendida pelos resultados. Minha busca pelas palavras-chave "meninas negras" apresentou XotaNegraQuente.com como meu primeiro resultado. Que resultado! Desde então, passei inúmeras horas ensinando e pesquisando todos os meios pelos quais o Google poderia falhar completamente quanto a fornecer informação confiável e crível sobre mulheres e pessoas não brancas e, ainda assim, aparentemente, não sofrer qualquer tipo de repercussão. Dois anos depois desse incidente, realizei essas pesquisas novamente, apenas para encontrar resultados semelhantes, como documentado na Figura I.1.

Em 2012, escrevi um artigo para a revista *Bitch* sobre como mulheres e feminismo são marginalizados nos resultados de pesquisa. Em agosto de 2012, o Panda (um update do algoritmo de busca do Google) foi lançado e pornografia não era mais a primeira sequência de resultados para "meninas negras"; mas outras meninas e mulheres não brancas, como latinas e asiáticas, ainda eram pornoficadas. Em agosto daquele ano, o algoritmo mudou, e pornografia passou a ser suprimida no caso de uma busca por "meninas negras". Frequentemente me pergunto que tipos de pressão explicam a mudança dos resultados de pesquisa no decorrer do tempo. É impossível saber quando e o que influencia o design privado de algoritmos, além de que seres humanos os criam e que eles não estão submetidos ao debate público, exceto quando nos engajamos em análise crítica e protestos.

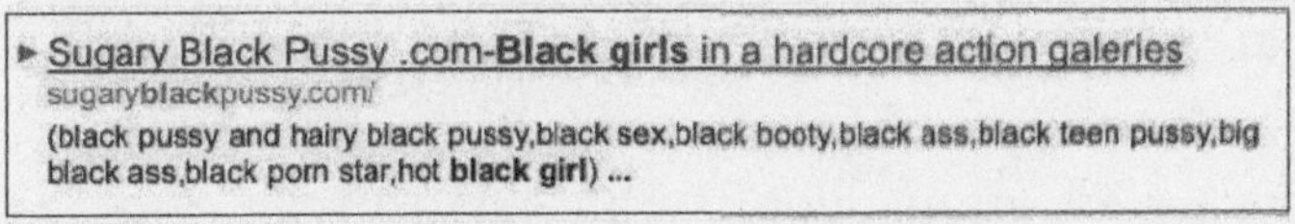
▸ Sugary Black Pussy .com-**Black girls** in a hardcore action galeries
sugaryblackpussy.com/
(black pussy and hairy black pussy,black sex,black booty,black ass,black teen pussy,big black ass,black porn star,hot **black girl**) ...

Figura I.1. Primeiros resultados para a busca por "meninas negras" em setembro de 2011. (NT: O link direciona a um site pornográfico chamado Xota Negra Açucarada, que promete galerias de sexo explícito. As palavras-chave consistem em diversos termos sexuais, a maioria chulos, acompanhados do descritivo "negra" e do termo "menina negra")

Este livro nasceu para destacar casos de tais falhas de dados guiadas por algoritmos específicos às pessoas não brancas e mulheres e sublinhar as formas estruturais pelas quais o racismo e o sexismo se tornaram fundamentais ao que batizei de *opressão algorítmica*. Escrevo com o espírito do pensamento crítico de outras mulheres não brancas, como Latoya Peterson, cofundadora do blog *Racialicious*, que opinou que o racismo é a API (Interface de Programa Aplicativo) fundamental da internet. Peterson argumentou que a antinegritude é a fundação a partir da qual todo racismo voltado a outros grupos é derivado. Como ela disse, tão perfeitamente, "A ideia de uma API cr*ola me faz pensar em uma API racista, o que é um dos nossos argumentos principais esse tempo todo — opressão opera nos mesmos formatos, segue os mesmos scripts toda vez. Pode ser ajustado para certos contextos específicos, mas é sempre o mesmo código-fonte. E a chave para desmontá-lo é reconhecer quantos de nós estamos presos nesses mesmos padrões básicos e modificar nossas próprias atitudes".[2] As alegações de Peterson condizem com o que muitas pessoas sentem sobre a hostilidade da internet com relação às pessoas não brancas, particularmente em sua antinegritude, o que mostra qualquer leitura superficial de comentários no Youtube ou outros fóruns de mensagens. Em certo nível, o racismo cotidiano e os comentários na internet são uma coisa abominável por si só, o que já foi detalhado por outros; mas a situação é completamente diferente com relação a uma plataforma corporativa vis-à-vis, uma busca pela internet moldada por algoritmos que apresenta racismo e sexismo como os primeiros resultados. Esse processo reflete uma lógica corporativa ou de negligência deliberada ou um imperativo mercadológico que ganha dinheiro com racismo e sexismo. Esta questão é a base deste livro.

Nas próximas páginas, discuto como é possível que "quente", "docinha", ou qualquer outro tipo de "xota negra" surja como a representação primária de meninas e mulheres negras na primeira página de uma busca no Google, e sugiro que alguma outra coisa além do melhor, mais crível, ou mais confiável fluxo de informação guia o Google. Claro, Google Search é uma empresa de publicidade, não uma empresa confiável de informação. No mínimo, devemos nos perguntar, ao encontrar esse tipo de resultados: "Esta é a melhor informação? Para quem?". Devemos nos perguntar qual é o público-alvo para uma variedade de coisas que encontramos e questionar se legitimamente estamos em uma "bolha"[3] quando não queremos encontrar racismo e sexismo, e ainda assim eles nos encontram. As implicações de tomadas de decisão algorítmicas dessa natureza se estendem para outros tipos de buscas no Google e outras plataformas de mídia digital, e são o começo de uma reavaliação muito necessária da informação como um bem público e das implicações de os nossos recursos de informação estarem sendo governados por companhias de publicidade sob controle corporativo. Estou acrescentando minha voz à de vários estudiosos, como Helen Nissenbaum e Lucas Introna, Siva Vaidhyanathan, Alex Havalais, Christian Fuchs, Frank Pasquale, Kate Crawford, Tarleton Gillespie, Sarah T. Roberts, Jaron Lanier e Elad Segev, para nomear uns poucos, que levantam críticas ao Google e outras formas de controle corporativo de informações (incluindo inteligência artificial) na esperança de que mais pessoas considerem alternativas.

No decorrer dos anos, concentrei minha pesquisa em desvelar os muitos meios pelos quais pessoas afro-americanas foram contidas e constrangidas em sistemas de classificação, do mecanismo comercial de busca do Google às bases de dados de bibliotecas. Essa concentração nasceu da minha formação e pesquisa nas áreas de biblioteconomia e ciências da informação. Penso nessas questões através das lentes de análises críticas de ciências da informação e de estudos de raça e gênero. Conforme marketing e publicidade diretamente moldaram a forma como pessoas marginalizadas são representadas em registros digitais como resultados de busca e atividades em redes sociais, eu estudei por que plataformas de mídia digital são retumbantemente caracterizadas como "tecnologias neutras" na percepção pública e, infelizmente, nas universidades. Histórias de "erros" sendo localizados em sistemas não sugerem que as lógicas organizatórias da internet possam estar quebradas, mas, ao invés disso, que são lapsos isolados ocasionais em que algo terrivelmente errado acontece com sistemas quase perfeitos. Com a exceção dos muitos estudiosos a que me refiro neste trabalho, e os jornalistas, blogueiros e delatores em relação aos quais serei descuidada ao não nomear, muito poucas pessoas estão tomando nota disto. Precisamos que todas as vozes venham à frente e causem um impacto sobre as políticas públicas voltadas ao experimento social mais desregulado de nossos tempos: a Internet.

Essas aberrações nos dados vieram à luz de diversas formas. Em 2015, a *U.S. News and World Report* relatou que um "erro" no algoritmo do Google levou a um certo número de problemas envolvendo marcação automática de indivíduos e softwares de reconhecimento de rostos que aparentemente deveriam ajudar pessoas a localizarem imagens mais facilmente. O primeiro problema para o Google era que seu aplicativo de fotos automaticamente marcava afro-americanos como "macacos" e "animais".[4] A segunda maior questão relatada pelo *Post* era que buscas no Google Maps pela palavra "Cr*olo"[5] levavam a um mapa da Casa Branca durante a presidência Obama, uma história que viralizou na internet depois que a personalidade das mídias sociais Deray McKesson tuitou sobre o assunto. Esses incidentes foram condizentes com relatos de imagens feitas em Photoshop da primeira-dama Michelle Obama com um rosto de macaco que circularam pela busca do Google Imagens em 2009. Em 2015, ainda era possível achar resquícios digitais das autossugestões do Google que associavam Michelle Obama com macacos. Protestos vindos da Casa Branca levaram o Google a forçar a imagem para baixo na lista de imagens, tirando-a da primeira página para que assim não fosse tão visível.[6] Em cada caso, a posição do Google foi que eles não eram responsáveis por seus algoritmos e que os problemas com os resultados seriam logo resolvidos. No artigo do *Washington Post* sobre a "Casa Cr*ola", a resposta veio em linha com outros pedidos de desculpas feitos pela companhia: "Alguns resultados inapropriados estão aparecendo no Google Maps quando não deveriam, e nos desculpamos por qualquer ofensa que isso possa ter causado", disse um porta-voz do Google para a *U.S. News* através de um e--mail na tarde de terça-feira. "Nossas equipes estão trabalhando para corrigir prontamente essa questão."[7]

Esses erros de humanos e máquinas não são desprovidos de consequências e existem diversos casos que demonstram como racismo e sexismo são parte da arquitetura e linguagem da tecnologia, uma questão que pede por atenção e remediação. De várias maneiras esses casos que apresento são específicos às vidas e experiências de mulheres e meninas negras, pessoas largamente subestudadas por pesquisadores, que permanecem como sempre precárias, apesar de vivermos na era de Oprah e Beyoncé em Shondaland. As implicações de tamanha marginalização são profundas. Os entendimentos sobre vieses sexistas e racistas que trago aqui são importantes porque organizações que lidam com informação, de bibliotecas, escolas e universidades a agências governamentais, são cada vez mais dependentes de, ou estão sendo preteridas por, uma variedade de "ferramentas" da web como se não houvesse consequências políticas, sociais e econômicas resultantes disso. Nós precisamos imaginar novas possibilidades nas áreas de acesso à informação e geração de conhecimento, particularmente conforme manchetes sobre “algoritmos racistas” continuam a surgir na mídia, recebendo discussões e análises que não vão além do superficial.

Inevitavelmente, um livro escrito sobre algoritmos ou o Google no século XXI fica desatualizado assim que é impresso. A tecnologia está mudando rapidamente, assim como as configurações das companhias de tecnologia, através de fusões, compras e dissoluções. Estudiosos trabalhando nos campos de informação, comunicação e tecnologia têm dificuldades para escrever sobre momentos específicos no tempo, em um esforço para cristalizar um processo ou um fenômeno que pode mudar ou se transformar em alguma outra coisa logo depois.

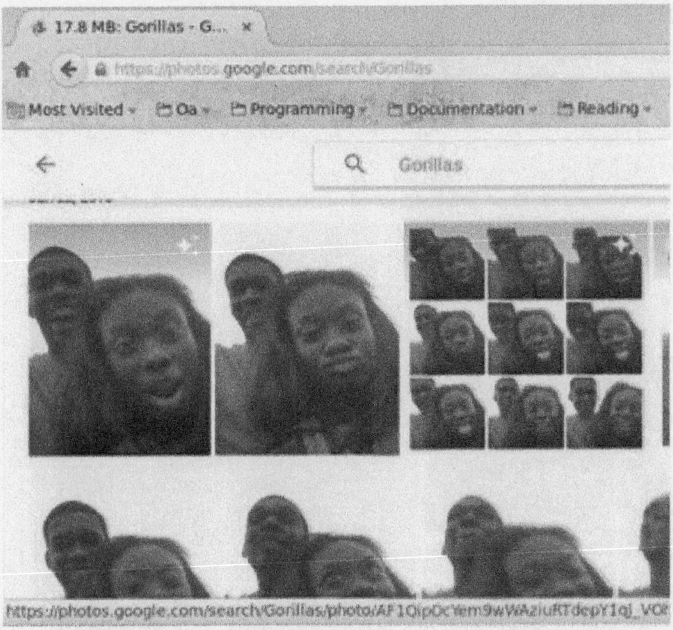

Figura I.2. Resultados da pesquisa no Google Images para a palavra-chave “gorilas”, 7 de abril de 2016.

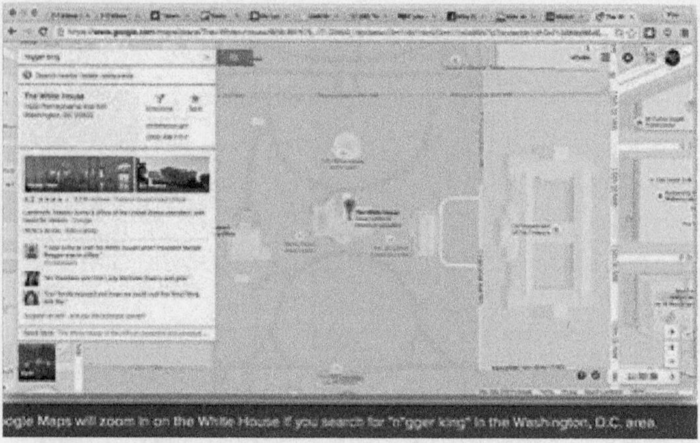

Figura I.3. Busca no Google Maps pelo termo "Casa Cr*ola" leva para a Casa Branca, 7 de abril de 2016.

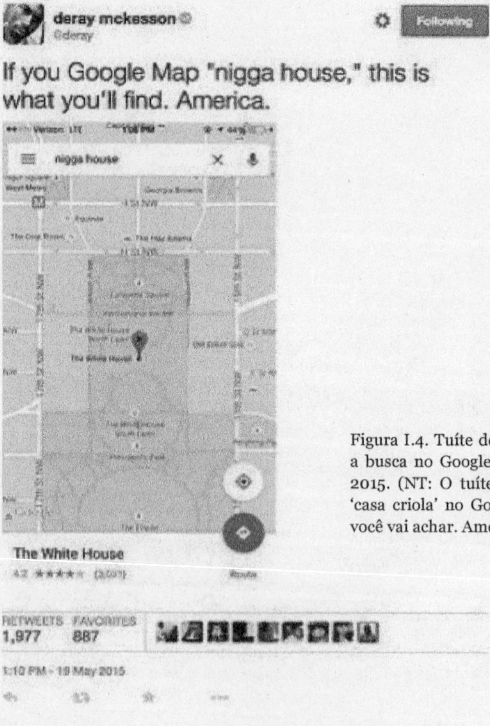

Figura I.4. Tuíte de Deray McKesson sobre a busca no Google Maps e a Casa Branca, 2015. (NT: O tuíte diz: "Se você procurar 'casa criola' no Google Maps, isto é o que você vai achar. América".)

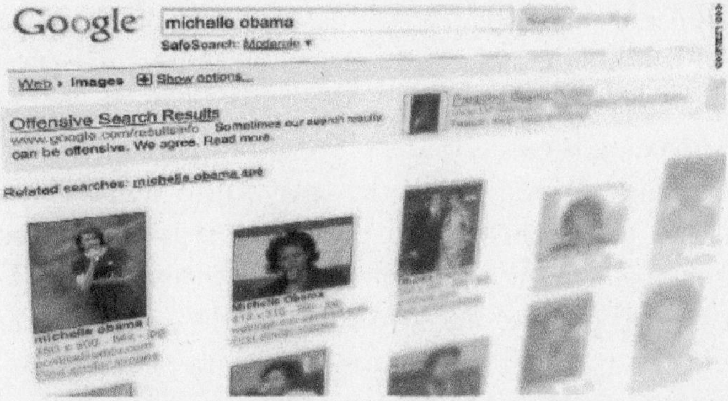

Figura I.5. Busca-padrão do Google de imagens "relacionadas" a Michelle Obama a associa ao termo "macaca".

Como uma estudiosa de informação e poder, estou mais interessada em comunicar uma série de processos que aconteceram e que fornecem evidência de uma constelação de problemas que o público pode considerar significativos e importantes, particularmente conforme a tecnologia causa impacto nas relações sociais e cria consequências não intencionais que merecem maior atenção. Passei vários anos escrevendo este livro e com o tempo os algoritmos do Google de fato mudaram, de forma que uma busca por "meninas negras" hoje não produz mais uma quantia de resultados pornográficos nem próxima do que apresentava em 2011. Ainda assim, novas situações de racismo e sexismo continuam a aparecer na mídia e nas redes sociais, e assim uso vários desses casos para apontar que opressão algorítmica não é apenas um erro no sistema, mas, na realidade, é fundamental para o sistema operacional da internet. Tem um impacto direto sobre usuários e nossas vidas além do uso dos aplicativos da internet. Embora eu tenha passado um tempo considerável pesquisando o Google, este livro trata também de uns poucos casos de outras plataformas guiadas por algoritmos, para ilustrar como algoritmos estão fornecendo informação perniciosa sobre pessoas, criando e normalizando isolamento estrutural e sistêmico, ou praticando demarcação digital, todas práticas que reforçam relações sociais e econômicas opressivas.

Enquanto organizava este livro, quis enfatizar um ponto principal: há um contexto humano e social faltando em alguns tipos de tomadas de decisão guiadas por algoritmos, e isso é importante para todos que lidam com esses tipos de tecnologia no dia a dia. É particularmente preocupante para grupos marginalizados, aqueles que são representados problematicamente de maneira errônea, estereotípica ou até mesmo pornográfica por mecanismos de busca e que lutaram por representações não racistas, não sexistas e não estereotipadas na mídia e na literatura. Há um corpo vasto de pesquisa já existente sobre os efeitos nocivos da estereotipificação de mulheres e pessoas não brancas na mídia, e eu encorajo os leitores deste livro que não compreendem por que a perpetuação de imagens racistas e sexistas na sociedade é algo problemático a realizarem uma leitura aprofundada desses estudos.

Este livro é organizado em seis capítulos. No capítulo 1, eu exploro o importante tema do controle corporativo sobre a informação pública e mostro diversas buscas-chave feitas no Google. Procuro descobrir quais tipos de resultados o mecanismo de busca do Google apresenta sobre diversos conceitos e ofereço uma discussão caucionária sobre as implicações desses resultados em contextos históricos e sociais. Demonstro ainda o que o Google Images apresenta sobre conceitos básicos como "beleza" e várias identidades profissionais e por que deveríamos nos importar.

No capítulo 2, discuto como o Google Search reforça estereótipos, ilustrando com resultados de buscas para uma variedade de identidades que incluem "meninas negras", "latinas" e "meninas asiáticas". Anteriormente, no meu trabalho publicado na revista *Black Scholar*,[8] investiguei as sugestões de pesquisa no sistema de busca do Google posteriores à morte de Trayvon Martin, um adolescente afro-americano cujo assassinato serviu de ignição para o movimento #BlackLivesMatter no Twitter, e trouxe atenção às centenas de crianças, mulheres e homens afro-americanos assassinados pela polícia ou forças de segurança extrajudiciais. Para acrescentar uma discussão mais completa àquela pesquisa, elucido o processo envolvido nos protocolos de busca do ranqueamento de páginas do Google, que vão de colher as pegadas digitais de pessoas[9] a como interesses de marketing e publicidade influenciam resultados de pesquisas e quão benéfico isso é para os interesses do Google, que lucra com racismo e sexismo, particularmente no ápice do espetáculo de mídia.

No capítulo 3, examino a importância de mecanismos de busca e portais de informação não comerciais, especificamente de olho no caso de como um atirador em massa e supremacista branco declarado, Dylann Roof, supostamente usou o Google Search no desenvolvimento de suas atitudes com relação à raça, atitudes estas que o levaram a matar nove membros da Igreja Metodista Episcopal Africana durante um culto em sua igreja na Carolina do Sul, no verão de 2015. O fornecimento de informação falsa que se passa por notícia crível, e as consequências devastadoras que podem advir dessa informação organizada por algoritmos, é um exemplo de por que não podemos nos dar ao luxo de terceirizar e privatizar a curadoria da informação em uma internet cada vez mais privada e liberal. Eu demonstro como a manutenção de registros é importante para o público em geral e exploro a importância social tanto de se lembrar quanto de esquecer, enquanto as plataformas de mídia digital prosperam ao nunca ou raramente esquecer qualquer coisa. Discuto como a informação on-line funciona como um tipo de registro, e argumento que muito dessa informação e seus efeitos danosos deveriam ser reguladas ou sujeitas à proteção legal. Ainda mais, em um momento em que a legislação sobre o "direito de ser esquecido" está ganhando impulso na União Europeia, é necessária mais atenção nos Estados Unidos sobre os esforços para regular os meios pelos quais companhias de tecnologia mantêm um monopólio da informação pública sobre indivíduos e grupos. O capítulo 3 é sobre o futuro da cultura da informação, sublinha as maneiras pelas quais essa informação não é neutra e como podemos reimaginar a cultura da informação a serviço de erradicar a desigualdade social.

O capítulo 4 é dedicado a uma crítica no campo das ciências da informação e traz à frente como essas questões envolvendo informações públicas e projetos de classificação na internet, como buscas comerciais, são velhos problemas que precisamos resolver como um campo teórico de pesquisadores e profissionais. Ofereço um breve resumo de como projetos de classificação bibliotecária serviram de suporte para a invenção de mecanismos de busca como os do Google e como nosso campo está implicado no processo algorítmico de seleção e classificação de informação e registros. No capítulo 5, discuto o futuro do conhecimento no âmbito público e faço referência ao trabalho de profissionais da biblioteconomia e da informação, em particular, como importante para o desenvolvimento e cultivo de sistemas equitativos de classificação, uma vez que estes são os precursores dos mecanismos de busca comerciais. Esse capítulo é histórico, essencial para profissionais de biblioteconomia e informação que têm menos chances de terem recebido treinamento sobre as questões políticas dos vieses em catalogação e classificação em suas formações profissionais.

O capítulo 6 explora políticas públicas e por que precisamos de regulação em nossos ambientes informacionais, particularmente por serem eles cada vez mais controlados por corporações.

Para concluir, levo a discussão para além do Google, a fim de ajudar os leitores a pensarem sobre o impacto dos algoritmos em como as pessoas são representadas em outras negociações comerciais aparentemente favoráveis. Estudamos a lógica organizacional "cega para cor" do Yelp e como donos de negócios estão se revoltando por causa da perda de controle sobre como eles são representados e o impacto na forma como o público chega até eles. Aqui, compartilho uma entrevista com Kandis, de Nova York,[10] cujo ganha-pão foi dramaticamente afetado por mudanças de políticas públicas, como o desmantelamento de ações afirmativas em campus de faculdades, o que prejudicou seu salão de cabeleireira, voltado a cabelos afro, localizado na vizinhança de uma prestigiada universidade. A história dela traz à luz o poder que algoritmos têm na vida cotidiana e nos deixa com muito o que pensar sobre o ecossistema do poder algorítmico. O livro se encerra com um chamado a que reconheçamos como os algoritmos estão mudando as relações sociais de muitas maneiras — mais até do que este livro pode tratar — e que eles deveriam ser regulados com políticas mais impactantes que as atualmente em vigor nos Estados Unidos. Minha esperança é que este livro cause impacto diretamente sobre os muitos tipos de tomadas de decisão algorítmicas que podem ter consequências devastadoras sobre pessoas já marginalizadas pelo racismo e sexismo institucional, incluindo os 99% que detêm tão pouco patrimônio nos Estados Unidos que a tendência alarmante de desigualdade social não deve se reverter sem resistência ativa ou intervenção. Políticas eleitorais e mercado financeiro são apenas dois dos muitos projetos institucionais de consolidação de patrimônio fortemente influenciados por algoritmos e inteligência artificial. Precisamos causar uma mudança no que não levamos em consideração em nosso uso cotidiano de plataformas de mídias digitais.

Considero meu trabalho um projeto prático, cujo objetivo é eliminar a injustiça social e mudar as formas pelas quais pessoas são oprimidas com a ajuda de tecnologias supostamente neutras. Minha intenção ao estudar esses casos atende a dois propósitos. Primeiro, precisamos de pesquisas e estudos interdisciplinares nas ciências da informação e na biblioteconomia que se interseccionem com estudos de gênero e sobre mulheres, estudos sobre questões raciais, estudos de mídia e comunicação, para melhor descrever e entender como plataformas guiadas por algoritmos estão situadas em contextos sócio-históricos interseccionados e alojados nas relações sociais. Minha esperança é que este trabalho se acrescente às vozes dos meus muitos colegas em diversos campos que estão levantando questionamentos sobre a legitimidade e consequências sociais dos algoritmos e da inteligência artificial. Em segundo lugar, agora mais do que nunca, nós precisamos de especialistas nas ciências sociais e humanidades digitais para se engajarem em diálogos com ativistas e organizadores, engenheiros, designers, tecnólogos de informação e responsáveis por políticas públicas antes que processos de tomada de decisão bruscos feitos por inteligências artificiais se sobreponham à tomada de decisão humana. Isto quer dizer que precisamos observar como a terceirização da gestão de informação pelo setor público facilita a privatização do que anteriormente pensávamos como propriedade pública[11] e como companhias e governos controlados por corporações subvertem nossas capacidades de intervir nessas práticas.

Temos que nos perguntar sobre o que está perdido, quem está sendo prejudicado e o que deve ser esquecido ao abraçarmos a inteligência artificial no processo de tomada de decisões. Não há benefício social coletivo em organizar fontes de informação na internet através de processos que cimentam a desigualdade e a marginalização — tenho esperanças de que muitas pessoas concordarão com isso.

UM

Uma Sociedade, Buscando

Em 21 de outubro de 2013, as Nações Unidas lançaram uma campanha dirigida pela agência de publicidade Memac Ogilvy & Mather Dubai usando "buscas genuínas do Google" para trazer atenção aos meios sexistas e discriminatórios pelos quais mulheres são tratadas e privadas de direitos humanos. Christopher Hunt, diretor de arte da campanha, disse: "Quando nos deparamos com essas buscas, ficamos chocados com o quanto eram negativas e decidimos que tínhamos que fazer alguma coisa". Kareem Shuhaibar, *copywriter* da campanha, descreveu na página da web das Nações Unidas o que a campanha estava determinada a mostrar: "Os anúncios são chocantes porque eles mostram o quão longe ainda temos que ir para atingir igualdade de gêneros. Eles servem para acordar as pessoas e esperamos que a mensagem vá longe".[1] Sobre as bocas de várias mulheres não brancas havia autossugestões que refletiram as buscas mais populares que são feitas no Google Search. As autossugestões apresentavam uma variedade de ideias sexistas, como as seguintes:

Mulheres não podem: dirigir, ser bispas, ser confiáveis, falar na igreja.

Mulheres não devem: ter direitos, votar, trabalhar, lutar boxe.

Mulheres devem: ficar em casa, ser escravas, ficar na cozinha, não falar na igreja.

Mulheres precisam: ser colocadas em seus lugares, saber seu lugar, ser controladas, ser castigadas.

Figura 1.1. Campanha publicitária da Memac Ogilvy & Mather Dubai para as Nações Unidas.

Embora a campanha tenha empregado resultados do Google Search para demonstrar um ponto mais amplo sobre a opinião pública com relação às mulheres, também serviu, talvez sem intenção, para sublinhar a natureza incrivelmente poderosa dos resultados nos mecanismos de busca. A campanha sugere que a busca é um espelho das crenças dos usuários e que a sociedade ainda mantém diversas ideias sexistas sobre mulheres. O que acho problemático é que a campanha também reforça a ideia de que o problema não é o mecanismo de busca, mas sim os usuários do mecanismo. Ela sugere que o que é mais popular simplesmente sobe para o topo da lista de sugestões de busca. Embora sirva como uma importante e perturbadora crítica de atitudes sexistas, a campanha falha em implicar os algoritmos ou mecanismos de busca que levam certos resultados ao topo. Este capítulo coloca a própria arquitetura das buscas sob escrutínio, para jogar luz nos muitos fatores que mantêm ideias sexistas e racistas na primeira página.

Uma limitação para estudarmos as implicações do sistema de buscas é que ele está constantemente evoluindo e mudando. Este capítulo captura aspectos da busca comercial em um momento específico — de 2009 a 2015 —, mas com certeza, no momento em que os leitores mergulharem nele, será um estudo mais histórico do que contemporâneo. Ainda assim, o objetivo de tal exploração sobre por que obtemos resultados de busca problemáticos é nos ajudar a ponderar se realmente faz sentido terceirizarmos todas as nossas necessidades de conhecimento para mecanismos de busca comerciais, particularmente num momento em que o público de modo geral está cada vez mais dependente de mecanismos de busca em vez de bibliotecas, bibliotecários, pesquisadores e outros guardiões e fontes de conhecimento.

O mais crucial ainda é uma investigação sobre como indivíduos que vivem em grupos minoritários sob a influência de uma cultura majoritária, como pessoas não brancas e minorias sexuais nos Estados Unidos, estão frequentemente sujeitos aos caprichos da maioria e de outras influências comerciais, como o mercado publicitário, quando tentam afetar os tipos de resultados que os mecanismos de busca oferecem sobre eles e suas identidades. Se a maioria impera nos resultados dos mecanismos de busca, então como aqueles que são minoria poderão um dia ser capazes de influenciar ou controlar a forma como são ali representados? O mesmo pode ser verdade com relação à forma como o desejo masculino e o uso dado aos mecanismos de busca pelos homens é capaz de influenciar os valores que cercam as identidades femininas em mecanismos de busca, como a campanha da Ogilvy pode estar sugerindo. Por essas razões, é hora de termos uma investigação mais profunda nas condições históricas e sociais que dão origem aos resultados problemáticos de buscas, uma vez que estes raramente são questionados e a maioria dos usuários de internet, em primeiro lugar, não têm ideia de como eles conseguiram dominar as primeiras páginas dos resultados de busca.

BUSCA GOOGLE: RACISMO E SEXISMO À FRENTE

Meu primeiro encontro com o racismo em resultados de busca veio através de uma experiência que me levou, como pesquisadora, a explorar os mecanismos – tanto tecnológicos quanto sociais — que poderiam fazer da pornificação de mulheres negras um dos primeiros resultados de uma busca, naturalizando tão facilmente mulheres negras como um objeto sexual. Esse encontro aconteceu em 2009, quando eu estava conversando com um amigo, André Brock, da Universidade de Michigan, que um dia mencionou casualmente: "Você deveria ver o que acontece quando se procura 'meninas negras' no Google". Eu assim fiz, e fiquei aturdida. Presumi que era um erro absurdo que potencialmente mudaria com o tempo. Continuei pensando sobre o assunto. A segunda vez aconteceu em uma manhã na primavera de 2011, quando busquei por atividades que poderiam entreter minha enteada pré-adolescente e suas primas da mesma idade, todas elas fazendo uma visita de final de semana em minha casa, prontas para passarmos o dia juntas, e que uma hora inevitavelmente incluiria ficar algum tempo mexendo em nossos respectivos notebooks. Para evitar que ficassem como zumbis diante da televisão ou com os olhos pregados no celular, eu queria envolvê-las em conversas sobre o que era importante para elas e o que se passava em suas cabeças, a partir de suas perspectivas como jovens mulheres crescendo no interior de Illinois, uma área predominantemente conservadora no centro da América. Eu achei que deveria existir um material de apoio ótimo para jovens pessoas não brancas da idade delas, se ao menos eu pudesse achá-lo. Rapidamente liguei o computador que usava para minha pesquisa (eu estava fazendo doutorado na época), mas não deixei que as garotas ficassem à minha volta. Abri o Google para inserir termos de busca que refletissem seus interesses, demografia e necessidades de informação, mas eu gosto de me antecipar e pré-avaliar o que pode ser encontrado na internet, de forma a me preparar para o que quer que dê as caras. O que recebi de volta após aquela simples, aparentemente inócua, busca foi mais uma vez nada menos que chocante: com as meninas apenas alguns poucos metros de distância, rindo e gargalhando das próprias piadas, eu mais uma vez me deparei com uma página de resultados de pesquisa do Google repleto de pornografia ao buscar por "meninas negras". A essa altura, eu pensava que meu próprio histórico de buscas e engajamento com vários textos, vídeos e livros feministas negros acessados naquele notebook teria mudado os tipos de resultados que eu obtinha. Não foi o caso. Com o intento de ajudar as meninas a buscar informação sobre si mesmas, eu quase as expus inadvertidamente a uma das mais gráficas e explícitas ilustrações do que os anunciantes já pensavam sobre elas: meninas negras ainda são o recheio barato dos sites pornôs, desumanizadas como bens de consumo, produtos e objetos de gratificação sexual. Fechei o notebook e redirecionei a atenção delas para coisas divertidas que podíamos fazer juntas, como assistir a um filme no cinema da esquina. A melhor informação, como apresentada em um ranqueamento nos resultados da busca, certamente não era a melhor informação para mim ou para as crianças que amo. Para quem, então, era essa melhor informação, e quem decide isso? O que havia para se lucrar e quais outros motivos levavam essa informação para o topo da lista de resultados? Como a noção de neutralidade no ranqueamento e busca de informação tinha entornado tanto que talvez um dos piores exemplos de classificação racista e sexista de mulheres negras na era digital podia permanecer sem ser examinado ou submetido à análise crítica pública? Naquele momento, iniciei uma série de interrogações que são centrais a este livro.

Claro, após reflexão, percebi que já vinha utilizando as ferramentas de pesquisa e de internet longe da vista dos membros da minha família desde antes das descobertas que vivenciei. Não foi menos preocupante perceber que eu sem dúvida já tinha sido confrontada com o mesmo tipo de resultados antes, mas tinha aprendido, ou sido treinada, a de alguma forma me habituar a isso, a aceitar como algo inevitável que qualquer busca que eu fizesse usando palavras-chave relacionadas aos meus traços físicos ou identidade poderia devolver resultados pornográficos ou perturbadores de outra maneira. Por que esta era a barganha que firmei tacitamente com as ferramentas de informação digital? Como uma mulher negra crescendo no fim do século XX, eu sabia que a representação de mulheres e meninas negras que eu tinha descoberto em meus resultados de pesquisa não era um desenvolvimento novo da era digital. Eu podia ver a conexão entre os resultados das pesquisas e estereótipos sobre afro-americanos que são tão velhos e endêmicos nos Estados Unidos quanto a história do próprio país. Minha formação como estudante e estudiosa da história e sociologia negra, combinada com meus estudos de doutorado sobre a política econômica da informação digital, se alinhou com minha indignação justificada em nome de meninas negras de todo lugar. Pesquisei mais.

O que essas pesquisas representam são conceitos formulados pelos algoritmos do Google sobre uma variedade de pessoas e ideias. Seja buscando por autossugestões, ou respostas para várias questões, ou buscando por noções sobre o que é bonito, ou como um professor se parece (que não leva em conta pessoas que parecem comigo e fazem parte do "professorato" — bela "personalização"), as narrativas dominantes do Google refletem os tipos de noções e arcabouços hegemônicos que com frequência resistem às pessoas não brancas e às mulheres. Interrogar o que empresas de publicidade oferecem como informação fiável é algo que precisa ser feito, em vez de termos um público sendo gratificado instantaneamente com estereótipos em três centésimos de segundo ou menos.

Na realidade, monopólios de informação como o Google têm a capacidade de priorizar resultados de buscas na internet com base em uma variedade de tópicos, como promover seus próprios interesses mercadológicos sobre os de competidores ou empresas menores que são clientes de publicidade menos lucrativos do que as grandes corporações multinacionais.[2] Nesse caso, os cliques dos usuários, combinados com os processos comerciais que permitem que propaganda paga seja priorizada nos resultados de pesquisa, resultam em representações de mulheres sendo ranqueadas em uma página do mecanismo de pesquisa de maneira que destacam a falta de *status* histórico e contemporâneo que as mulheres têm na sociedade — um mapeamento direto de velhas tradições da mídia em uma nova arquitetura de mídia. Representações problemáticas e vieses de classificação não são novidade. Estudiosos que realizaram análises críticas de biblioteconomia e ciências da informação bem documentaram as formas pelas quais alguns grupos são mais vulneráveis do que outros a serem mal representados e mal classificados.[3] Eles conduziram críticas extensas e importantes sobre sistemas de catalogação de bibliotecas e padrões de organização de informação que demonstraram como mulheres, pessoas negras, descendentes de asiáticos, judeus, ou os romas, como "os outros", sofreram todos os insultos da má representação e do desdém nos Cabeçalhos de Assuntos da Biblioteca do Congresso (LCSH – Library of Congress Subject Headings) ou através da Classificação Decimal de Dewey.

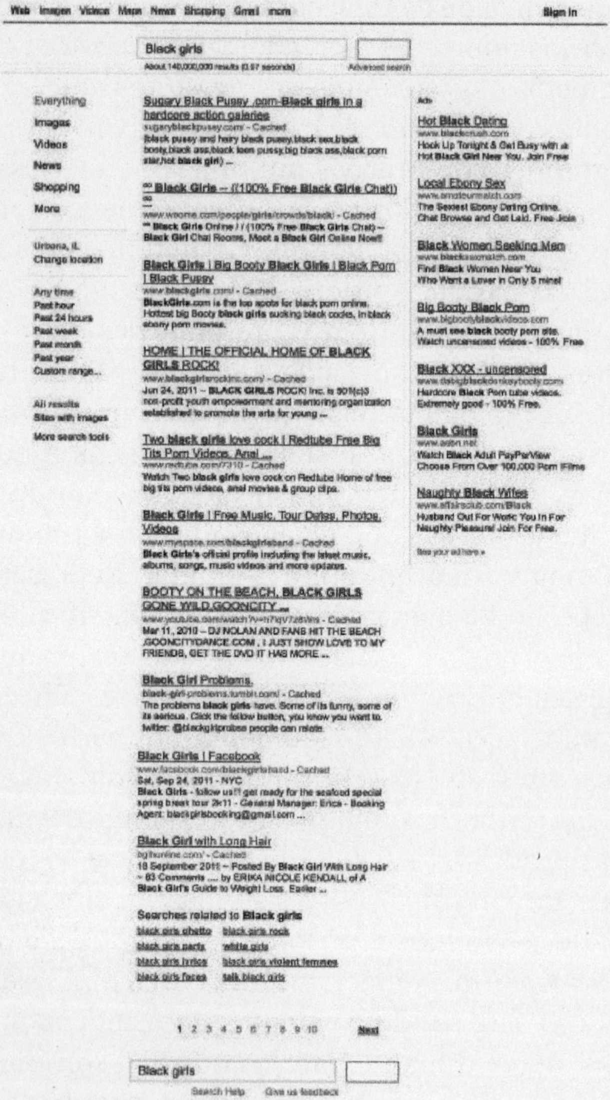

Figura 1.2. Primeira página de resultados para a palavra-chave "meninas negras". 18 de setembro de 2011. (NT: Os resultados, em sua maioria, incluindo os cinco primeiros links, são para páginas pornográficas, com títulos e descrições sexualmente explícitos. Páginas pornográficas também dominam a lista de sites pagos na coluna de anúncios.)

Figura 1.3. Primeira página de resultados na busca de imagens para a palavra--chave "meninas negras". 3 de abril 2014.

Figura 1.4. Autossugestões do Google para a busca pela frase "por que pessoas negras são tão". 25 de janeiro de *2013. (NT. As autossugestões são "barulhentas", "atléticas", "preguiçosas", "rápidas", "altas", "más", "engraçadas", "religiosas", "do gueto", "rudes".)*

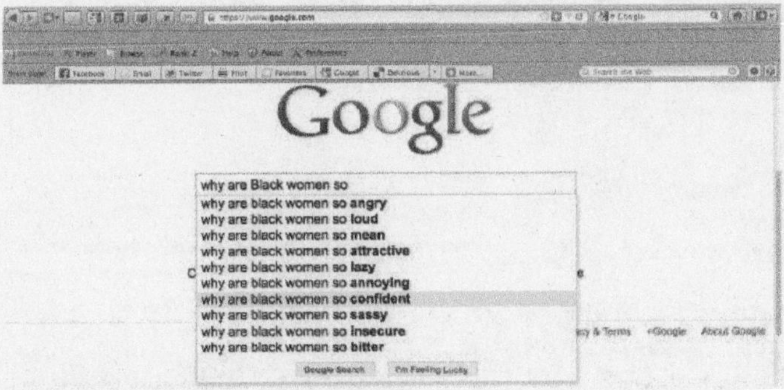

Figura 1.5. Autossugestões do Google para a busca pela frase "por que mulheres negras são tão". 25 de janeiro *de 2013. (NT. As autossugestões são "bravas", "barulhentas", "más", "atraentes", "preguiçosas", "irritantes", "confiantes", "atrevidas", "inseguras", "amargas".)*

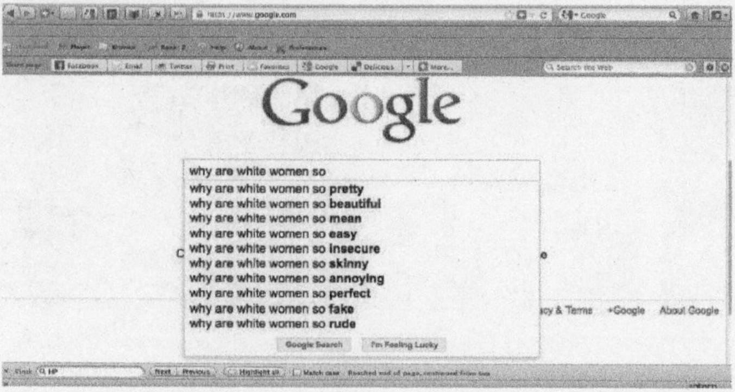

Figura 1.6. Autossugestões do Google para a busca pela frase "por que mulheres brancas são tão". 25 de janeiro de 2013. (NT. As autossugestões são "bonitas", "lindas", "más", "fáceis", "inseguras", "magras", "irritantes", "perfeitas", "falsas", "rudes".)

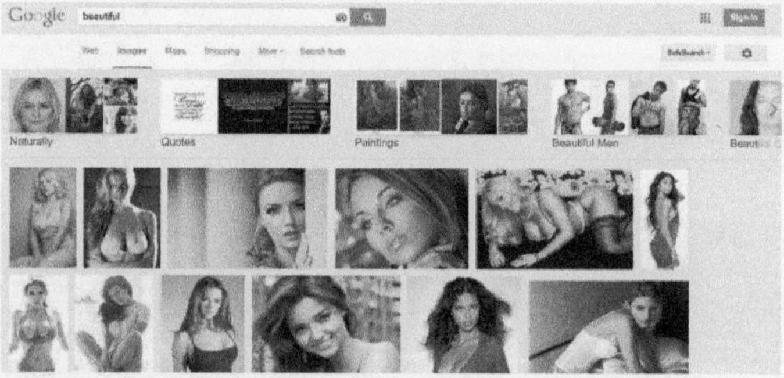

Figura 1.7. Resultados do Google Imagens para uma busca pelo conceito de "beleza" (não incluiu a palavra "mulher"). 4 de dezembro de 2014.

Figura 1.8. Resultados do Google Imagens para uma busca pelo conceito de "feio" (não incluiu a palavra "mulher"). 5 de janeiro de 2013.

Figura 1.9. Resultados do Google Imagens para uma busca pela frase "estilo de professor", enquanto estava logada como eu mesma. 15 de setembro de 2015.

Ao mesmo tempo, outros estudiosos destacam a miríade de formas que valores sociais como raça e gênero são diretamente refletidos no design tecnológico.[4] Suas contribuições tornaram possível para mim pensar sobre as maneiras que raça e gênero estão entranhados no mecanismo de busca do Google e ter a coragem de levantar críticas a uma das mais amadas e reverenciadas marcas contemporâneas.

Buscas acontecem em um ambiente altamente comercial, e uma variedade de processos molda o que nós encontramos; esses resultados são então normalizados como críveis e frequentemente apresentados como factuais. O professor associado de sociologia da Universidade do Estado de Arizona, e ex-presidente da Associação de Pesquisadores da Internet, Alex Halavais, aponta para a forma como artefatos tecnológicos de uso frequente como um mecanismo de busca se tornaram parte tão normativa da nossa experiência com tecnologia digital e computadores que nos levam a acreditar que esses artefatos, portanto, devem fornecer também acesso à informação confiável e precisa que é igualmente despolitizada e neutra:

> Esses pressupostos são perigosamente falhos... abrir a caixa-preta do mecanismo de busca é algo do interesse não apenas de tecnólogos e marqueteiros, mas de qualquer um que queira entender como fazemos sentido de um novo mundo todo conectado. Mecanismos de pesquisa chegaram para realizar um papel central no enquadramento e controle do crescente mar de informações que nos está disponível, e ainda assim se confia neles mais prontamente do que se deveria. Eles oferecem livremente, ao que parece, uma separação do joio do trigo, e respondem nossas dúvidas das mais profundas às mais triviais. Eles se tornaram um objeto de fé.[5]

Diferentemente da curadoria feita com trabalho humano do começo da internet, que levou à criação de diretórios on-line como o Lycos e o Yahoo!, no atual ambiente da internet complexos algoritmos de máquinas ficaram responsáveis por fazer seleções e definir a prioridade dos resultados para os usuários. Eu concordo com Halavais e sua importante crítica aos mecanismos de busca como janelas para nossos próprios desejos, o que pode ter um impacto sobre os valores da sociedade. A busca é um processo simbiótico que tanto informa como é em parte informado pelos usuários. Halavais sugere que cada usuário de um mecanismo de busca deveria saber como o sistema funciona, como a informação é coligida, agregada e acessada. Para atingir essa visão, o público teria que deter um grau avançado de entendimento de programação de computadores, para compreender profundamente o design e a produção de resultados das buscas.

Por outro lado, recorro à analogia de que não é necessário conhecer o mecanismo das transmissões de rádio ou do espectro eletromagnético televisivo ou como construir um tubo de raios catódicos para ser capaz de criticar representações sexistas e racistas em letras de músicas tocadas nas rádios ou exibidas em um show de televisão ou em um filme. Sem dúvida, o público em geral ignora e deveria ter uma compreensão significativamente maior do funcionamento dos algoritmos. Uma vez que todas as plataformas que questionei neste livro são privadas, mesmo se nós soubéssemos ler algoritmos, ainda assim não poderíamos intervir nessas plataformas privadas, pertencentes a corporações.

Sendo específica, o conhecimento sobre aspectos técnicos de busca e arranjamento de dados, para fins de criticar o código de programação por trás desses sistemas, é absolutamente necessário para ter sobre eles um impacto profundo. Intervenções como o Black Girls Code, uma organização focada em ensinar jovens garotas afro-americanas a programar, é o tipo de intervenção que vemos sendo construída em resposta às formas pelas quais mulheres negras são mantidas fora das capitalizações e participações maiores nas empresas do Vale do Silício. Ao mesmo tempo, é importante para as pessoas, particularmente as marginalizadas — como mulheres e meninas e pessoas não brancas —, serem críticas de resultados que se propõem a representá-las nos primeiros dez ou vinte resultados de um mecanismo de busca comercial. Essas pessoas não têm o capital econômico, político e social para suportar as consequências da má representatividade. Se alguém detém grande quantidade de poder, é possível suportar ou amenizar a má representatividade em nível de grupo e com frequência até em um nível individual. Já pessoas marginalizadas e oprimidas estão vinculadas ao status de seu grupo e é menos provável que lhes sejam concedidos um status individual e proteção contra as experiências dos grupos com os quais se identificam. A natureza política das buscas demonstra serem os algoritmos fundamentalmente uma invenção de cientistas da computação, os quais são também seres humanos — e que código de programação é uma linguagem repleta de significado e aplicada de formas diversas para tipos variados de informação. Certamente, mulheres e pessoas não brancas poderiam se beneficiar tremendamente ao se tornarem programadores e construírem mecanismos de busca alternativos que sejam menos perturbadores e que reflitam e priorizem um leque maior de necessidades de informações e perspectivas.

Há um movimento importante e crescente de estudiosos apontando preocupações. Helen Nissenbaum, professora de mídia, cultura, comunicações e ciências da computação da Universidade de Nova York, escreveu, com Lucas Introna, professor de organização, tecnologia e ética da Escola de Administração da Universidade de Lancaster, sobre como mecanismos de busca enviesam informações para favorecer os poderosos on-line. O trabalho deles foi corroborado por Alejandro Diaz, que escreveu sua dissertação em Stanford sobre o viés sociopolítico nos produtos do Google. Kate Crawford e Tarleton Gillespie, dois pesquisadores da Microsoft Research, na Nova Inglaterra, escreveram extensivamente sobre vieses algorítmicos, e Crawford recentemente co-organizou um encontro, junto à Casa Branca e à Universidade de Nova York, para acadêmicos, industriais e ativistas preocupados com o impacto da inteligência artificial na sociedade. No encontro, participei de um grupo de trabalho sobre desigualdade social e inteligência artificial, em que se expôs enorme interesse por projetos de aprendizagem profunda de máquinas e aplicações de software, incluindo preocupações sobre a perpetuação da injustiça social e o racismo estrutural. A jornalista Julia Angwin, uma das responsáveis por tornar pública a história sobre o software de sentenciamento em audiências Northpointe, usado por juízes para avaliar o suposto risco de futuras novas atividades criminais pelos réus,[6] estava presente. Ela e seus colegas comprovaram que esse tipo de inteligência artificial errou miseravelmente nas predições de atividades criminais futuras e levou ao encarceramento excessivo de réus negros. Ao mesmo tempo, os repórteres descobriram que o software tendia a prever que criminosos brancos não voltariam a delinquir, a despeito de dados demonstrando que isso não estava nem um pouco correto. Sentada ao meu lado estava Cathy O'Neil, cientista de dados e autora do livro *Algoritmos de destruição em massa*, que tem uma visão interna sobre a forma pela qual a matemática e o negócio de dados estão diretamente implicados na crise financeira e imobiliária de 2008 (que, incidentalmente, destruiu mais patrimônio de afro-americanos do que qualquer outro evento nos Estados Unidos, salvo não compensá-los por trezentos anos de escravidão forçada). A visão dela sobre Wall Street foi reveladora:

> Os aplicativos matemáticos que alimentam a economia de dados são baseados em escolhas feitas por seres humanos falíveis. Algumas dessas escolhas foram sem dúvida feitas com as melhores intenções. Ainda assim, muitos desses modelos codificavam preconceitos, falta de compreensão e vieses humanos em sistemas de software que cada vez mais gerenciam nossas vidas. Como deuses, esses modelos matemáticos são opacos, seus mecanismos invisíveis para todos exceto os maiores sacerdotes em seus reinos: matemáticos e cientistas da computação. Seus veredictos, até mesmo quando incorretos ou prejudiciais, estavam além da disputa ou apelo. E eles tendiam a punir os pobres e os oprimidos em nossa sociedade, enquanto tornavam os ricos, mais ricos.[7]

Nosso trabalho, o de cada um de nós, de nossas respectivas maneiras, é indagar sobre as muitas formas pelas quais dados e computação se tornaram tão profundamente sua própria "verdade" a ponto de, mesmo diante de evidências, o público ainda luta para considerar empresas de tecnologia responsáveis pelos seus produtos e os erros de seus caminhos. Esses erros levaram de forma crescente à discriminação racial e de gênero, má representação, e até mesmo segregação econômica.

No centro do meu argumento está a forma como o Google enviesa buscas para atender seus próprios interesses econômicos — visando lucrar e aumentar a qualquer custo seu domínio do mercado. Muitos estudiosos estão trabalhando para jogar luz nas formas pelas quais usuários trocam sua privacidade, informações pessoais e trabalho imaterial por ferramentas e serviços "grátis" oferecidos pelo Google (por exemplo, mecanismos de busca, Gmail, Google Scholar, YouTube), enquanto a companhia lucra com a mineração de dados desses usuários. Pesquisa recente sobre o Google feita por Siva Vaidhyanathan, professor de estudos de mídia da Universidade de Virgínia, que escreveu um dos mais importantes livros sobre o Google até agora, demonstra sua posição dominante no cenário da informação e forma a base do tema central deste livro. Frank Pasquale, professor de direito da Universidade de Maryland, também alertou sobre os níveis crescentes de controle que os algoritmos têm sobre muitas das decisões feitas sobre nós, do crédito a oportunidades amorosas, e de como é difícil intervir em seus efeitos discriminatórios. A crítica político-econômica do Google feita por Elad Segev, um conferencista sênior sobre mídia e comunicação no Departamento de Comunicação da Universidade de Tel Aviv, postula que não podemos mais ignorar a dominância global do Google e as implicações de seu poder em perpetuar desigualdade digital, particularmente enquanto atua como um espaço preferencial para crescentes cisões econômicas da sociedade.

Contudo, o que ainda está faltando em meio ao trabalho já existente sobre o Google é uma análise interseccional do seu poder que leve em consideração as maneiras pelas quais pessoas marginalizadas são exponencialmente prejudicadas pela empresa. Desde que comecei a escrever este livro, a companhia-mãe do Google, Alphabet, expandiu seu poder nas áreas de tecnologia de drones,[8] robótica militar, redes de fibra ótica e tecnologias de vigilância comportamental, como o Nest e o Google Glass.[9] Estes são apenas alguns dos muitos pontos de onde se pode começar a pensar sobre inteligência artificial como uma questão de direitos humanos. Precisamos nos preocupar não apenas em como ideias e pessoas são representadas, mas também com questões éticas, como se um robô ou outra forma de aparato de tomada de decisões automatizado pode dar cabo de uma vida, como no caso de drones e outras armas automatizadas. A quem apelamos? Que instituições governam inteligências artificiais, e onde o público pode levantar questões e registrar demandas em cortes nacionais e internacionais? Estas questões ainda não foram completamente respondidas.

No meio da expansão do Google, o Google Search é uma das áreas menos examinadas pelas políticas de proteção ao consumidor,[10] e regulamentos têm sido bem menos bem-sucedidos nos Estados Unidos do que na União Europeia. Um aspecto-chave para gerar políticas públicas é o acúmulo de pesquisas sobre o impacto que um espaço comercial de informação desregulada tem sobre populações vulneráveis. Eu faço isso dando uma boa olhada em um registro momentâneo da internet, em um momento específico do tempo, e interpretando os resultados em face da história das raças e gêneros nos Estados Unidos. Este é apenas um dos muitos ângulos que podem ser explorados, mas me parece ser um dos mais convincentes modos de mostrar como a informação é enviesada e perpetua racismo e sexismo. Os problemas com as grandes empresas de informação certamente são mais profundos que a má representação. Eles incluem protocolos de tomada de decisão que favorecem elites corporativas e os poderosos, e estão implicados em desigualdade social e econômica global. Aprendizagem profunda de máquinas, que é o uso de algoritmos para replicar o pensamento humano, tem como base valores específicos de tipos específicos de pessoas — as mais poderosas instituições da sociedade e aqueles que as controlam. Diana Ascher,[11] em sua dissertação sobre jornalismo sensacionalista e orientação temporal cultural no Departamento de Estudos da Informação da UCLA, descobriu que existia uma diferença marcante entre manchetes geradas por gestores de mídias sociais do *LA Times* e aquelas fornecidas por software automatizado, guiado por algoritmos, que geravam respostas negativas severas no Twitter. Nesse caso, Ascher descobriu que tuítes automatizados em mídias jornalísticas tinham mais chances de serem racistas e apresentarem representatividade equivocada, como no caso em que a polícia atirou em Keith Lamont Scott em Charlotte, Carolina do Norte, cujo assassinato serviu de gatilho para protestos por toda a nação contra a brutalidade policial e o uso de força excessiva.

Há muitos exemplos como esses. Nos capítulos seguintes, eu continuo a explorar os resultados que são gerados pelo Google com diversas combinações de palavras-chave relativas a identidades raciais e de gênero, como uma forma de engajar com o entendimento de senso comum de como o poder funciona, com o objetivo de alterar esses processos de controle. Observando e discutindo essas relações de poder interseccionais, nós temos uma oportunidade significativa para transformar a consciência entranhada na inteligência artificial, uma vez que ela é, em parte, um produto de nossa própria criação coletiva.

Figura 1.10. Manchete automatizada gerada por software e compartilhada no Twitter falando de Keith Lamont Scott, assassinado por policiais na Carolina do Norte em 20 de setembro de 2016, conforme reportagem do Los Angeles Times. *(NT: O tuíte diz: "Keith Lamont Scott teve um passado complicado: 5 prisões em flagrante, cadeia, 20 anos de casamento, uma boa avaliação no trabalho". O link para a matéria apresenta uma prévia dizendo: "Keith Lamont Scott: Um homem de família, bom trabalhador e ex-presidiário: O homem que morreu pelas mãos da polícia da Carolina do Norte teve uma história problemática, incluindo uma condenação por atirar em um indivíduo por quem acreditava estar sendo seguido".*

TEORIZANDO BUSCAS: UM PROJETO FEMINISTA NEGRO

O ímpeto para o meu trabalho vem de teorizar buscas realizadas na internet a partir de uma perspectiva feminista negra; isto é, levanto questões sobre a estrutura e resultados de pesquisas na internet a partir do lugar de fala de uma mulher negra — um lugar de fala que me leva a fazer perguntas diferentes das que já foram colocadas sobre como o Google Search funciona. Esse estudo se soma a outros anteriores que observaram as maneiras com que racialização é um fator saliente em várias interações com tecnologia digital, representada por videogames,[12] websites,[13] ambientes virtuais[14] e plataformas de mídia digital.[15] Uma perspectiva feminista negra oferece a oportunidade para fazer perguntas sobre a qualidade e o conteúdo de hierarquizações raciais e estereotipia que aparecem em resultados de mecanismos de busca comerciais como o Google; ela os contextualiza ao descentralizar o olhar dominante pelo qual resultados sobre mulheres e meninas negras são interpretados. Ao fazer isso, estou deliberadamente teorizando de uma perspectiva feminista, ao mesmo tempo que trato de aspectos de raça em teorias feministas sobre tecnologia que frequentemente são deixadas de lado. A professora emérita de ciência e tecnologia na UCLA, Sandra Harding, sugere que é válido identificar um método e epistemologia feministas:

> Os desafios do feminismo revelam que as questões que são feitas — e, mais significativamente ainda, aquelas que não são feitas —, no mínimo, são determinantes do quão adequado é nosso panorama completo quanto qualquer resposta que possamos descobrir. Definir o que tem necessidade de explicação científica apenas a partir da perspectiva das vivências de homens brancos burgueses leva a uma compreensão parcial e até pervertida da vida social. Uma característica distintiva da pesquisa feminista é que ela gera problemáticas da perspectiva das vivências das mulheres.[16]

Em vez de asseverar que resultados problemáticos ou racistas são impossíveis de corrigir, da maneira como o aviso do Google sugere,[17] eu creio que um olhar feminista, associado a consciência racial sobre aspectos interseccionais de identidade, oferece um novo campo de interpretações para compreender as implicações de tais posições problemáticas sobre a instrumentalização benigna de tecnologias. Os meios de saber de feministas negras, por exemplo, podem observar buscas sobre termos como "meninas negras" e trazer à tona evidência sobre as tendências históricas de má representação de mulheres negras na mídia. Por óbvio, essas más representações e o uso de grandes empresas de informação para manter e exacerbar relações sociais têm um papel poderoso em manter a subjugação racial e de gênero. É a persistente normalização de pessoas negras como aberrantes e não merecedoras de direitos humanos e dignidade, justificada pelas bandeiras da segurança pública, inovação tecnológica e da emergente economia criativa, que estou contestando diretamente ao demonstrar os modos absurdos pelos quais a desumanização é tratada como um projeto tecnológico legítimo do livre-mercado.

Estou construindo a partir do trabalho de estudiosos dos mecanismos comerciais de busca como o Google que me precederam, mas estou fazendo novas perguntas que são informadas pelo olhar de uma feminista negra preocupada com justiça social para pessoas que são sistematicamente oprimidas. Fico de olho em complicar a noção de que informação que se presume como "fato" (em virtude de sua legitimação ao ser apresentada no topo de uma lista de informações) existe porque racismo e sexismo são rentáveis sob nosso sistema de capitalismo racializado. A hierarquia de ranqueamento aceita pelo público reflete nossos valores sociais que colocam uma posição privilegiada em ser o número um, e listas de resultados de pesquisa subsistem nesse sistema de autoridade factual. Enquanto outros estudiosos problematizaram o Google Search em termos de sua falta de neutralidade ou priorização de seus próprios interesses comerciais, minhas críticas visam tratar explicitamente dos vieses racistas e sexistas na busca, alimentados por políticas neoliberais com relação à tecnologia pelos últimos trinta anos.

FEMINISMO NEGRO COMO ABORDAGEM METODOLÓGICA E TEÓRICA

O status on-line comoditizado dos corpos de mulheres e meninas negras merece atenção acadêmica porque, nesse caso, seus corpos são definidos por um sistema tecnológico que não leva em conta os significados sociais, políticos e históricos mais amplos de representações sexistas e racistas. A própria presença de mulheres e meninas negras nos resultados de buscas é mal compreendida e turvada por narrativas dominantes sobre a autenticidade e falta de vieses dos mecanismos de busca. Em essência, o contexto social ou o significado de representações pejorativas ou problemáticas de mulheres negras nas listas do Google é normalizado por conta de onde aparecem, tornando mais fácil para algumas pessoas acreditarem que o que existe na página é estritamente o resultado de mais pessoas buscando por mulheres negras em sites pornográficos do que qualquer outra coisa. Isto ocorre porque o público acredita que o que ascende para o topo das pesquisas é o link mais popular ou mais confiável, ou ambos.

Porém, isso não explica por que a palavra "pornografia" não precisa ser incluída em buscas pela palavra-chave "meninas negras" ou de outras mulheres e meninas não brancas para trazer esse conteúdo ao topo, como a principal rubrica de dados sobre meninas e mulheres. Os significados político e social desses resultados são limados quando meninas negras são sexualizadas explicitamente em rankings de pesquisa sem qualquer explicação, particularmente sem a adição das palavras "pornografia" ou "sexo" nas palavras-chave. O fenômeno, argumento, é a replicação de relações sociais off-line e profundamente entranhadas na materialidade da produção tecnológica; em outras palavras, más representações tradicionais na velha mídia se tornam novamente reais on-line e situadas em um mecanismo autoritário que tem a confiança do público: o Google. O estudo das buscas no Google como um artefato da internet é revelador. Estudiosas feministas negras já articularam o dano de tais más representações midiáticas:[18] gênero, classe, poder, sexualidade, e outras categorias socialmente construídas interagem umas com as outras em uma matriz de relações sociais que cria condições de desigualdade e opressão.

O pensamento feminista negro oferece uma visão útil e antiessencialista para entender como tanto raça quanto gênero são socialmente construídos e mutuamente constituídos através de processos históricos, sociais, políticos e econômicos,[19] criando interessantes questões a serem pesquisadas e novas possibilidades analíticas. Como abordagem teórica, desafia as pesquisas dominantes sobre raça e gênero, que tendem a universalizar problemas associados à raça ou negritude como "masculinos" (ou problemas dos homens) e organizam gênero como primariamente concebido pelos olhares e experiências de mulheres brancas, deixando mulheres negras em uma posição precária ou subestudada. A cultura popular apresenta incontáveis exemplos de apropriação de mulheres negras e exploração de estereótipos negativos seja para afirmar controle sobre a representatividade ou ao menos colher benefícios sobre ela. A estudiosa feminista negra bell hooks escreveu extensivamente sobre as formas pelas quais o capitalismo neoliberal é explicitamente implicado na má representação e hipersexualização de mulheres negras. O trabalho de hooks é obrigatório para mulheres negras interessadas em teorizar sobre o novo panorama da mídia, e eu o uso tanto como inspiração quanto para um chamado às armas para outras mulheres negras interessadas em se envolverem em estudos críticos da informação. Em seu todo, esta pesquisa é informada por uma hoste de estudiosos que me ajudaram a encontrar sentido na forma como ecossistemas de tecnologia — dos sistemas tradicionais de informação, como bancos de dados de bibliotecas, a novas tecnologias de mídia, como mecanismos de busca comerciais — estão estruturando narrativas sobre mulheres e meninas negras. Nos casos que apresento, eu demonstro como mecanismos de busca comerciais como o Google não apenas mediam, mas são mediados por uma série de imperativos voltados ao lucro apoiados por políticas informacionais e econômicas que subescrevem a comoditização de identidades femininas. Em última instância, este livro é projetado para deixar patente como exatamente é possível que mulheres e meninas negras continuem a ter suas imagens e representações atacadas em novos ambientes de mídia de forma não tão diversa ou dessemelhante dos velhos e tradicionais retratos da mídia. Pretendo articular de maneira significativa os meios pelos quais a comercialização é a origem do poder que fomenta o consumo da identidade representativa de mulheres e meninas negras na internet.

Embora primeiramente ofereça uma reflexão sobre os efeitos da priorização de conteúdo em mecanismos de busca, esta pesquisa, ao mesmo tempo, tem a intenção de trazer uma indagação mais profunda e uma série de estratégias que possam instruir iniciativas de políticas públicas focadas em conectar pessoas negras com a internet, apesar das pesquisas que mostram que barreiras culturais, normas e relações de poder alienam pessoas negras na web.[20] Depois de pouco mais de uma década de foco em reparar a cisão digital,[21] as questões de pesquisa levantadas aqui pretendem provocar uma discussão sobre "o que então?". O que significa ter cada mulher, menina, homem e menino negro nos Estados Unidos conectado à internet se a maioria deles está usando um mecanismo de busca como o Google para acessar conteúdo — seja sobre eles ou outras coisas — apenas para encontrar resultados como aqueles com os quais iniciei esta introdução? A corrida para digitalizar legado e conhecimento cultural é importante, mas é frequentemente mediada por um mecanismo de busca para o usuário que não sabe precisamente como encontrá-los, de forma muito similar ao visitante de uma biblioteca que depende do conhecimento profundo e das habilidades do bibliotecário para navegar entre os vastos volumes de informação nas estantes.

A IMPORTÂNCIA DO GOOGLE

O Google se tornou uma entidade onipresente que para muitos usuários cotidianos é sinônimo da própria internet. De servir como um navegador de internet até o gerenciamento de e-mails pessoais ou o estabelecimento de redes de Wi-Fi e projetos de banda larga em municípios dos Estados Unidos, o Google, diferentemente das companhias de telecomunicação tradicionais, tem um acesso sem precedentes à coleção e estoque de dados através de várias plataformas, em um ambiente de mercado e políticas públicas altamente desregulado. Nós devemos continuar estudando as implicações do engajamento com entidades comerciais como o Google e o que as torna tão desejáveis para consumidores, uma vez que seu uso não é desprovido de consequências, tais como a crescente vigilância sobre indivíduos, invasões de privacidade e participação em práticas trabalhistas ocultas. Cada um desses elementos amplia o modelo de negócios da empresa-matriz do Google, Alphabet, e reforça seu domínio de mercado através de uma hoste de mercados verticais e horizontais.[22] Em 2011, a Comissão Federal de Comércio começou a analisar o status de quase monopólio e o domínio de mercado do Google, e o prejuízo que poderia causar aos consumidores. Em 16 de março de 2012, ações do Google estavam sendo negociadas na NASDAQ por 625,04 dólares cada, com uma capitalização de mercado um pouco acima de 203 bilhões. Na época das audiências, o último informe de rendimentos do Google, datado de dezembro de 2011, mostrava um lucro bruto de 24,7 bilhões de dólares. A empresa tinha 43,3 bilhões de dólares de receita e apenas 6,21 bilhões em dívidas. O Google tinha 66,2% do mercado da indústria de mecanismos de busca em 2012. Os lucros do Google Search continuaram a crescer e suas subsidiárias se tornaram tão significativas que a companhia como um todo se rebatizou de Alphabet, com o Google Search se tornando uma das várias subsidiárias. Por ocasião da finalização do texto deste livro, em agosto de 2017, Alphabet negociava suas ações na NASDAQ por 936,38 dólares cada, com uma capitalização de 649,49 bilhões.

O público tem consciência do papel das buscas na vida cotidiana, e as opiniões sobre elas são alarmantes. Dados recentes de pesquisas de acompanhamento e tendências de comportamento de consumo pelo painel com Score Media Metrix, conduzido pelo Projeto Pew de Internet e Vida Americana, demonstram que mecanismos de busca são tão importantes para o usuário da internet quanto os e-mails. Mais de 60 milhões de estadunidenses realizam pesquisas, e, em sua maioria, relatam estarem satisfeitos com os resultados que encontram nos mecanismos de busca. Os relatórios da Pew de 2005 e 2012 sobre "uso de mecanismos de busca" revelam que 73% de todos os estadunidenses já usaram um mecanismo de busca e 59% relatam que usam um mecanismo de busca diariamente.[23] Em 2012, 83% dos usuários de mecanismos de busca usaram Google. Mas o Google Search prioriza seus próprios interesses, e isto é algo muito menos visível para o público. A maioria das pessoas pesquisadas não conseguia diferenciar anúncios pagos de resultados "genuínos".

Se a busca recebe tamanha confiança, por que um estudo como este aqui é necessário? A exploração além daquela primeira busca simples é o objeto deste livro. Através da discussão deste e outros resultados, quero enfatizar o ponto principal: há um contexto social ausente nas plataformas de mídia digitais, e isso faz falta, particularmente para grupos marginalizados que são representados problematicamente de forma estereotipada ou pornográfica, para aqueles que são vítimas de bullying, ou para aqueles que são consistentemente vítimas de abuso. Eu uso apenas um punhado de buscas ilustrativas para destacar o ponto e favorecer a conscientização — e, espero, intervenção — sobre quão importante é para a sociedade o que achamos na internet através de mecanismos de busca comerciais.

RESULTADOS DE BUSCAS COMO PODER

Os resultados de buscas refletem valores e normas dos parceiros e dos anunciantes das empresas de busca comercial e frequentemente refletem nossas crenças mais baixas e aviltantes, porque essas ideias circulam tão livremente e com tanta frequência que são normalizadas e extremamente lucrativas. Resultados de pesquisas são mais do que apenas o que é popular. A noção dominante sobre mecanismos de pesquisa, de que os resultados são tanto "objetivos" quanto "populares", faz parecer que resultados de pesquisa misóginos ou racistas são simplesmente um espelho da coletividade. Resultados de pesquisas problemáticos não apenas parecem "normais", mas também completamente inescapáveis, mesmo que essas ideias tenham sido desmentidas completamente por estudiosos. Infelizmente, usuários do Google consentem com os resultados dos algoritmos através de seu uso continuado do produto, o que é largamente inevitável, uma vez que escolas, universidades e bibliotecas integram produtos do Google em nossas experiências educacionais.[24]

O status de monopólio do Google,[25] somado a suas práticas algorítmicas de enviesar informação em direção aos interesses do capital neoliberal e das elites socioeconômicas dos Estados Unidos, resultou em um conjunto de informação que alega ter credibilidade, mas é na verdade um reflexo de interesses publicitários. Dito de outra forma, pode-se argumentar que o Google funciona com maior influência de acordo com os interesses de seus anunciantes pagos, ou através de uma interseção entre resultados populares e interesses comerciais. Ainda assim, usuários do Google pensam que se trata de um recurso público, geralmente livre de interesse comercial. O poder de sua hegemonia social complica ainda mais a habilidade de contextualizar os resultados do Google.[26] O Google se beneficia direta e materialmente do que pode ser chamado de "trabalhentretenimento"[27] dos usuários, quando usuários consentem em dar seu trabalho e dados pessoais de graça para o Google e seus produtos, resultando em lucros incríveis para a companhia.

Existem vários casos que poderiam ser citados para demonstrar como a dependência excessiva do público em relação a mecanismos de busca comerciais, incluindo aí bibliotecários, profissionais da informação e gestores do conhecimento — todos eles sujeitos a usarem demais ou até mesmo serem substituídos por mecanismos de busca —, é algo a que devemos dar mais atenção de imediato. Sob as atuais limitações ou restrições algorítmicas, buscas comerciais não oferecem significados sociais, históricos e contextuais apropriados para pessoas que já são sobrerracializadas e hiperssexualizadas que sofrem materialmente ao longo de múltiplos eixos de opressão. Na pesquisa apresentada neste estudo, o leitor vai chegar a uma compreensão mais significativa do tipo de dano que tais limitações podem causar em usuários dependentes da internet como um artefato de cultura tanto formal quanto informal.[28] Em resumo, resultados de buscas têm um papel poderoso em prover veracidade e autoridade para aqueles que os veem e, assim, devem ser examinados cuidadosamente. O Google se tornou um objeto de estudo central para estudiosos de mídias digitais,[29] devido ao reconhecimento por parte desses estudiosos do poder e do impacto exercidos pela necessidade de iniciar a maior parte das interações com mídias sociais através de um processo de busca e à quase universalidade com que o Google foi adotado e inserido em todos os aspectos do cenário das mídias digitais para atender essa necessidade. Este trabalho trata de um lapso no campo de estudos sobre como a busca funciona e quais são seus vieses, confiança pública nas buscas, o relacionamento entre buscas e estudos da informação e as maneiras pelas quais afro-americanos, entre outros, são mediados e comoditizados no Google.

Para começar a revelar alguns dos processos envolvidos, é importante pensar sobre como resultados aparecem. Embora se possa acreditar que a busca em um mecanismo de pesquisa irá apresentar a informação mais relevante e, portanto, mais útil, a busca na verdade é condicionada por uma matriz de formas pelas quais páginas estão linkadas entre si e indexadas na internet.[30] Tornar conteúdo na web (páginas) localizável através de mecanismos de busca é um projeto expressamente social, econômico e humano que diversos estudiosos já detalharam. Esse processo é entregue aos usuários mediante uma série de passos (algoritmos) implementados no código de programação e então naturalizados como "objetivos". Uma das razões pelas quais isto é visto como um processo neutro é porque soluções algorítmicas, científicas e matemáticas são avaliadas por práticas procedimentais e mecanicistas, que nesse caso incluem rastrear hyperlinks entre as páginas. Esse processo é definido pelos fundadores do Google, Sergey Brin e Larry Page, como "votação", que é o termo usado por eles para descrever como resultados de buscas se movem para cima e para baixo no ranqueamento das páginas apresentadas. Em sua maior parte, muitos desses processos foram automatizados, ou acontecem através de interfaces gráficas de usuário (GUIs) que permitem que pessoas que não são programadoras (ou seja, não trabalham no nível de codificação) pratiquem o compartilhamento de links para páginas na internet.[31]

Pesquisas demonstram que usuários tipicamente usam muito poucos termos para realizar buscas quando procuram informação em um mecanismo de busca e raramente usam opções avançadas de busca, e a maioria das buscas diferem do comportamento tradicional de procura por informação off-line.[32] Esse comportamento de usuários na interface frontal aparenta ser simplista; porém, os sistemas de arrecadação de informação são complexos, e a formulação das buscas dos usuários envolve processos cognitivos e emocionais que não são necessariamente refletidos no design do sistema.[33] Em essência, enquanto usuários usam os termos de busca mais simples que conseguem em uma caixa de pesquisa por conta da forma como as interfaces são projetadas, isto nem sempre reflete como os termos de busca são mapeados contra padrões de pensamento complexos e conceitos que o usuário tem sobre um assunto. A disjunção entre, por um lado, os termos de buscas dos usuários e suas verdadeiras dúvidas e, por outro, sistemas de arrecadação de informação torna clara as ligações complexas entre o conteúdo dos resultados que aparecem na busca e seu significado como expressões de poder e relações sociais uma questão de importância crítica.

O público geralmente confia na informação encontrada em mecanismos de pesquisa. Ainda assim, muito do conteúdo que vem à tona durante uma busca na internet em um mecanismo de busca comercial possui links para anúncios pagos, o que em parte os ajuda a serem levados ao topo do ranqueamento da página, não sendo tipicamente claras aos usuários que realizaram a busca as distinções entre informação "real" e publicidade. Considerando que a publicidade é uma parte fundamental da busca comercial, usar análise de conteúdo para fazer sentido do que *efetivamente* é oferecido como resultado de uma busca é apropriado e consistente com a articulação de críticas feministas sobre as imagens de mulheres na publicidade impressa.[34] Esses estudiosos demonstraram os meios problemáticos pelos quais mulheres foram representadas — como objetos sexuais, incompetentes, dependentes de homens ou sub-representadas entre as forças trabalhadoras[35] —, e o conteúdo e a representação das mulheres e meninas em mecanismos de busca são condizentes com os tipos de ideias problemáticas e enviesadas que persistem em outros canais de publicidade. É claro, isto faz sentido, porque o Google Search é, na realidade, uma plataforma de anúncios, que não tem o intuito de servir somente como uma fonte pública de informações da forma como, digamos, uma biblioteca poderia servir. O Google cria algoritmos de publicidade, não de informação. Para compreender essas buscas no contexto deste livro, é importante olhar para a descrição do desenvolvimento do Google detalhada pelos ex-estudantes de ciências da computação de Stanford e cofundadores da companhia, Sergey Brin e Larry Page, em "The Anatomy of a Large-Scale Hypertextual Web Search Engine" (NT: "A Anatomia de um Mecanismo de Busca Hipertextual de Larga Escala na Internet"). A tese deles, escrita na faculdade, serve como estrutura arquitetônica para o Google PageRank. Além disso, é crucial olhar também para a forma como a análise de citações, a noção fundacional por trás da ideia de Brin e Page, opera como um projeto bibliométrico que foi extensivamente desenvolvido por estudiosos de biblioteconomia e ciências da informação. Ambas as dinâmicas são frequentemente incompreendidas porque não levam em conta as complexidades da intervenção humana envolvida na curadoria da informação, nem dão atenção ao peso e à importância relativos de certos tipos de informação.[36] Por exemplo, no processo de citar um trabalho em uma publicação, todas as citações recebem o mesmo peso em uma bibliografia, apesar de que suas importâncias relativas para o desenvolvimento do pensamento podem não ser nem um pouco iguais. Ademais, nenhum peso relativo é dado caso a referência tenha sido corroborada, rejeitada, usada ou explorada — complicando a habilidade de se dizer o que a citação realmente *significa* em um documento. Autores que se tornaram tão populares a ponto de não serem mais citados, como no caso de não se atribuir discussões modernas sobre classe ou dinâmicas de poder a Karl Marx, ou a noção de "o individual" ao estudioso da Renascença italiana Jacob Burckhardt, implicam que suas contribuições intelectuais podem compor a estrutura de um argumento, mas se moverem por entre os trabalhos sem serem citados especificamente. Conceitos que podem ser amplamente compreendidos e meios de conhecimento aceitos pelo senso comum são raramente citados em estudos convencionais, uma dinâmica importante que Linda Smith, ex-presidente da Associação para Ciência da Informação e Tecnologia (ASIS&T) e reitora associada da Escola de Informação da Universidade de Illinois em Urbana-Champaign, argumenta ser parte de um sistema falho de análise de citações que pede por maior atenção, caso a bibliometria venha a ser empregada como uma força legitimadora para se avalizar produção de conhecimento.

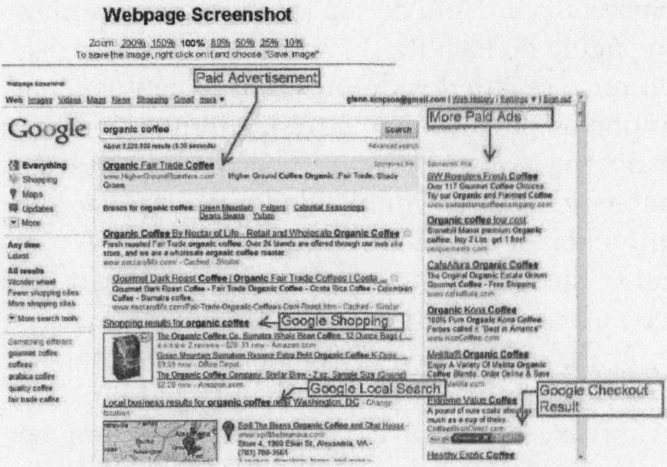

Figura 1.11. Exemplo do Google priorizando seus próprios produtos em uma busca na web. Fonte: Inside Google (2010)

Brin e Page perceberam o valor de usar os trabalhos que os outros citam como um modelo para se pensar sobre como determinar o que é material válido na internet, ou ao menos indicar o que é popular baseado na quantidade de pessoas acolhendo tipos particulares de conteúdo. Em termos de cooptação direta de citações, vis-à-vis o hyperlink, Brin e Page estavam cientes de alguns dos desafios que descrevi. Eles estavam evidentemente cientes desde o começo do potencial para companhias de publicidade e interesses comerciais "trapacearem" o sistema, um processo legitimizado agora conhecido como "otimização de busca", que leva anúncios ou páginas para o topo da lista de resultados. Cliques em links da internet podem ser lucrativos... Da mesma forma que compras realizadas por ser classificado como uma das "melhores" páginas, por conta de sua localização na primeira página do PageRank. Este é um processo usado para resultados de buscas por páginas, não anúncios pagos, o que é frequentemente destacado em amarelo (Figura 1.6). Resultados que parecem não ser publicidade são na verdade influenciados pelo algoritmo publicitário. Em contraste com citações científicas ou acadêmicas, que uma vez impressas são persistentes e estáticas, *hyperlinking* é um processo dinâmico que pode mudar de um momento para outro.[37] Como resultado, a estabilidade dos ranqueamentos do Google se altera e fica sujeita a ser afetada por diversos processos de que tratarei, primariamente a publicidade e a otimização de resultados. Isto quer dizer que resultados mudam com o tempo. Os resultados do que é mais hyperlinkado usando o algoritmo do Google hoje vai ser diferente em uma data posterior, ou de quando os programas rastreadores do Google que indexam a internet encerrarem e reiniciarem seu ciclo.[38]

A importância da citação é um conceito fundacional para determinar relevância acadêmica em certas disciplinas, e a análise de citações tem sido largamente considerada um mecanismo para indicar se um dado artigo ou estudo é importante para a comunidade acadêmica. Desejo revisitar esse conceito porque também possui implicações para se pensar sobre a legitimação da informação, não apenas a citabilidade ou popularidade. É também uma atividade de seres humanos que estão envolvidos com uma prática de curadoria, não de todo deixada para a automação. Colocando de forma simples, se estudiosos escolhem citar um estudo ou documento, eles sinalizam sua relevância; assim, seres humanos (estudiosos) estão envolvidos em tomar decisões sobre a relevância de um documento, apesar de todas as citações em uma bibliografia não compartilharem o mesmo nível de significância. Construindo a partir desse conceito de credibilidade através de citações, PageRank é o que Brin e Page chamam de maior probabilidade de um documento ser relevante, "se há muitas páginas que levam a ele" *versus* "a probabilidade de um surfista da web aleatório visitar a página".[39] Em sua pesquisa, que levou ao desenvolvimento do Google Search, Brin e Page discutem a possibilidade de monopolizar e manipular palavras-chave através da comercialização de processos de busca na internet. Seu objetivo de arrecadação de informação era entregar por volta dos dez mais relevantes ou melhores de todos os documentos que poderiam ser encontrados na internet. O desenvolvimento resultante de sua arquitetura de busca é o PageRank — um sistema baseado na "medição objetiva da importância como citação que corresponde bem à ideia subjetiva das pessoas sobre o que é importante".[40]

Uma das partes mais profundas do trabalho de Brin e Page é o Apêndice A, no qual eles reconhecem os meios pelos quais interesses comerciais podem comprometer a qualidade do processo de arrecadação de resultados de busca. Eles afirmam, citando Ben Bagdikian, que "é claro que um mecanismo de busca que estivesse recebendo dinheiro para exibir anúncios de telefones celulares teria dificuldade para justificar a página que nosso sistema devolve para seus anunciantes pagantes. Por essa razão e pela experiência histórica com outras mídias, acreditamos que mecanismos de busca financiados por publicidade serão inerentemente enviesados para favorecer anunciantes e com prejuízo das necessidades de consumidores".[41] Brin e Page detalham um mapa claro de como vieses funcionariam em um sistema de busca voltado para vender anúncios e os efeitos que isso teria, e sugerem diretamente que é do interesse do consumidor não ter buscas comprometidas pela publicidade ou comercialismo. Em certo nível, PageRank tinha a intenção de ser um medidor de relevância baseado em popularidade — incluindo o que tanto usuários da internet quanto web designers colocam como links em suas páginas. Assim como nas citações acadêmicas, Brin e Page decidiram que a análise de citações poderia ser usada como modelo para determinar se links da internet poderiam ser ranqueados de acordo com sua importância, medindo o quanto eles eram *back-linked* e *hyperlinked*, indo e voltando pelas páginas da web. Assim, o modelo de indexação de páginas nasceu. Porém, no caso da análise de citações, um estudioso atravessa diversos estágios de verificação e teste de credibilidade, como o processo de revisão-por-pares, antes que seu trabalho possa ser publicado e citado. No caso da internet, essa checagem de credibilidade não é um fator determinante do que será linkado. Isso se tornou explicitamente claro nas muitas reportagens da mídia cobrindo a eleição presidencial de 2016, onde links sensacionalistas e "notícias" manufaturadas por todo o mundo encobriram reportagens acuradas sobre fatos envolvendo os candidatos presidenciais.

Outro exemplo das limitações em remover a curadoria ou tomada de decisões humana da primeira página de resultados no topo do PageRank, além dos resultados que encontrei para "meninas negras", pode ser visto no debate mais público sobre os resultados que foram apresentados nas buscas pela palavra "judeu", que incluíam um número significativo de páginas antissemitas. Como pode ser visto na resposta do Google sobre os resultados para uma busca com a palavra-chave "judeu", a empresa assume pouca responsabilidade pelos meios que fornecem informação sobre identidades raciais ou de gênero, que recebem curatela mais significativa em bases de dados acadêmicas. No livro de 2011 *The Googlization of Everything (And Why We Should Worry)* (NT: "A googlização de tudo (e por que devemos nos preocupar)", inédito no Brasil, Siva Vaidhyanathan registra tentativas recentes da Comunidade Judaica e da Liga Antidifamação para desafiar a priorização de ranking do Google que coloca na primeira página links para páginas da web antissemitas e negacionistas do Holocausto. Esses resultados de pesquisa eram tão problemáticos que, em 2011, o Google lançou uma declaração sobre seu processo de busca, encorajando pessoas a usarem "judeus" e "povo judeu" em suas pesquisas, em vez do aparentemente pejorativo "judeu" (NT: Em inglês, a contração "jew" é por vezes usada de forma pejorativa por grupos racistas, o que ocorre em menor grau com os termos "jewish" e "jewish people".) — alegando que a empresa não podia fazer nada sobre a cooptação da palavra por grupos supremacistas brancos (veja a Figura 1.12).

O Google, de acordo com sua própria declaração, só removerá páginas que são consideradas ilegais, como é o caso na França e na Alemanha, onde vender ou distribuir material neonazista é proibido. Sem tais limites sobre material pejorativo, racista, sexista ou homofóbico, o Google permite que seu algoritmo — que é, até onde podemos ver, carregado com o que Diaz chama de "sociopolítica" — permaneça de pé sem discussão enquanto protesta sua inabilidade para remover páginas. Em 27 de junho de 2012, o Google firmou um acordo com a organização antirracista francesa Liga Internacional Contra o Racismo sobre o uso pelo Google da identidade étnica — "Judeu" — em associação com buscas populares.[42] De acordo com a lei francesa, marcadores de identidades étnicas não podem ser arquivados em bancos de dados, e as técnicas de autocompletar usadas na caixa de pesquisas do Google ligam o nome de pessoas à palavra "judeu" com base em pesquisas passadas de usuários. O que esse caso recente aponta é outro esforço para redefinir imagens distorcidas de pessoas em uma nova mídia. Esses casos de distorção, porém, continuam a se acumular.

Google

An explanation of our search results

If you recently used Google to search for the word "Jew," you may have seen results that were very disturbing. We assure you that the views expressed by the sites in your results are not in any way endorsed by Google. We'd like to explain why you're seeing these results when you conduct this search.

A site's ranking in Google's search results relies heavily on computer algorithms using thousands of factors to calculate a page's relevance to a given query. Sometimes subtleties of language cause anomalies to appear that cannot be predicted. A search for "Jew" brings up one such unexpected result.

If you use Google to search for "Judaism," "Jewish" or "Jewish people," the results are informative and relevant. So why is a search for "Jew" different? One reason is that the word "Jew" is often used in an anti-Semitic context. Jewish organizations are more likely to use the word "Jewish" when talking about members of their faith. The word has become somewhat charged linguistically, as noted on websites devoted to Jewish topics such as these:

- http://www.jewishworldreview.com/cols/jonah081500.asp

Someone searching for information on Jewish people would be more likely to enter terms like "Judaism," "Jewish people," or "Jews" than the single word "Jew" In fact, prior to this incident, the word "Jew" only appeared about once in every 10 million search queries. Now it's likely that the great majority of searches on Google for "Jew" are by people who have heard about this issue and want to see the results for themselves.

The beliefs and preferences of those who work at Google, as well as the opinions of the general public, do not determine or impact our search results. Individual citizens and public interest groups do periodically urge us to remove particular links or otherwise adjust search results. Although Google reserves the right to address such requests individually, Google views the comprehensiveness of our search results as an extremely important priority. Accordingly, we do not remove a page from our search results simply because its content is unpopular or because we receive complaints concerning it. We will, however, remove pages from our results if we believe the page (or its site) violates our Webmaster Guidelines, if we believe we are required to do so by law, or at the request of the webmaster who is responsible for the page.

We apologize for the upsetting nature of the experience you had using Google and appreciate your taking the time to inform us about it.

Sincerely,
The Google Team

P.S. You may be interested in some additional information the Anti-Defamation League has posted about this issue at http://www.adl.org/rumors/google_search_rumors.asp. In addition, we call your attention to Google's search results on this topic.

Figura 1.12. Explicação dos resultados pelo Google. Fonte: www.google.com/explanation.html (originalmente disponível em 2005). (NT: O texto diz:

Uma Explicação sobre Nossos Resultados de Busca.

Se você recentemente usou o Google para procurar a palavra "judeu", pode ter encontrado resultados muito perturbadores. Nós lhe asseguramos que os pontos de vista expostos nas páginas de resultados não são de nenhuma forma apoiados pelo Google. Nós gostaríamos de explicar por que vocês estão vendo esses resultados quando fazem essa busca.

O ranking de uma página nos resultados de busca no Google depende grandemente de algoritmos de computador utilizando milhares de fatores para calcular a relevância de uma página a uma dada pesquisa. Às vezes, sutilezas de linguagem causam o aparecimento de anomalias que não podem ser previstas. Uma busca por "judeu" traz um desses resultados inesperados.

Se você usar o Google para buscar por "judaísmo", "judeus" ou "povo judeu", os resultados são informativos e relevantes. Então por que uma busca por "judeu" é diferente?

Uma razão é que a palavra "judeu" frequentemente é usada em contextos antissemitas. Organizações judaicas tendem a usar a palavra "judeus" quando falam sobre membros de sua fé. A palavra se tornou de certa forma carregada linguisticamente, como frisado em certas páginas devotadas a tópicos sobre judaísmo como esta:

http://www.jewishworldreview.com/cols/jonah081500.asp

Alguém buscando por informações sobre o povo judeu tende a mais provavelmente usar termos como "judaísmo", "povo judeu" ou "judeus" do que a palavra singular "judeu". De fato, antes desse incidente, a palavra "judeu" aparecia apenas uma vez a cada 10 milhões de buscas. Agora é provável que a maioria das buscas no Google por "judeu" sejam por pessoas que ouviram falar desta questão e querem ver os resultados por si mesmas.

As crenças e preferências daqueles que trabalham no Google, assim como as opiniões do público em geral, não determinam ou têm impacto nos nossos resultados de busca. Cidadãos individuais e grupos de interesse público periodicamente solicitam que removamos links específicos ou ajustemos de alguma outra forma os resultados de buscas. Embora o Google se reserve o direito de lidar com essas solicitações individualmente, ele vê a compreensividade de nossos resultados de pesquisa como uma prioridade extremamente importante. De acordo com isso, não removemos páginas de nossos resultados de pesquisa apenas porque seu conteúdo é impopular ou porque recebemos reclamações sobre ele. Nós iremos, porém, remover páginas de nossos resultados se acreditarmos que a página (ou o portal) viola nossas Diretrizes para Webmasters, se acreditarmos que a lei exija que o façamos, ou a pedido do webmaster responsável pela página.

Nós pedimos desculpas pela experiência desconfortável que você teve usando o Google e agradecemos por ter se dado ao trabalho de nos informar.

Sinceramente,

A Equipe do Google

PS: Você pode ter interesse em maiores informações do que a Liga Antidifamação postou sobre esta questão em http://www.adl.org/rumors/google_search_rumors.asp. Além disso, dirigimos sua atenção para os resultados da busca no Google sobre este assunto.)

O interesse do público em informação precisa, bem como da comunidade judaica sobre cultura judia e o Holocausto deveria ser motivação suficiente para provocar uma discussão nacional sobre o prejuízo ao consumidor, o qual minha pesquisa demonstra que afeta outras identidades culturais baseadas em gênero que são mal representadas pelos mecanismos de busca. Porém, a afirmativa do Google que seus resultados de pesquisa, ainda que problemáticos, são gerados por computadores (e, portanto, não são culpa da empresa) foi aparentemente uma resposta boa o suficiente para a Liga Antidifamação (ADL), que declarou: "Estamos extremamente satisfeitos pelo Google ter ouvido nossas preocupações e a de seus usuários sobre a natureza ofensiva de alguns de seus resultados de busca e o ranking incomumente alto de pregadores do preconceito e do antissemitismo".[43] A ADL reconhece em sua página na web sua gratidão a Sergey Brin, cofundador do Google e filho de imigrantes judeus russos, por sua carta pessoal à organização e seu mea-culpa pelo fiasco quanto às buscas pela palavra-chave "judeu". A ADL generosamente declarou em seu comunicado à imprensa sobre o incidente que o Google, como um recurso para o público, deveria ser perdoado porque "até as modificações técnicas serem implementadas, o Google colocou um texto em sua página que oferece uma explicação clara sobre como resultados de buscas são obtidos. As buscas do Google são automaticamente determinadas usando algoritmos de computador que levam em conta milhares de fatores para calcular a relevância de uma página".[44]

Se existe uma solução técnica, então quais são as dificuldades que o Google vem enfrentando de forma que oito anos depois a questão ainda não tenha sido resolvida? Uma busca pela palavra "judeu" em 2012 produz uma caixa bege na parte debaixo da página de resultados do Google, com um link para sua longa declaração sobre os resultados — que permanece uma mistura de páginas antissemitas e material informativo (veja Figura 1.13). É um problema que o Google coloque a responsabilidade dos resultados ruins nas costas das pessoas que buscam informação, uma vez que a maioria dos resultados que o público recebe em buscas amplas ou genéricas sobre termos raciais e de gênero está fora de seu controle e inteiramente sob o controle do Google Search.

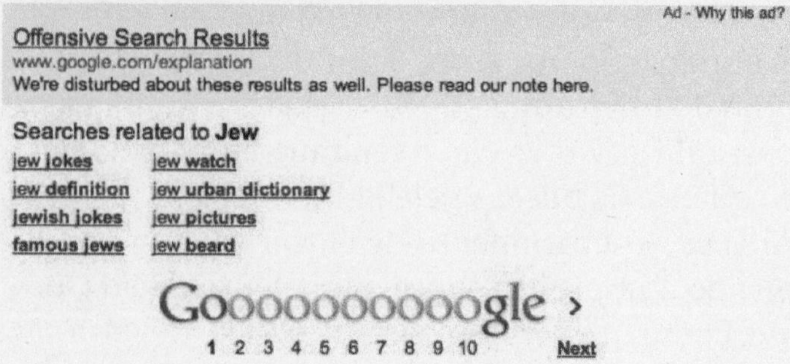

Figura 1.13. Parte debaixo de uma página do Google tratando de resultados ofensivos, que anteriormente levava os usuários ao texto "Uma Explicação Sobre Nossos Resultados de Buscas". Fonte: www.google,com/explanation (Não está mais disponível)

É importante notar que o Google reconheceu o fato de que é um problema o antissemitismo ser o resultado primário de informação sobre o povo judeu, apesar de sua declaração que tenta colocar o ônus dos maus resultados de pesquisa sobre os usuários. Na Alemanha e na França, por exemplo, é ilegal vender recordações nazistas, e o Google colocou em atividade filtros que garantem que vendedores on-line de tais produtos não sejam visíveis nos resultados de pesquisa. Em 2002, Benjamin Edelman e Jonathan Zittrain, do Centro Berkman para Internet e Sociedade da Universidade de Harvard, concluíram que o Google estava filtrando seus resultados de pesquisa de acordo com leis locais e impedindo conteúdo e organizações neonazistas de aparecerem nos resultados.[45] Embora isso indique que o Google pode de fato remover resultados objecionáveis, é igualmente problemático, porque a empresa forneceu resultados de pesquisa sem informar aos usuários que a informação estava sendo suprimida. Isto quer dizer que os resultados estavam sendo apresentados como factuais e completos, sem mencionar a omissão. Yahoo!, outro grande mecanismo de busca estadunidense, foi forçado a entrar em uma prolatada batalha legal na França por permitir que recordações pró-nazistas fossem vendidas através de seu mecanismo de busca, em violação à lei francesa. O que esses casos apontam é que resultados de busca são profundamente contextuais e facilmente manipuláveis, ao invés de objetivos, consistentes e transparentes, e que eles podem ser legitimados apenas em contextos sociais, políticos e históricos.

A questão da ilegalidade do dano causado por resultados pejorativos envolve considerável debate. Por exemplo, nos Estados Unidos, onde a proteção da liberdade de expressão é garantida para todo tipo de fala, incluindo discurso de ódio e representações sexistas e racistas de pessoas e comunidades, é exigido um ônus de prova maior para demonstrar que o dano foi causado contra pessoas desfavorecidas ou oprimidas. Precisamos de proteções legais agora mais do que nunca, conforme sistemas de tomada de decisão automatizados detêm maior poder na sociedade.

TRAPACENDO O SISTEMA: OTIMIZANDO E COOPTANDO RESULTADOS EM MECANISMOS DE BUSCA

A ferramenta de publicidade e produto de otimização do Google é o AdWords. AdWords permite a qualquer um anunciar nas páginas de busca do Google e é altamente customizável. Com essa ferramenta, um anunciante pode determinar a quantia máxima que quer gastar diariamente em publicidade. No modelo do AdWords, o Google vai mostrar anúncios do produto em páginas de resultados que se acredita serem relevantes ao tipo de busca feito por um usuário. Se um usuário clica em um anúncio, o anunciante paga. E o Google incentiva anunciantes sugerindo que seus anúncios vão aparecer em páginas de resultados, mas o anunciante (ou cliente do Google) paga pelo anúncio apenas quando o usuário (o consumidor do Google) clicar no anúncio, o que é o "custo por clique" (CPC). O anunciante seleciona uma série de "palavras-chave" que acredita se alinharem de perto com o produto ou serviço que está sendo anunciado, e um cliente pode ainda usar uma ferramenta de Estimativa de Palavra-Chave com a finalidade de ver o quanto as palavras-chave que ele escolheu associar à sua página podem custar. Esse mecanismo de publicidade é uma parte essencial de como o PageRank prioriza anúncios em uma página, e a associação de palavras-chave com determinadas indústrias, produtos ou serviços parte desse processo, que funciona em sincronia com o PageRank.

Para entender os resultados específicos de buscas por palavras-chave, é importante saber como o PageRank do Google funciona, quais processos comerciais estão envolvidos com o PageRank, e como empresas de otimização de mecanismos de busca (SEO) surgiram para influenciar o processo de fazer resultados subirem ao topo das listas de resultados,[46] e como o bombardeio Google[47] ocasionalmente ocorre. Bombardeio de Google é a prática de semear excessivamente hyperlinks levando a uma certa página (repetidamente codificando HTML para ligar uma página a certo termo ou frase) para fazê-la subir ao topo do PageRank, mas é também visto como um tipo de "atropelamento seguido de fuga" que pode deliberadamente cooptar termos e identidades na internet para propósitos políticos, ideológicos ou satíricos. Judit Bar-Ilan, uma professora de ciências da informação na Universidade de Bar-Ilan, estudou essa prática para ver se forçar resultados para o topo do PageRank tinha um efeito duradouro nos resultados posteriormente, o que pode mesmo acontecer em operações bem orquestradas. Em essência, o Bombardeamento de Google é o processo de cooptar conteúdo ou um termo e redirecioná-lo para um conteúdo diverso e não relacionado. A tradição da internet atribui a criação do termo "Bombardeamento de Google" a Adam Mathes, que associou o termo "picareta sem talento" com a página de um amigo em 2001. Práticas como o Bombardeamento de Google (também conhecido como "Lavagem de Google") estão causando impacto tanto em empresas de SEO quanto no próprio Google. Enquanto este último está comprometido em manter a qualidade dos resultados de busca no PageRank e policiar empresas que tentem "trapacear o sistema", como Brin e Page previram, empresas de SEO não querem perder terreno na tarefa de elevar seus clientes ou suas marcas nas listas do PageRank.[48] SEO é o processo de "usar uma série de técnicas, incluindo adições ao código HTML, edição de páginas na web, navegação entre páginas, campanhas de links e outras, para melhorar a visibilidade de um portal ou página listada em mecanismos de busca para resultados de pesquisas específicas",[49] em contraste com "buscas pagas", nas quais a companhia paga o Google por anúncios a serem mostrados quando certos termos específicos são buscados. Um espetáculo na mídia envolvendo um fato dessa natureza foi o caso do senador republicano Rick Santorum, da Pensilvânia, cuja página da web e nome foram associados a insultos de maneira a levar conteúdo polêmico ao topo do PageRank.[50] Outros que passaram por esse tipo de cooptação de identidade ou associação pouco desejável de seus nomes com um insulto incluem o ex-presidente George W. Bush e o cantor pop Justin Bieber.

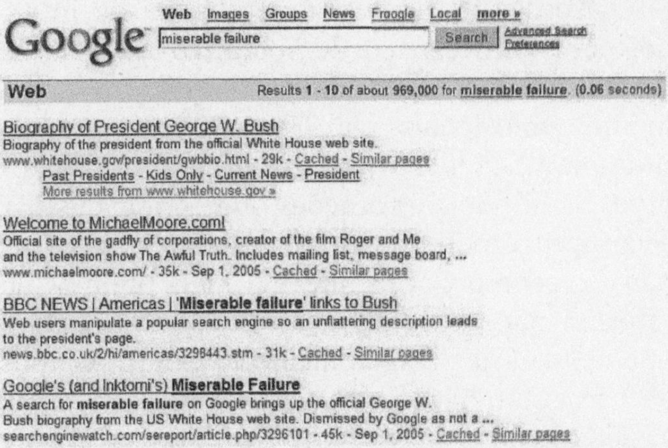

Figura 1.14. Exemplo de um Bombardeamento de Google contra George W. Bush e os termos da pesquisa. (NT: A palavra-chave da pesquisa foi "fracasso miserável". A primeira página a aparecer nos resultados é a biografia de George W. Bush, seguida por um link para a página do documentarista Michael Moore (crítico de Bush) e links comentando o caso do bombardeio.)

Todas essas práticas de otimização de mecanismos de busca e Bombardeamento de Google podem ocorrer independentemente e em concerto com o processo de rastreamento e indexação da internet. Na verdade, ser rastreado dá um significado a uma página da web e cria as condições pelas quais o ranqueamento pode acontecer. Otimização de mecanismos de busca é um fator crucial na encontrabilidade de conteúdo na web. O importante a se notar é que a otimização de mecanismos de busca é uma indústria multibilionária, que impacta o valor de palavras-chave específicas; isto é, os marqueteiros estão investindo em usar certas palavras-chave e combinações de palavras-chave em particular, para otimizar seus ranqueamentos.

Apesar da crença generalizada da internet como um espaço democrático no qual as pessoas têm o poder de participar dinamicamente como iguais, ela é na realidade organizada para beneficiar as elites detentoras de poder,[51] incluindo corporações que podem custear a compra e o redirecionamento de pesquisas para os seus próprios sites. O mais popular na internet não é unicamente uma questão de o que os usuários estão clicando e como páginas da web estão hyperlinkadas entre si — há uma variedade de processos em jogo. Max Holloway da *Search Engine Watch* aponta que: "Similarmente, com o Google, quando você clica em um resultado — ou, então, não clica em um resultado —, esse comportamento impacta resultados futuros. Uma consequência dessa complexidade é a dificuldade em explicar o comportamento do sistema. Nós primariamente nos escoramos em métricas de performance para quantificar o sucesso ou o fracasso de resultados de buscas, ou para nos dizer quais variações de um sistema operam melhor do que outras. Essas métricas permitem ao sistema ser continuamente aprimorado".[52] O objetivo de combinar termos de pesquisa, então, no contexto do panorama da lógica da otimização de mecanismos de busca, é apenas o começo.

Muita pesquisa já foi feita para dissipar a noção que usuários da internet têm a habilidade de "votar" com seus cliques e expressar interesse em conteúdo e informação individuais, resultando em práticas democráticas on-line.[53]

Pesquisas demonstram que notícias e informações políticas na blogosfera são mediadas e direcionadas de forma que os grandes veículos de mídia fiquem no topo da pilha de informações, se sobrepondo a páginas da web menos conhecidas e páginas de notícias alternativas na blogosfera, o que beneficia as elites.[54] No caso de procura por informações políticas, pesquisas mostram como o Google direciona o tráfego na internet para conglomerados de notícia convencionais, o que aumenta a habilidade deles para moldar o discurso político. O Google também é uma plataforma mediadora que, pelo menos em uma ocasião no passado, setembro de 2011, permitiu que a indústria da pornografia tivesse precedência sobre a representação de mulheres e meninas negras sobre outras possibilidades entre os pelo menos 11,5 bilhões de documentos que poderiam ter sido indexados.[55] Aquele momento em 2011 é, porém, emblemático da dinâmica recorrente do Google. Desde então, muitos outros resultados problemáticos foram produzidos. Conforme a Comissão Federal de Comunicações declara a banda larga como "a nova mídia comum a todos",[56] o papel dos mecanismos de busca está tomando cada vez maior importância para "a disseminação mais ampla possível de informação vinda de fontes diversas e antagonísticas... essencial para o bem-estar público".[57] Essa economia política de mecanismos de busca e anunciantes tradicionais inclui companhias de otimização de mecanismos de busca que operam em um mercado secundário ou cinza (frequentemente, em oposição ao

Google). Em última instância, os resultados que obtemos são sobre o interesse financeiro que o Google ou as SEOs têm em ajudar seus próprios clientes a otimizar seus ranqueamentos. Na verdade, o negócio do Google é vender otimização. Extensas análises críticas sobre o Google foram escritas tratando da economia política das buscas[58] e da maneira pela qual as consolidações no mercado das indústrias dos mecanismos de busca contribuem para a erosão de recursos públicos, de modo muito semelhante a como os estudiosos da mídia Robert McChesney, ex-apresentador do programa de rádio *Media Matters*, transmitido em rede nacional, e John Nichols, escritor da revista *Nation*, criticam a consolidação dos mercados de mídia massificada. Outros se manifestaram sobre o efeito inerentemente democratizante dos mecanismos de busca, por exemplo, como eles acrescentam à diversidade do discurso e das organizações políticas, porque o público tem a oportunidade de acessar mais informação no mercado das ideias.[59] Evidências crescentes demonstram que sistemas automáticos de tomada de decisão são desproporcionalmente danosos aos mais vulneráveis e menos poderosos, que têm pouca capacidade para intervir neles — da má representação e sentenças penais ao acesso ao crédito e outras fórmulas que impactam vidas.

Esse panorama dos mecanismos de busca é algo importante a ser considerado ao se tentar compreender o significado das buscas para o público, e serve como uma base para examinarmos por que a qualidade da informação on-line é uma questão significativa. Devemos problematizar o conceito do Google como um recurso público, particularmente à medida que instituições passam a depender cada vez mais do Google quando procuram informação de alta qualidade, contextualizada e de credibilidade. Essa mudança, em que instituições públicas, como bibliotecas e escolas, são substituídas pelo setor privado na função de intermediadores de informação, como podemos ver em projetos como o Google Books, por exemplo, está colocando bens que anteriormente eram públicos nas mãos de uma corporação multinacional para exploração privatizada. Informação é a nova commodity, e mecanismos de busca podem funcionar como currais privados de informação.[60] Precisamos tornar mais visíveis os interesses comerciais que sobredeterminam o que podemos encontrar on-line.

O CERCAMENTO DO DOMÍNIO PÚBLICO ATRAVÉS DE MECANISMOS DE BUSCA

Ao mesmo tempo que mecanismos de busca se tornaram o portal dominante para a busca de informação por usuários da internet nos Estados Unidos, a ascensão da mediação comercial da informação por esses mesmos mecanismos vem erguendo cada vez mais cercas ao redor do material em domínio público. Reduções no orçamento para instituições de informação pública, como bibliotecas e instituições educacionais, e a transição da responsabilidade de prover informação para indivíduos e para o setor privado alteraram as formas pelas quais o público concebe o que pode e deveria estar em domínio público. Ainda assim, o Google Search é concebido como um recurso público, apesar de ser uma companhia multinacional de publicidade. Essas realocações de recursos que foram certa vez considerados públicos sofreram o impacto do encarecimento de direitos de propriedade intelectual, licenciamentos e acordos de publicação, para empresas e indivíduos no campo dos *copyrights*, patentes e outras proteções legais aos direitos de criação. Pode-se argumentar que a passagem de recursos e cultura de origem comunitária para mãos privadas é uma crise, um retrocesso no bem comum, mas ainda há estratégias viáveis a serem exploradas para preservar o que pode permanecer no domínio público. O controle comercial sobre a internet, frequentemente considerado um "bem comum", a afastou mais ainda do público através de uma série de normas nacionais e internacionais e de fronteiras intelectuais e comerciais existentes no gerenciamento da rede.[61] Além da internet e do controle da rede, informação pública — seja fornecida pela internet ou não — continua a ser terceirizada para a esfera privada, erodindo o conceito de informação pública como um bem comum que foi um princípio básico da democracia dos Estados Unidos.

O estudioso da mídia Herbert Schiller, cujo trabalho prenunciou muitos dos atuais desafios no campo da informação e comunicações, forneceu um exame detalhado do impacto da terceirização e desregulamentação nas esferas da comunicação e da informação pública. Suas palavras ainda são pertinentes: "A prática de vender governança ou (qualquer) informação atende bem os interesses do usuário corporativo. Usuários individuais comuns vão para o fim da fila de disseminação. Profundamente antidemocrático em seu efeito, privatizar e/ou vender informação, que foi em certo momento considerada propriedade pública, tornou-se uma prática-padrão nos últimos anos".[62] O que esta crítica demonstra é que a privatização e a natureza comercial da informação se tornaram tão normalizadas que não apenas passam despercebidas, mas, como resultado, são incrementalmente difíceis de se analisar de modo crítico dentro do domínio público. O Projeto Pew de Internet e Vida Americana corrobora que o público confia em corporações multinacionais que fornecem informação pela internet e que há um baixo nível de desconfiança sobre a privatização da informação.[63] Parte desse processo de aquiescência à crescente corporatização da vida pública pode ser explicada pelo panorama econômico, que é moldado por projetos industriais-militares que emergiram nos Estados Unidos, como a própria internet,[64] o que aumenta o desafio para estudiosos que pesquisam o impacto de tais mudanças no âmbito de recursos e transparência. Molly Niesen, da Universidade de Illinois, escreveu extensivamente sobre a perda de transparência pública de agências federais como a Comissão Federal do Comércio (FTC), o que é uma contribuição significativa para nossa compreensão de onde o público deve focar sua atenção em questões de intervenção sobre políticas públicas.[65] Devemos usar a pesquisa dela como base para pensar sobre a FTC como a agência-chave gerenciando e intervindo no controle que corporações exercem sobre o campo da informação.

O PODER CULTURAL DOS ALGORITMOS

O público tem uma consciência mínima dessas transições de poder cultural e da importância dos algoritmos. Em um estudo de 2015 do Centro de Pesquisas Pew, "Estratégias de Privacidade Americanas Pós-Snowden", apenas 34% daqueles que responderam à pesquisa e estão cientes da vigilância que acontece automaticamente on-line através das plataformas de mídia, como o de hábitos de buscas, uso de e-mail e postagens em redes sociais, reportaram que estavam mudando seus comportamentos on-line por causa de preocupações com a vigilância governamental e as potenciais implicações ou danos que isso poderia lhes causar.[66] Poucos dentro da população estadunidense sabem que o comportamento on-line tem mais importância do que nunca. De fato, atividades originadas na internet estão afetando dramaticamente nossas noções sobre como democracia e liberdade operam, particularmente no campo do fluxo livre de informações e comunicação. Nossa habilidade de interagir com o panorama informacional impacta sutilmente e de forma pervasiva nossa compreensão do mundo e do próximo.

Um exemplo de como o fluxo e os vieses de informações ganharam relevância no reino da política pode ser visto em um importante estudo novo sobre como informação enviesada pode alterar radicalmente resultados de eleições. O professor e ex-editor da revista *Psychology Today*, Robert Epstein, e o diretor associado do Instituto Americano para Pesquisa de Comportamento e Tecnologia, Ronald Robertson, verificaram em seu estudo de 2013 que a democracia estava em risco porque manipular rankings de pesquisa podia alterar a preferências dos votantes substancialmente e sem que eles percebessem. Em seu estudo, eles apontam que o teor das histórias sobre um candidato que apareciam nos resultados de um mecanismo de busca, fossem favoráveis ou desfavoráveis, afetava dramaticamente a forma como as pessoas votavam. 75% dos participantes não tinham ciência que os resultados das pesquisas haviam sido manipulados. Os pesquisadores concluíram que: "Os resultados de eleições reais — especialmente disputas apertadas — podem concebivelmente ser determinados pela manipulação estratégica de rankings de mecanismos de busca e... que a manipulação pode ser atingida sem as pessoas terem consciência disso. Especulamos que mecanismos de busca operando sem regulamentação podem representar séria ameaça ao sistema democrático de governo”.[67]

Figura 1.15. Reportagem (e crítica) on-line da Forbes sobre o estudo de Epstein e Robertson. (NT. A manchete diz: “O Google é uma Ameaça Significativa à Democracia: Portanto Precisa Ser Regulado”. No parágrafo seguinte, porém, o autor imediatamente menciona que tem certeza que existem formas melhores de gastar dinheiro do que no estudo realizado.)

Em março de 2012, o Projeto Pew de Internet e Vida Americana publicou uma atualização para seu estudo de 2005, “Usuários de Mecanismos de Busca”. As enquetes de 2005 e 2012 rastreando tendências de comportamento de consumo do painel de consumidores da empresa de pesquisa com Score Media Metrix demonstram que mecanismos de busca são tão importantes para usuários da internet quanto o e-mail. Na verdade, o relatório *Uso de Mecanismos de Busca 2012* sugere que o público “está mais satisfeito do que nunca com a qualidade dos resultados de busca”.[68] Outras descobertas incluem o seguinte:

- 73% de todos os estadunidenses usam um mecanismo de busca, e 59% relatam usar um diariamente;

- 83% dos usuários de mecanismos de busca usam o Google.

É especialmente alarmante a forma pela qual os mecanismos de busca se posicionam mais e mais como um recurso público confiável, que devolve informação confiável e de credibilidade. De acordo com a Pew, usuários não raro relatam bons resultados e confiança relativamente alta nas capacidades de mecanismos de busca:

- 73% dos usuários de mecanismos de busca dizem que a maior parte ou toda a informação que eles encontram quando usam tais mecanismos é precisa e confiável.

Ainda assim, ao mesmo tempo que usuários de mecanismos de busca relatam altos níveis de confiança em suas habilidades e na informação que obtêm junto dos mecanismos, eles também relatam que são inocentes quanto ao funcionamento de um mecanismo de busca:

- 62% dos usuários de mecanismos de busca não têm consciência da diferença entre resultados pagos e não pagos; ou seja, apenas 38% têm ciência, e apenas 8% dos usuários de mecanismos de busca dizem que sempre conseguem diferenciar quais resultados são pagos ou patrocinados e quais não são;

- Em 2005, 70% dos usuários de mecanismos de busca estavam confortáveis com o conceito de resultados pagos ou patrocinados, mas em 2012, usuários relataram que eles não concordavam com publicidade dirigida porque não gostavam de ter seu comportamento on-line rastreado e analisado;

- Em 2005, 45% dos usuários de mecanismos de busca disseram que parariam de usar tais mecanismos se achassem que estes não se mostravam claros sobre estarem apresentando alguns resultados porque estão sendo pagos;

- Em 2005, 64% daqueles que usavam mecanismos de busca ao menos diariamente disseram que os mecanismos são uma fonte justa e imparcial de informação. Em 2012, essa porcentagem cresceu para 66%.

Usuários no estudo de 2012 da Pew também apresentaram preocupações sobre personalização:

- 73% relataram que *não estariam de acordo* com um mecanismo de busca que mantivesse registro das buscas e usasse essa informação para personalizar futuros resultados. Participantes relataram que sentiriam que isso seria uma invasão de privacidade.

No contexto dessas preocupações, um estudo de 2011 realizado pelos pesquisadores Martin Feuz e Matthew Fuller, do Centro de Estudos Culturais na Universidade de Londres, e Felix Stalder, da Universidade de Artes de Zurique, verificou que a personalização não é simplesmente um serviço para os usuários, mas sim um mecanismo para melhor combinar clientes com anunciantes e que a personalização ou agregamento do Google se trata de ativamente enquadrar pessoas em grupos, ou seja, categorização de indivíduos.[69] Em muitos casos, usuários diferentes recebem conteúdos semelhantes, mas usuários têm poucos meios para verificar como a plataforma está tentando usar o histórico anterior de buscas e a informação demográfica para moldar os resultados que lhes serão apresentados. Personalização é, em certo grau, dar às pessoas os resultados que elas querem com base no que o Google sabe sobre seus usuários, mas é também gerar resultados que o Google Search acha que são bons para os anunciantes, por meio de modificações em seu algoritmo básico. Essa nova onda de interatividade, sem dúvida, está na mente tanto dos usuários quanto das empresas e agências de otimização de mecanismos de busca. Aplicativos do Google, como o Gmail ou o Google Docs, e redes sociais, como o Facebook, rastreiam identidade e buscas anteriores de forma a fazer emergir anúncios dirigidos especificamente aos usuários, através da análise dos rastros digitais deles. Portanto, mecanismos de busca não apenas registram cada vez mais os rastros digitais de onde estivemos e que links nós clicamos de forma a fornecer mais conteúdo sob medida (uma prática que começou a atrair mais atenção do público depois que o Google anunciou que usaria registros de comportamento de buscas passados e os ligaria a usuários em sua alteração das políticas de privacidade em 2012),[70] mas os resultados de pesquisa também vão variar se tivermos filtros destinados a bloquear pornografia ativos nos computadores.[71]

Com certeza a informação que emerge no topo da pilha de pesquisas não é exatamente a mesma para usuários em localizações geográficas diferentes, e uma variedade de anúncios comerciais e decisões políticas, sociais e econômicas está ligada à maneira pela qual os resultados de pesquisa são codificados e apresentados. Ao mesmo tempo, os resultados são quase sempre bastante semelhantes e uma completa personalização da busca — feita sob medida para várias identidades, desejos e necessidades específicas — ainda tem que ser desenvolvida. Por enquanto, essa personalização em nível de identidade pessoal ainda tem menos impacto na variação dos resultados do que o público geralmente acredita.

PERDENDO O CONTROLE DAS NOSSAS IMAGENS E DE NÓS MESMOS NAS BUSCAS

É bem sabido que a mídia tradicional está repleta de imagens negativas ou estereotipadas de afro-americanos/pessoas negras,[72] e a internet como *locus* da nova mídia é um espaço onde interesses da mídia tradicional são replicados. Aqueles que foram representados de forma inapropriada ou injusta, de formas racistas e sexistas na velha mídia têm sido capazes de criticar de forma cogente essas representações e exigir representações mais amplas, protestar contra estereótipos e clamar por maior participação na produção de representações alternativas, não estereotipadas ou não opressivas. Isto faz parte da função social de organizações de direitos civis como a Liga Urbana[73] e a Associação Nacional para o Avanço das Pessoas de Cor (NAACP), que monitoram e produzem relatórios sobre representações ruins de minorias, assim como celebram quando afro-americanos são retratados positivamente na mídia.[74] No nível de políticas públicas, algumas organizações de direitos civis e pesquisadores como Darnell Hunt, reitor da divisão de ciências sociais e diretor do departamento de sociologia da UCLA,[75] têm se preocupado com as representações de afro-americanos na mídia, e organizações de amplo alcance, como a Imprensa Livre, têm sido ativas em oferecer recursos sobre o impacto da falta de diversidade, estereotipação e do discurso de ódio na mídia. De fato, alguns desses recursos têm sido dirigidos para questões envolvendo a neutralidade da rede e a superação da cisão socioeconômica digital.[76] Grupos de ativistas da mídia que focam na pornificação de mulheres e na estereotipação de pessoas não brancas podem voltar sua atenção para a internet como outro veículo consolidado de mídia, particularmente dada a evidência do monopólio do Google sobre o fluxo de informação e a publicidade na internet.

VIESES NA BUSCA

O "Relatório de Tráfego: Como o Google Está Empurrando Competidores para Fora e Tomando Espaço em Novos Mercados", na página Inside Google do portal ConsumerWatchdog.org (junho de 2010), detalha como o Google efetivamente bloqueia páginas que competem com ele e priorizam seus próprios produtos na lista de resultados de busca (Youtube antes de outros serviços de vídeo, Google Maps antes do MapQuest, e Google Images antes do Photobucket ou do Flickr). O relatório destaca o processo pelo qual a Busca Universal não é neutra, e, portanto, um processo realmente universal, mas sim uma busca comercial que coloca páginas que compram espaço publicitário no topo das listas. Em meio a essas práticas, a mídia, se escorando nas conclusões de uma investigação da FTC,[77] sugeriu que esse uso de algoritmos não era de forma alguma desonesto ou prejudicial, porque são serviços gratuitos e o Google tem o direito de conduzir seus negócios da maneira que bem entender. Pode-se argumentar que isso é verdade, tão verdade que o público deveria ser detalhadamente informado sobre as formas pelas quais o Google enviesa informação — em direção a resultados fortemente estereotípicos e descontextualizados, ao menos quando se trata de certos grupos de pessoas. Plataformas comerciais como o Facebook e o Youtube realizam grandes esforços para monitorar o conteúdo que usuários dão upload, contratando moderadores de conteúdo da internet, que sob seus próprios riscos realizam a triagem de conteúdo ilícito que pode potencialmente traumatizar o público.[78] A expectativa relativa a tais filtros sugere que esses sites vetam conteúdo na internet embasados em algum critério objetivo que indica quando alguns conteúdos são de fato bastante danosos ao público. Uma nova pesquisa conduzida por Sarah T. Roberts, do Departamento de Estudos da Informação da UCLA, demonstra os meios pelos quais, na verdade, a moderação de conteúdo comercial (CCM, um termo que ela criou) tem uma participação muito ativa em determinar o que é permitido que surja no Google, Yahoo! e outros mecanismos comerciais de texto, vídeo e áudio.[79] O trabalho dela sobre a moderação de conteúdo de vídeo elucida os meios pelos quais plataformas de mídia digital comerciais atualmente terceirizam ou cuidam elas mesmas da triagem de conteúdo de imagem e vídeo para que se adequem aos termos do acordo de usuário. O que é alarmante no trabalho de Roberts é que ele revela os processos pelos quais o conteúdo já está sendo triado e avaliado de acordo com um *continuum* de valores que grandemente refletem as normas sociais estadunidenses, e essas normas, por sua vez, refletem diversas ideias e estereótipos racistas que fazem com que racismo, sexismo e o abuso de humanos de forma racializada passem pela triagem como perfeitamente aceitáveis, enquanto outras ideias, como o abuso de animais (o que também é inaceitável), sejam filtradas e bloqueadas ao acesso dos usuários. Ela detalha uma entrevista com um dos moderadores de conteúdo comercial (CCMs) desta forma:

> Nós temos políticas internas muito, muito específicas, item por item... As políticas não são tornadas públicas porque ficaria muito fácil dobrá-las até o ponto de elas se quebrarem. Então, é, nós tínhamos políticas internas específicas que estávamos constantemente, nos encontrávamos uma vez por semana com o SecPol para discutir, tinha uma blackface que do ponto de vista técnico não é considerada automaticamente discurso de ódio. O que sempre me incomodou, então eu tive provavelmente umas dez crises sobre isso. Quando estávamos tendo essas reuniões discutindo políticas e, pra ser justo com eles, eles sempre me ouviram, nunca me falaram para ficar quieto. Eles não concor-

davam, e nunca mudaram a política, mas sempre me deixaram dizer o que eu tinha pra dizer, o que era surpreendente.

(Max Breen, Trabalhador da MegaTech CCM)

O exemplo da MegaTech ilustra o fato de que as companhias e plataformas de redes sociais tomam decisões ativas sobre que tipos de imagens e conteúdos racistas, sexistas e odientos eles vão acolher e até que medida vão acolher. Essas decisões podem envolver questões de "liberdade de expressão" e "liberdade de fala" para a base de usuários, mas, nas plataformas e portais de redes sociais comerciais, esses princípios são sempre contrabalançados por uma intenção de ganhos; se uma plataforma se tornasse notória por ser restritiva demais aos olhos da maioria dos seus usuários, correria o risco de perder participantes para oferecer aos anunciantes. Então, a MegaTech escolheu errar pela licenciosidade, em vez de pelo zelo, ao bloquear conteúdo racista, apesar do fato de um dos seus próprios membros de equipe de CCM argumentar ferozmente contra e, de acordo com sua própria descrição, sofrer distúrbios emocionais ("crises") por isso.[80]

Essa pesquisa feita por Roberts, particularmente logo após o vazamento de relatórios de funcionários do Facebook que realizam moderação de conteúdo, sugere que pessoas e procedimentos são colocados na posição de navegar e moderar conteúdo na internet. Conteúdos polêmicos e racistas, que são altamente rentáveis, proliferam porque muitas plataformas de tecnologia estão interessadas em atrair a atenção da maioria da população dos Estados Unidos, e não de minorias racializadas.

CONTESTANDO NARRATIVAS NEUTRAS SOBRE RAÇA E GÊNERO

A exploração dos resultados de sites da internet na primeira página de uma busca no Google também revela o padrão das identidades que são protegidas na rede ou que são menos suscetíveis à marginalização, pornificação e comoditização. A pesquisa de Don Heider, o reitor da Escola de Comunicação da Universidade Loyola, em Chicago, e Dustin Harp, professor-assistente do Departamento de Comunicação da Universidade do Texas, em Arlington, demonstra que, embora mulheres constituam um pouco mais da metade dos usuários da internet, suas vozes e perspectivas não são tão ouvidas e não têm tanto impacto on-line quanto as dos homens. O trabalho deles demonstra como alguns usuários da internet possuem maior agência e podem dominar a rede, apesar da visão utópica e otimista da rede como uma força equalizadora e democrática.[81] Pesquisas recentes sobre o olhar masculino e pornografia na rede argumentam que a internet é um ambiente de comunicação que privilegia o olhar pornográfico de homens e marginaliza mulheres como objetos.[82] Como em outras formas de representações pornográficas, a pornografia tanto estrutura quanto reforça a dominação das mulheres, e as imagens de mulheres na publicidade e na arte com frequência são "construídas para serem vistas por um espectador masculino",[83] reminiscente da obra canônica do jornalista e produtor John Berger, *Modos de ver*, que descreve a objetificação da seguinte maneira: "Mulheres são retratadas de forma bastante diferente dos homens — não porque o feminino é diferente do masculino, mas porque sempre se pressupõe que o espectador 'ideal' é um homem e a imagem da mulher é projetada para agradá-lo".[84]

As articulações anteriores do olhar masculino continuam se aplicando a outras formas de publicidade e mídia — particularmente na internet — e a pornificação das mulheres na rede é uma expressão de hierarquias racistas e sexistas. Quando essas imagens estão presentes, mulheres brancas são a norma, mulheres negras são super-representadas e latinas são sub-representadas.[85] Tracey A. Gardner caracteriza as representações problemáticas de mulheres afro-americanas na mídia pornográfica sugerindo que "a pornografia capitaliza mitos históricos subjacentes que envolvem e oprimem pessoas não brancas neste país, o que a faz racista".[86] Essas caracterizações são decalques de representações presentes na velha mídia em novos tipos de mídia. Desigualdades estruturais da sociedade estão sendo reproduzidas na internet, e a luta por um espaço cibernético sem raça, gênero e classes pode apenas "perpetuar e reforçar os atuais sistemas de dominação".[87]

Mais de quinze anos depois, a presente pesquisa corrobora essas preocupações. Mulheres, particularmente não brancas, são representadas em resultados de pesquisas contra o pano de fundo do olhar masculino, que funciona como o paradigma dominante da internet nos Estados Unidos. George Lipsitz, estudioso de Estudos Negros e Análise Crítica da Branquitude, da Universidade da Califórnia em Santa Barbara, sublinha o "investimento positivo na branquitude" e as formas pelas quais a construção estadunidense da branquitude é mais "não racial" e nula. Branquitude é mais que uma abstração legal formulada para conceituar e codificar noções sobre o "Negro", "Códigos de Negros", ou a racialização de diversos grupos de povos africanos sob a brutalidade da escravidão — é uma comunidade imaginada e construída unindo americanos-europeus. Através de acordos culturais sobre quem sutil e explicitamente constitui "o outro" na mídia e no entretenimento tradicionais, como shows de menestrel, filmes racistas, programas de televisão produzidos em Hollywood e narrativas de faroeste, a branquitude consolidou a si mesma "através da inscrição de apelos à solidariedade da supremacia branca".[88] As práticas culturais da nossa sociedade — que, argumento, incluem as representações na internet — são parte das formas pelas quais narrativas neutras sobre raça aumentaram o investimento na branquitude. Lipsitz argumenta da seguinte forma:

> Enquanto definirmos a vida social como a soma total de atividades conscientes e deliberadas, então apenas manifestações *individuais* de preconceito e hostilidades pessoais serão vistas como racistas. Comportamento sistêmico, coletivo e coordenado desaparece da linha de visão. Exercícios coletivos de poder de grupo, canalizando sem descanso recompensas, recursos e oportunidades de um grupo para outro, não parecerão "racistas" desta perspectiva porque eles raramente anunciam suas intenções de discriminar contra indivíduos. Mas eles trabalham para construir identidades raciais ao dar às pessoas de raças diferentes oportunidades de vida vastamente diferentes.[89]

Consistente com tentar fazer sentido dos meios pelos quais a ordem racial é construída, mantida e tornada difícil de se apurar, Charles Mills, em sua obra canônica *The Racial Contract* (NT: "O Contrato Racial", inédito no Brasil), colocou desta forma:

> Poder-se-ia então dizer que, como regra geral, *mal-entendidos por parte de*

> *brancos, má representação, evasão e autoengano em questões relativas à raça* estão entre os fenômenos mentais mais presentes das últimas centenas de anos, uma economia cognitiva e moral fisicamente necessária para execução da conquista, colonização e escravização. E esses fenômenos não são de forma alguma *acidentais*, mas *prescritos* pelo Contrato Racial, que requer uma certa dieta de cegueira e opacidades estruturais de forma a estabelecer e manter o regime branco.[90]

Este, então, é um desafio porque, em face da negativa generalizada no Vale do Silício quanto ao impacto de suas tecnologias sobre pessoas racializadas, torna-se difícil fomentar uma compreensão e intervenção apropriadas a respeito de suas práticas. Identidades de grupos como evocadas por buscas usando palavras-chave revelam esse profundo diferencial de poder que é refletido na vida econômica, social e política contemporânea dos Estados Unidos. Sublinham o quanto engenheiros têm controle na rede sobre os mecanismos criadores de sentido em fenômenos complexos. Geram a pergunta de que se a internet é uma ferramenta para o progresso e o avanço, como já foi defendido por muitos estudiosos da mídia, então *cui bono* — para o benefício de quem, e quem detém o poder para moldá-la? Rastrear essas construções históricas de raça e gênero off-line oferece mais informação sobre o contexto em que objetos tecnológicos como mecanismos de busca comerciais funcionam como uma expressão de uma série de relações sociais, políticas e econômicas — relações frequentemente obscurecidas e normalizadas em práticas tecnológicas, o que a maioria das lideranças no Vale do Silício não está disposta a tentar entender ou lidar.[91]

Estudar as buscas por palavras-chave do Google sobre identidade e seus resultados ajuda a contemplar melhor o que isto significa em relação a grupos marginalizados nos Estados Unidos. Aplico o arrazoamento do estudioso de comunicações Norman Fairclough sobre esse tipo de análise crítica dos discursos que contribuem para o processo de criação de significados ser uma forma de "ciência social crítica".[92] Para contextualizar meu método e o quão apropriado ele é para minha abordagem teórica, registro aqui que estudiosos que trabalham com teoria racial crítica e feminismo negro com frequência usam um método qualitativo como leitura atenta, o que fornece mais do que números para explicar resultados e que fica em vez disso nas condições materiais que dão origem a esses resultados.

CONTESTANDO CYBERTOPIAS

Tudo isso leva a mais discussões sobre ideologias que servem para estabilizar e normalizar a noção da busca comercial, incluindo as ainda populares e sempre persistentes narrativas dominantes sobre a neutralidade e objetividade da própria internet — além do Google e de visões utópicas sobre hardware e software de computadores. A infame "Declaração de Independência do Cyberespaço", do cybertariano de primeira hora John Perry Barlow, argumentava em parte que "Nós estamos criando um mundo onde todos podem entrar sem privilégio ou preconceito por conta de raça, poder econômico, força militar ou posição social ao nascer. Nós estamos criando um mundo em que qualquer um, em qualquer lugar, pode expressar suas crenças, não importa quão singulares, sem medo de ser coagido ao silêncio ou à conformidade".[93] Ainda assim, a internet não é apenas um espaço intangível; é também um espaço físico feito de tijolo, cimento, trailers de metal, aparelhos eletrônicos contendo mídias magnéticas e óticas, e infraestrutura de fibras óticas. Ela é completamente material em todas as suas características, e nossas experiências com ela são tão reais quanto qualquer outro aspecto da vida. Acesso a ela é dependente de companhias de telecomunicação, provedores de banda larga e provedores de serviço de internet (ISPs). Seus usuários vivem na Terra em uma miríade de condições humanas que os tornam tudo menos imunes ao privilégio e ao preconceito, e a participação humana na rede é mediada por um rol de oportunidades de acesso sociais, políticas e econômicas — tanto nos Estados Unidos, quanto globalmente.[94]

Desde a declaração de Barlow, muitos estudiosos contestaram os ideais utópicos associados à ascensão da internet e sua habilidade para nos libertar, como as propostas por Barlow, ligados às noções neoliberais sobre individualismo, liberdade pessoal e controle do indivíduo. Essas ligações são marcadores importantes na mudança de instituições públicas ou patrocinadas pelo Estado, incluindo instituições de informação, como os árbitros das liberdades sociais, para a ideia que o livre mercado, corporações e empreendimentos individuais deveriam atuar como o *locus* da organização social. Essas ideias estão historicamente enraizadas em noções sobre o ser humano universal, sem traços que os diferenciem, e que servem como modelo para uma tradição específica de pensamento sobre a busca *individual* pela igualdade. Nancy Leys Stepan, da Universidade Cornell, descreve com aptidão uma característica duradoura dos últimos 270 anos de individualismo liberal, reinvocado pelos pensadores iluministas durante o período de ascensão do capitalismo moderno:

> A partir do século XVII, e culminando nos escritos dos novos filósofos contratualistas do século XVIII, um novo conceito de indivíduo político foi formulado — um conceito abstrato e inovador, um aparente paradoxo —, o imaginado *indivíduo universal* portador de direitos políticos igualitários. A genialidade desse

> conceito, que abriu as portas para a pólis moderna, é que definia, ao menos teoricamente, um ser individual que podia ser concebido tão despido de substanciação individual e especificação (o seu ser singular), que poderia se passar por qualquer homem. Imaculado pela miríade de especificidades (por exemplo, patrimônio, classe, educação, idade, sexo) que torna cada pessoa única, era possível imaginar um indivíduo abstrato, não específico, que expressava a psique comum e a humanidade política.[95]

Por óbvio, essas noções têm sido constantemente contestadas, mas ainda assim elas continuam servindo como base para crenças em um ideal de humanidade sem traços distintivos — não racializada, não gendrificada e sem diferença de classes — como o objetivo final da transcendência humana. Essa teleologia do indivíduo abstrato é desafiada pela inevitabilidade de tais distinções e as formas pelas quais as particularidades individuais que elas sinalizam permitem a existência de realidades e conflitos diferenciados, assim como privilégios e oportunidades. Aqueles que se "distinguem" pela raça, gênero ou sexualidade são "marcados" como sendo outros desvios em relação ao humano universal — e são frequentemente louvados por "transcenderem" suas características distintivas —, enquanto outros tentam "não ver cor" em uma busca pela cegueira racial destinada ao fracasso. O pretexto da humanidade universal nunca é contestado, e a condição humana padronizada e idealizada não carrega o fardo da distinção racial e de gênero. Este subtexto é uma parte importante da narrativa que, de alguma forma, liberdades e pessoas podem se tornar reais através da tecnologia por causa de sua habilidade de supostamente nos despir de nossas especificidades e nos tornar todos iguais. Obviamente, nós sabemos que nada pode estar mais longe da verdade. Basta perguntar para as mulheres do #Gamergate[96] e observar as maneiras pelas quais comentários e *trollagens* racistas, sexistas e homofóbicas ocorrem a cada minuto, diariamente, na internet.

Como sugeri, existem muitos mitos sobre a internet, incluindo a noção de que o que sobe para o topo da lista de informações é *estritamente* o que é mais popular, como indicado pela prática de *hyperlinking*. Mesmo se fosse verdade, o que é mais popular não necessariamente é o *mais verdadeiro*. É nesta base que sustento que há trabalho a ser feito para contextualizar e revelar as muitas formas pelas quais mulheres negras estão imiscuídas dentro do mecanismo de busca comercial mais popular — o Google Search — e que essa imiscuição pede por uma exploração sobre as complexidades envolvidas na questão de se o conteúdo que emerge é resultado de popularidade, credibilidade, comercialismo ou até mesmo de uma combinação de todos esses elementos. Usando a lógica falha da democracia nos ranqueamentos da internet, os resultados das pesquisas que conduzi sugeririam que tanto o sexismo quanto a pornografia seriam os valores mais "populares" da internet quando se trata de mulheres, especialmente mulheres e meninas não brancas. Na realidade, há mais por trás dos rankings de resultados do que apenas como "votamos" com nossos cliques, e várias manifestações de sexismo e racismo estão envolvidas.

DOIS

Buscando por Meninas Negras

Em 28 de junho de 2016, as redes sociais de feministas negras e da mídia convencional entraram em ebulição com o anúncio de que a Black Girls Code, uma organização dedicada a ensinar e prestar tutoria para meninas afro-americanas interessadas em programação de computadores, estaria de mudança para o escritório de Nova York do Google. A parceria era resultado do esforço do Google em investir 150 milhões de dólares em programas pró-diversidade que pudessem direcionar talentos em direção ao Vale do Silício e das indústrias de tecnologia. Mas apenas dois anos antes, buscar por "meninas negras" no Google fazia surgir páginas como "Bundas Negras na Praia" e "Xota Negra Docinha" na primeira página de resultados, dentre as trilhões de páginas indexadas na rede pelos rastreadores do Google Search. Em parte, a intervenção de ensinar programação de computadores para meninas afro-americanas através de projetos como o Black Girls Code é pensado para garantir uma participação mais integral no design de softwares e remediar um contexto persistente de exclusão. A lógica do novo investimento no direcionamento de jovens foi alardeada como uma oportunidade para fomentar uma visão empoderada da participação de mulheres negras nas indústrias do Vale do Silício. Discursos sobre criatividade, contextos culturais e liberdade são narrativas fundamentais que instruem a questão da falta de programadores não brancos, ou a nova cisão da programação, no século XXI.

Parte do ethos de envolver mulheres e meninas afro-americanas nessa iniciativa é passar a narrativa de afro-americanos como segregados digitalmente para a de digitalmente *des*segregados. Nesse enquadramento, mulheres negras *são alvo de uma variedade de programas de inovação científica*, tecnológica e digital de cunho neoliberal. O neoliberalismo emergiu e atuou como um arcabouço para o desenvolvimento de políticas socioeconômicas que atendem os interesses de elites, enquanto simultaneamente moldam uma nova visão de mundo: uma ideologia de liberdades individuais que põe à frente criatividade pessoal, contribuição e participação, como se essas interações não fossem interconectadas com práticas de trabalho mais amplas envolvendo exclusão sistêmica e estrutural. No caso do histórico de viés racista nas buscas do Google, nenhuma ligação foi feita entre a Black Girls Code e as atitudes remediadoras para as práticas de contratação e design de produtos atuais da empresa. Na verdade, a noção de que há uma falta de participação de afro-americanos no Vale do Silício é tratada como uma "questão de direcionamento" que coloca a não contratação de pessoas negras como uma questão de falta de preparo dessas pessoas para participar da indústria, apesar da evidência em contrário. Google, Facebook e outros gigantes da tecnologia foram chamados a tomar atitudes por causa dessa lógica falaciosa. Laura Weidman Powers, da CODE2040, declarou em uma entrevista para Jessica Guynn, do *USA Today*: "Esta narrativa de que não há o que ser feito hoje e, portanto, precisamos investir na juventude de amanhã ignora os talentos e as conquistas de milhares de pessoas na área de tecnologia vindas de contextos sub-representados e os invisibiliza".[1] Negros e latinos são subempregados apesar de números crescentes deles estarem se graduando em ciências da computação nas universidades.

Direcionar para as indústrias de tecnologia e jogar para as "futuras" programadoras negras a responsabilidade de resolver os problemas da exclusão e má representação racistas no Vale do Silício ou do desenvolvimento de produtos enviesados não é a resposta. A busca comercial prioriza resultados a partir de uma variedade de fatores que são tudo menos objetivos e livres de interesse de mercado. De fato, existem infinitas possibilidades para se projetar acesso ao conhecimento e *à* informação, mas a falta de atenção ao tipo de dominância masculina branca e asiática que Guynn relatou poupa aqueles que são responsáveis pelos atuais programadores dessas tecnologias e seus produtos problemáticos. Poucas vozes de mulheres afro-americanas inovadoras e líderes de empresas de tecnologia no Vale do Silício se levantaram para reenquadrar os "problemas de diversidade" que mantêm mulheres afro-americanas à margem. Um ensaio que chamou a atenção de muitas pessoas, escrito por Heather Hiles da revista digital *Recode*, ex-CEO de uma empresa de e-portfólios de tecnologia educacional, a Pathbrite, tratou diretamente dos limites para as mulheres negras no Vale do Silício:

> Escrevo essa postagem do aeroporto de Austin, de onde volto para casa em Oakland vinda da SXSW. Antes de pegar meu notebook para redigir este texto, li uma postagem no Medium que me listava como uma das três mulheres negras que sabidamente arrecadaram milhões em capitais de investimento. O artigo começava com o fato chocante de que menos de 1% do capital de investimento nos Estados Unidos está aplicado em empresas com mulheres negras como fundadoras. Não sei ao certo qual a subporcentagem dessas mulheres que estão envolvidas no ramo da tecnologia, mas isso não importa realmente quando os números são tão abissais. O problema não é a falta de mulheres não brancas empolgantes em que se investir; é um sistema no Vale do Silício que não é feito para desenvolver, encorajar ou abrir caminhos para negros, latinos ou mulheres. Não *é* preciso simplesmente que se acredi-

> te em mim — veja-se a entrevista dos líderes da indústria para uma reportagem do *USA Today* sobre a falta de compromisso do Vale com a diversidade. Jessica Guynn relata que "investidores me dizem (Mitch Kapor) toda hora que eles 'não veem cor' quando estão financiando empresas. Não tenho certeza se eles estão prontos para deixar de lado a crença arraigada de que o Vale do Silício é uma meritocracia".[2]

Hiles segue discutindo as práticas excludentes do Vale do Silício, contestando a noção de que o mérito e a oportunidade vão para as pessoas mais espertas e preparadas para inovar. Apesar de ser a única mulher negra abertamente gay a levantar 12 milhões de dólares em capital de investimento para sua empresa, ela ainda encara obstáculos tremendos que suas contrapartes não negras *não têm que enfrentar*.

Ao considerar pessoas não brancas como tecnologicamente inaptas, o reino da tecnologia permanece "pertencendo" aos brancos, e reforça uma concepção problemática dos afro-americanos.[3] Isso é apenas exacerbado ao se retratar os problemas como uma questão de "direcionamento", em vez de uma questão de racismo e sexismo, que se estende das práticas de contratação ao design de produtos. "Meninas negras precisam aprender a programar" é uma desculpa para não lidar com a persistente marginalização de mulheres negras no Vale do Silício.

QUEM É RESPONSÁVEL PELOS RESULTADOS?

Como resultado da falta de afro-americanos, e de mais pessoas com um conhecimento aprofundado da história sórdida do racismo e sexismo, trabalhando no Vale do Silício, produtos são projetados sem uma análise cuidadosa sobre seu impacto potencial em uma gama diversa de pessoas. Se os engenheiros de software do Google não são responsáveis pelo projeto de seus algoritmos, quem então é? Estes são os detalhes sobre o que uma busca por "meninas negras" oferecia como resposta, por muitos anos, apesar de palavras como "pornô", "pornografia" ou "sexo" não serem incluídas na pesquisa. No texto para a primeira página de resultados, por exemplo, a palavra "xota" é usada quatro vezes para descrever meninas negras. Outras palavras nas linhas de texto nessa primeira página incluem "docinha" (duas vezes), "peluda" (uma), "sexo" (uma), "bunda/traseiro" (duas), "novinha" (uma), "grande" (uma), "estrela pornô" (uma), "gostosa" (uma), "explícito" (uma), "ação" (uma), "galerias" (uma).

No caso da primeira página de resultados para "meninas negras", eu cliquei no link tanto para o primeiro resultado no topo da página (link não pago) quanto no primeiro resultado de anúncio pago, que aparece na coluna mais à direita, onde anunciantes estão dispostos a e são capazes de gastar dinheiro através do Google AdWords[4] para ter seu conteúdo aparecendo ligado a certas buscas específicas.[5] Toda propaganda com relação a meninas negras, por muitos anos, foi hiperssexualizada e pornográfica, até mesmo quando alegava-se tratar-se de sites de relacionamento e redes sociais. Além disso, alguns dos resultados, como o que leva ao site da banda de rock inglesa Black Girls, não apresentam nenhuma relação real com mulheres e meninas negras. Essa é uma cooptação interessante de identidade, e por causa dos fãs seguidores da banda, assim como de possíveis estratégias de otimização de busca, a banda consegue achar uma colocação poderosa para a sua página da internet em uma primeira página de uma busca no Google.

Textos escritos podem ter uma pletora de significados na internet, e por isso, em minha análise de todos esses resultados, foquei nas mensagens implícitas e explícitas sobre mulheres e meninas negras tanto nos textos dos resultados quanto nos anúncios pagos que os acompanham. Comparando-os com as narrativas sociais mais amplas sobre mulheres e meninas negras na cultura popular dominante dos Estados Unidos, podemos perceber as formas pelas quais a tecnologia do mecanismo de busca reproduz e substancia esses conceitos. Não é surpresa que não haja um número significativo de mulheres negras contratadas pelo Google. Não só poucos afro-americanos são contratados como programadores pelo Google, Facebook, Snapchat e outras empresas populares de tecnologia, como também cargos que poderiam aplicar a experiência de pessoas que entendem as ramificações de estereotipização e má representação racista e sexista, e que exigem formação acadêmica e graduação avançada em estudos sobre etnicidade, negros/afro-americanos, mulheres e gênero, povos originários e descendentes de Asiáticos, não existem.

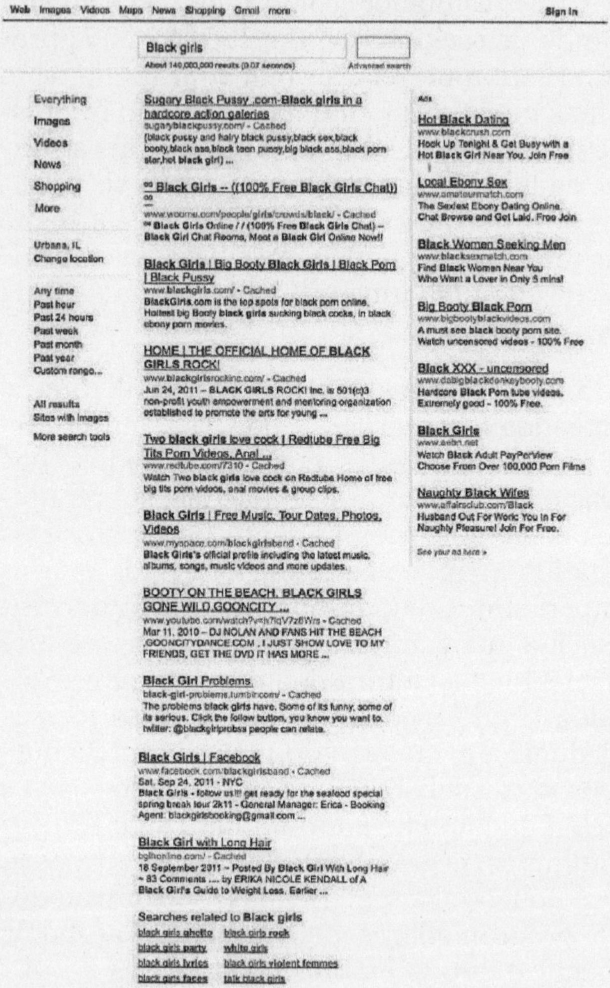

Figura 2.1. Primeira página de resultados para uma busca por "meninas negras" em 18 de setembro de 2011. (NT: Dos dez resultados, cinco são de páginas pornográficas usando linguagem sexualmente explícita, incluindo os três primeiros resultados na lista. Entre os links pagos, à direita, todos são de sites pornográficos)

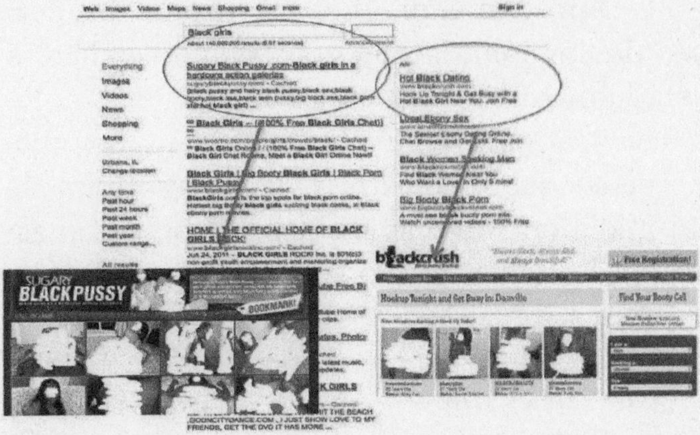

Figura 2.2. Primeira página (parcial) de resultados para "meninas negras" em uma busca do Google, com imagens dos sites indicados como primeiro resultado e anunciado na coluna de resultados pagos. (NT: O site pago anuncia "Se Arranje Hoje à Noite Para Uma Baguncinha" e "Encontre Uma Trepada" e aparenta ser um site de prostituição)

▸ Sugary Black Pussy .com-**Black girls** in a hardcore action galeries
sugary**black**pussy.com/
(black pussy and hairy black pussy,black sex,black booty,black ass,black teen pussy,big black ass,black porn star,hot **black girl**) ...

Figura 2.3. Primeiro resultado na primeira página de uma busca pela palavra-chave "meninas negras" no Google. (NT: O link diz: "Xota Negra Docinha.com – Meninas negras em galerias de cenas explícitas." A descrição do site é apenas uma coleção de termos sexualmente explícitos referentes a sexo com mulheres negras, incluindo "novinhas")

Figura 2.4. Snapchat caiu sob intenso escrutínio da mídia em 2016 por causa de seus filtros "Bob Marley" e "cara amarela" que foram denunciados como estereotipização racista.

O programa didático tradicional dos cursos de engenharia nas grandes universidades estadunidenses onde as empresas de tecnologia contratam seus funcionários não possibilita aprender sobre a história da estereotipização na mídia ou sobre as nuances da opressão estrutural por vias formais e acadêmicas. Cursos de ética são raros e a possibilidade de aprender formalmente sobre a história de mulheres negras relativa a uma série de estereótipos como o de Jezebel, Sapphire e Mammy, não existe nos principais cursos de engenharia. Posso dizer que, quando dou aulas a estudantes de engenharia na UCLA sobre a história da estereotipização racial nos Estados Unidos e como isso está entranhado em projetos de programas de computador, eles mostram-se espantados por ninguém nunca ter falado disso em seus cursos. Muitos são gratos por ao menos poderem ter dez semanas de discussão sobre as questões políticas do design de tecnologia, o que não é nem próximo do suficiente para prepará-los para uma carreira no ramo da tecnologia da informação. Precisamos que as pessoas que projetam tecnologias para nossa sociedade tenham treinamento e formação sobre as histórias das populações marginalizadas, no mínimo, e que elas trabalhem ao lado de profissionais com treinamento e preparo rigoroso nas áreas de ciências sociais e humanidades. Projetar tecnologia para pessoas sem um estudo detalhado e rigoroso sobre povos e comunidades cria os diversos tipos de designs tecnológicos ultrajantes com que nos deparamos, às custas de pessoas não brancas e mulheres.

Nesse esforço de tentar compreender como pensar através das complexidades de raça e gênero nos Estados Unidos, resisto à ideia de essencializar binarismos de raça e gênero; contudo, reconheço que a existência discursiva destas categorias, "negras" e "mulheres/meninas", é moldada em parte por relações de poder nos Estados Unidos que tendem a essencializar e reificar tais categorias. Portanto, o estudar negritude guia-se, em parte, por sua construção histórica em oposição à branquitude como ordem social e àqueles que detêm poder por sua proximidade a ela. Neste estudo, faço comparações entre negritude e branquitude apenas com o propósito de tornar mais explícitas as representações discursivas de identidades de mulheres e meninas negras contra um substrato frequentemente inominado e não reconhecido de uma normatividade estruturada em torno da branquitude estadunidense. Acredito que os resultados do meu estudo sobre identidades como as de homens, meninos, meninas e mulheres brancas mereceriamm um tratamento próprio, usufruindo do extenso corpo de conhecimento acadêmico sobre a construção social da branquitude e uma perspectiva crítica do tema. Este estudo não discute profundamente tais buscas dessa forma. Não estou argumentando que mulheres e meninas negras são as únicas pessoas lesadas em buscas, embora elas fossem representadas de forma bem pior que outros grupos na época em que iniciei esta pesquisa. O objetivo de estudar as representações de meninas negras como uma identidade social não é usar essa pesquisa para legitimar essencialização ou naturalizar caracterizações de pessoas através de construções biológicas de raça e gênero; tampouco este trabalho visa sugerir que discursos sobre raça e gênero em mecanismos de busca reflitam uma "natureza" ou "verdade" específicas sobre alguma população.

É mais interessante pensar sobre as formas pelas quais os resultados de mecanismos de busca perpetuam narrativas específicas que refletem distribuições historicamente desiguais de poder na sociedade. Embora eu foque principalmente no exemplo de meninas negras para falar sobre viés de busca e estereotipização, meninas negras não são as únicas mulheres ou meninas marginalizadas que aparecem nas buscas. Os resultados obtidos dois anos após o início deste estudo, em 2011, representando meninas asiáticas, meninas indo-asiáticas, meninas latinas, meninas brancas, e assim por diante, revelam as formas pelas quais as suas identidades são comercializadas, sexualizadas ou tratadas como curiosidade sob o olhar dos mecanismos de busca. Mulheres e meninas não aparecem bem no Google Search — isto é evidente. Meu objetivo não é informar sobre isso, mas descobrir novas formas de pensar sobre resultados de buscas e o poder que eles têm sobre nossos meios de obter conhecimento e nos relacionar uns com os outros. Faço isso jogando luz sobre o caso das meninas negras, mas, sem dúvida, muito poderia ser escrito sobre as histórias e contextos específicos dessas várias identidades de mulheres e meninas não brancas; e, de fato, ainda há muito a se questionar e lutar ao se tratar da comercialização de identidades nos mecanismos de busca.

Para interrogar por completo esse fenômeno persistente, uma lição sobre raça e racialização se faz necessária, uma vez que tais processos estão estruturados em cada aspecto do trabalho, cultura e produção de conhecimento estadunidenses. Para compreender representações de raça e gênero em uma nova mídia, é preciso absorver pesquisas sobre como raça é constituída como uma hierarquia socioeconômica e política baseada em categorias raciais, como pessoas são racializadas, como isso pode sofrer alterações no decorrer do tempo sem que ocorram grandes rupturas na ordem hierárquica, e como a identidade branca estadunidense funciona como uma "norma" invisível, ou uma "ausência de características" a partir da qual todas as outras identidades são consideradas aberrantes.

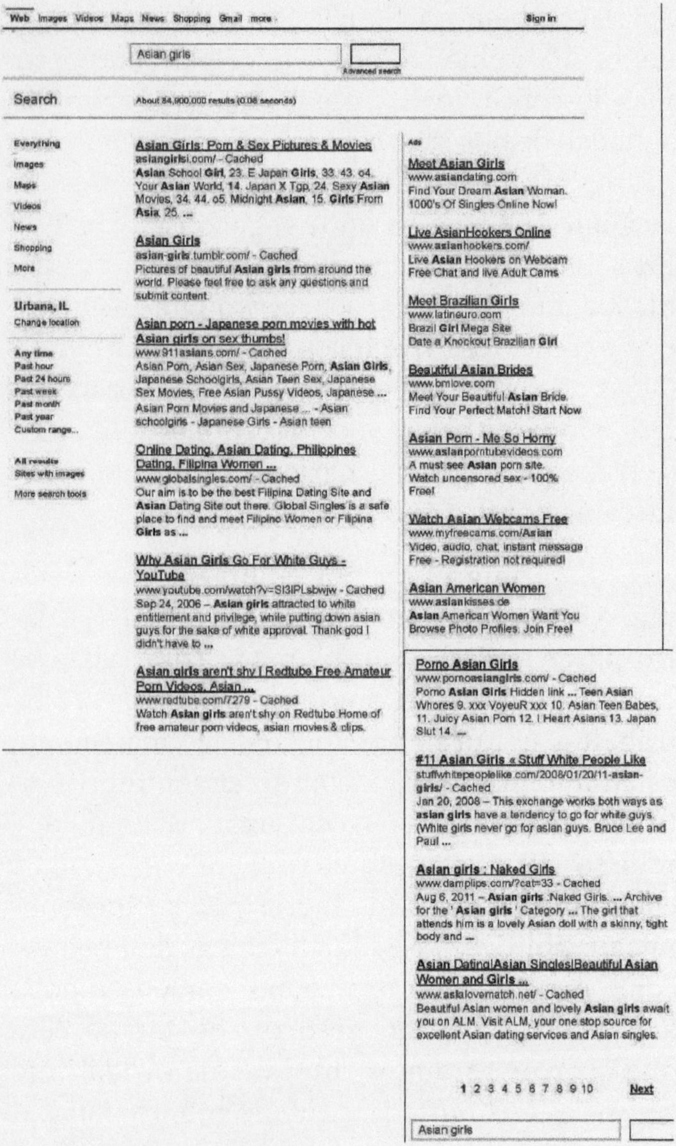

Figura 2.5. Busca no Google pela palavra-chave "meninas asiáticas". (NT: Todos os resultados são links para conteúdo pornográfico, prostituição ou, em quatro casos, redes de encontros.)

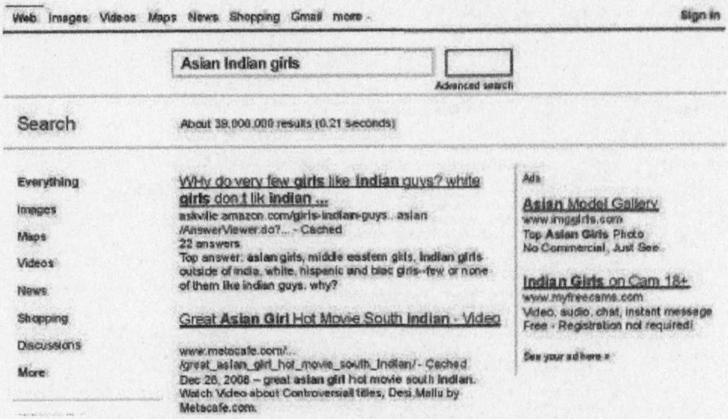

Figura 2.6. Busca no Google para a palavra-chave "indo-asiática" em 2011. (NT: Três dos resultados são links para conteúdo pornográfico. Os outros resultados são para páginas tratando do porquê de mulheres indo-asiáticas não se interessarem por relacionamentos com homens brancos.)

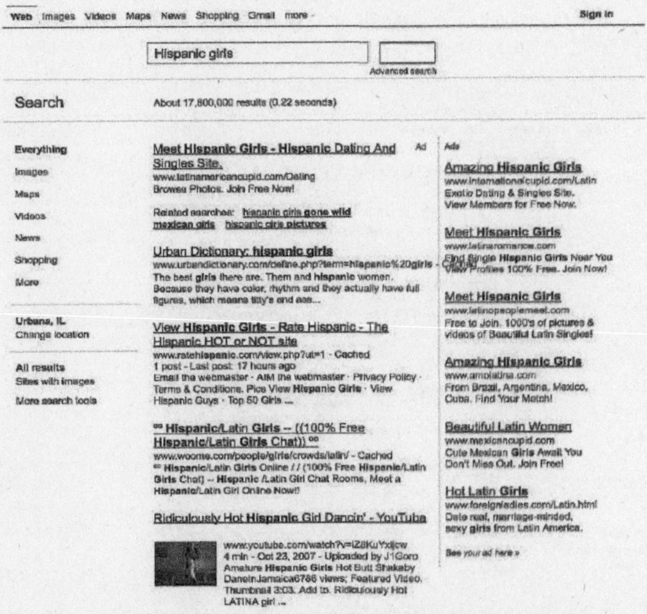

Figura 2.7. Busca no Google para a palavra-chave "menina hispânica" em 2011. (NT: A maioria dos links são para sites de encontros. Um link é para um vídeo de "garota hispânica ridiculamente gostosa dançando" e um para a definição de "garota hispânica" no Urban Dictionary, *um dicionário on-line de gírias.)*

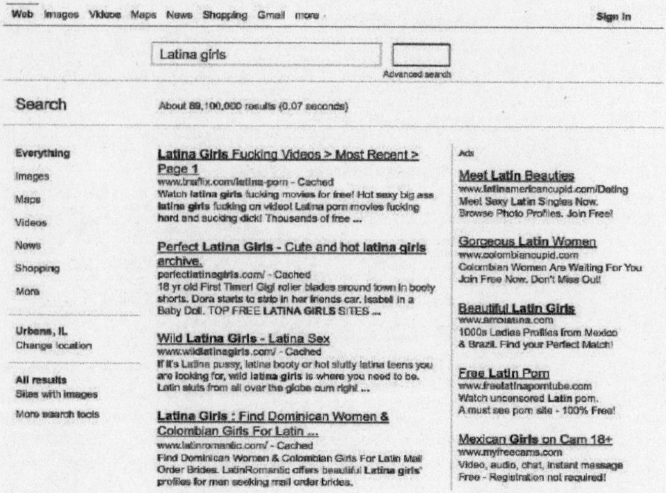

Figura 2.8. Busca no Google para a palavra-chave "menina latina" em 2011. (NT: A maioria dos links são para sites de pornografia, incluindo o primeiro link de todos, que usa linguagem sexualmente explícita. Os outros links são para sites de encontros, com exceção de um único link, na lista não paga, que é um site de viagens voltado para mulheres.)

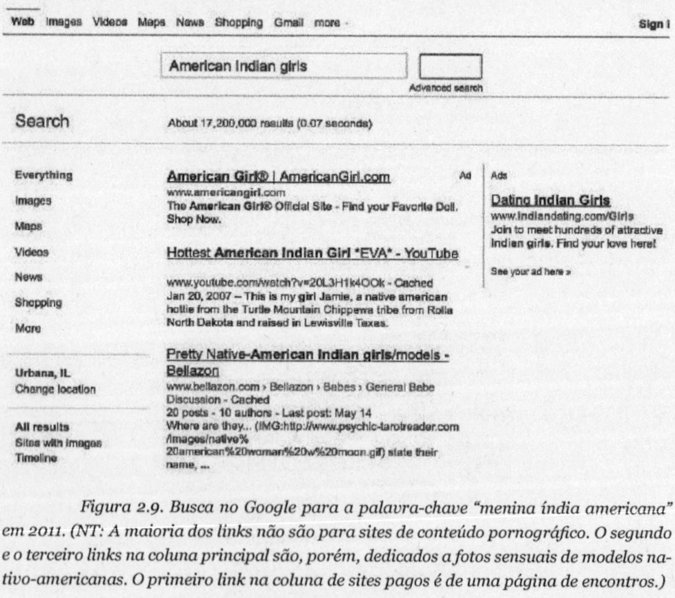

Figura 2.9. Busca no Google para a palavra-chave "menina índia americana" em 2011. (NT: A maioria dos links não são para sites de conteúdo pornográfico. O segundo e o terceiro links na coluna principal são, porém, dedicados a fotos sensuais de modelos nativo-americanas. O primeiro link na coluna de sites pagos é de uma página de encontros.)

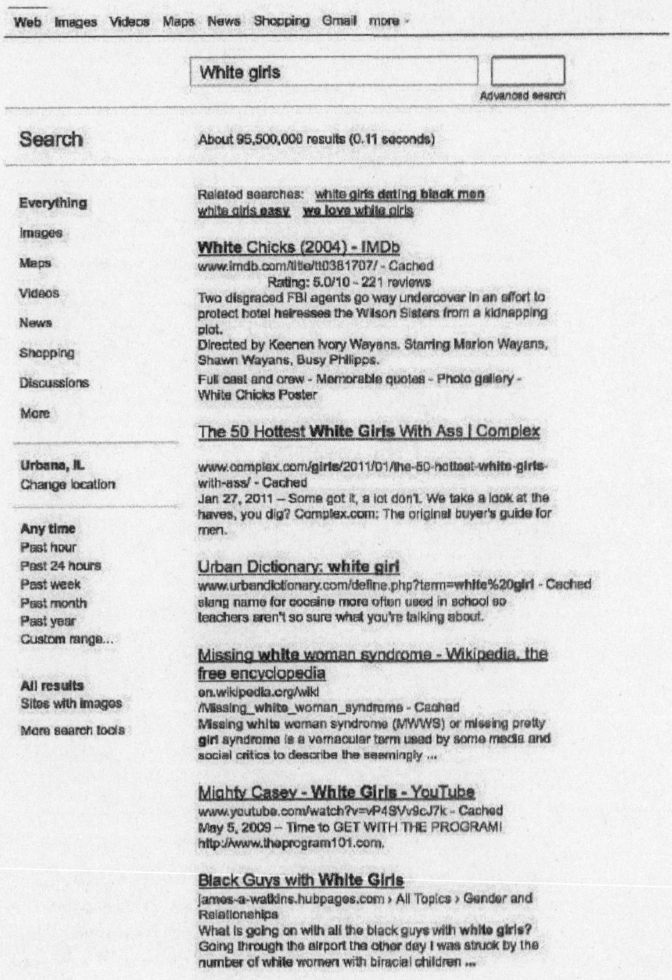

Figura 2.10. Busca no Google para a palavra-chave "menina brancas" em 2011. (NT: A maioria dos links não leva para sites de conteúdo pornográfico ou sensual. O segundo link, porém, é uma galeria de fotos sensuais das "50 garotas brancas mais gostosas e bundudas". O primeiro resultado é um link da página no IMDB para o filme As Branquelas, *e outros resultados incluem uma página do* Urban Dictionary *definindo o termo "garotas brancas", uma página da Wikipedia falando da "síndrome da garota branca desaparecida" e uma página pessoal de um homem discutindo a suposta prevalência de homens negros se relacionando com mulheres brancas.)*

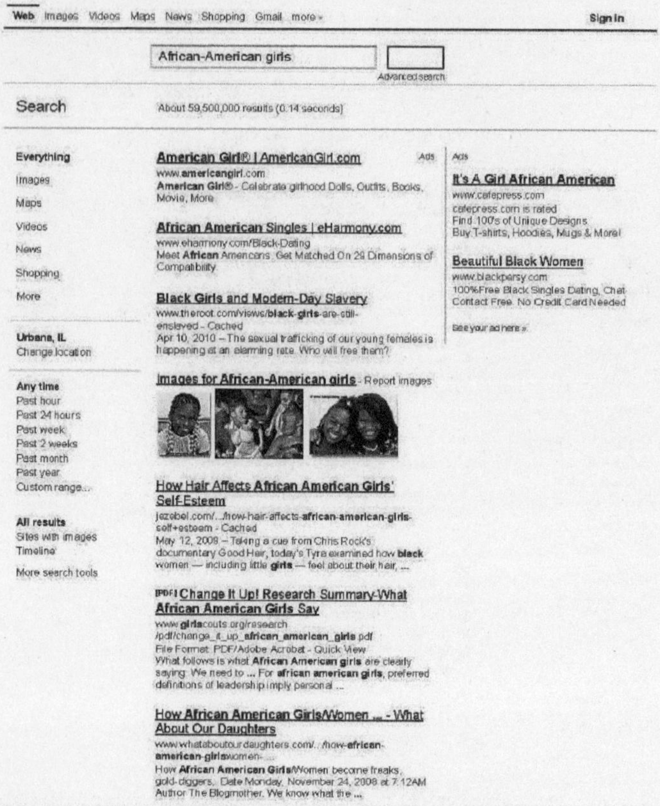

Figura 2.11. Busca no Google para a palavra-chave "meninas afro-americanas" em 2011. (NT: Nenhum dos resultados direciona a sites pornográficos. O segundo resultado não pago é para um site de encontros. Os restantes tratam de questões pertinentes à experiência de mulheres afro-americanas, como o impacto que o cabelo tem sobre a autoestima, escravidão moderna e uma pesquisa sobre "o que as meninas afro-americanas dizem".)

O pensamento on-line dominante sobre raça foi organizado seguindo as linhas ou teorias de formação racial[6] ou de teorias de supremacia branca hierarquizada e estrutural.[7] Estudiosos que pesquisam questões raciais apontam as políticas socioeconômicas agressivas nos Estados Unidos que foram organizadas em torno de concepções ideológicas de raça como "um esforço para reorganizar e redistribuir recursos de acordo com demarcações raciais específicas".[8] Vilna Bashi Treitler, professora de sociologia e chefe do Departamento de Estudos da Negritude da Universidade da Califórnia, em Santa Bárbara, escreveu extensivamente sobre os processos de racialização que ocorrem em meio a grupos étnicos nos Estados Unidos, todos os quais são estruturados através de uma hierarquia racial que mantém a branquitude no topo da ordem econômica, social e política. Para Treitler, teorias de formação racial são menos salientes — não importa se alguém acredita em raça ou não, porque é um paradigma dominante que estrutura a lógica social. Raça, portanto, é um sistema hierárquico de privilégio e poder que é distribuído para pessoas de acordo com a percepção de fenótipo e ancestralidade, e grupos étnicos operam dentro da hierarquia racial já existente para angariar mais poder, frequentemente às custas de outros grupos étnicos. No cuidadoso estudo de Treitler sobre racialização, ela aponta como o binarismo racial de branco *versus* negro é o sistema pelo qual raça foi codificada através da legislação e de políticas públicas e econômicas, que foram projetadas para beneficiar estadunidenses brancos. É esse sistema de oferecer mais ou menos privilégios para grupos étnicos, incluindo estadunidenses brancos como os beneficiários preferenciais de poder e privilégio, que constitui raça. Grupos étnicos são então "racializados" em um sistema hierárquico e disputam poder dentro dele. Treitler explica a construção social da raça e o processo de racialização da seguinte forma:

> Identidades raciais são obtidas não porque se ignoram as opções de rótulos étnicos pelas quais uma pessoa pode definir a si mesma, mas porque não é permitido a uma pessoa não ter raça em uma sociedade racializada. Raça é uma hierarquia sociocultural, e categorias raciais são espaços sociais, ou posições, que são entalhadas a partir dessa hierarquia racial. O estudo de categorias raciais é importante porque categorias mudam rótulos e significados, e nós podemos monitorar mudanças na hierarquia racial monitorando as mudanças em significados e manifestações de categorias raciais.[9]

A obra de Treitler é essencial para compreendermos que as reproduções on-line das hierarquias raciais de poder são manifestações dos mesmos tipos de sistemas de poder que estamos tentando desmantelar e nos quais tentamos intervir — principalmente eliminando discriminação e racismo como uma lógica organizadora fundamental da nossa sociedade. Tanya Golash-Boza, chefe de sociologia na Universidade da Califórnia, em Merced, argumenta que o estudo crítico de questões raciais deve expandir seus limites para além de apenas demarcar onde racialização e injustiça ocorrem, devendo também pressionar as políticas públicas de forma que a compreensão dos meios complexos pelos quais a marginalização é preservada possa mudar substancialmente.[10] Michael Omi e Howard Winant, dois estudiosos-chave de questões raciais nos Estados Unidos, distinguem os meios pelos quais o domínio racial transitou "de ditadura para democracia" como uma forma de mascarar a dominação sobre grupos racializados nos Estados Unidos.[11] No contexto da internet, nós vemos a absolvição de práticas trabalhistas, como o baixo nível de contratação de afro-americanos no Vale do Silício e os produtos disto resultantes, como os algoritmos que organizam a informação para o público, não como questões envolvendo a dominação que persiste nesses campos, mas como projetos democráticos e justos, muitos dos quais mascaram o racismo em jogo. Com certeza, não podemos intervir se não temos condições de ver ou reconhecer esses tipos de práticas discriminatórias. Para ajudar o leitor a identificar tais práticas, ofereço mais exemplos de como a opressão racial algorítmica funciona no Google Search.

Em 6 de junho de 2016, Kabir Ali, um adolescente afro-americano da Escola de Ensino Médio Clover, em Midlothian, Virgínia, tuitando com o nome de @iBeKabir, postou um vídeo no Twitter de sua busca no Google Images pelas palavras-chave "três adolescentes negros". Os resultados que a busca do Google Images apresentou eram fotos de adolescentes afro-americanos sendo presos, insinuando que a imagem de adolescentes negros é a da criminalidade. Em seguida, ele mudou uma palavra — "negro" para "branco" — e teve resultados muito diferentes. "Três adolescentes brancos" eram apresentados com imagens que evocavam bom-mocismo e valores típicos estadunidenses. O vídeo viralizou em 48 horas, e Jessica Guynn, do jornal *USA Today*, entrou em contato comigo sobre a história. Como faz tipicamente, o Google relatou que esses resultados eram uma anomalia, fora de seu controle, ao que mais uma vez respondi: "Se o Google não é responsável pelos seus algoritmos, então quem é?". Um dos seguidores de Ali no Twitter postou mais tarde o resultado de uma melhoria no algoritmo feito pelo Google, em que uma busca por "três adolescentes brancos" agora incluía uma imagem "criminosa" recém-introduzida de um adolescente branco, e mais imagens "de bons-moços" de adolescentes negros.

Figura 2.12. O tuíte de Kabir Ali sobre sua busca por "três adolescentes negros" apresenta imagens de adolescentes presos como resultado, enquanto a busca por adolescentes brancos apresenta imagens de arquivo positivas.

Figura 2.13. Após uma mudança no algoritmo, a busca por adolescentes brancos apresenta a imagem de um adolescente branco sendo preso, enquanto a busca por adolescentes negros agora inclui também imagens de conotação positiva.

O que sabemos sobre as respostas usuais do Google quando estereotipização racial é apontada em seus produtos é que, tipicamente, a empresa nega responsabilidade ou que tivesse intenção de ofender, mas demonstra em seguida ser capaz de "melhorar" ou "consertar" essas aberrações ou "falhas" no sistema. O que precisamos perguntar é por que e como esses estereótipos aparecem para início de conversa e quais as consequências correlatas que essa estereotipização racial e de gênero causa em termos de dano aos públicos que são alvos de tais más representações. Imagens de estadunidenses brancos são persistentemente apresentadas no topo em listas de resultados do Google Images, reforçando a superioridade e a aceitabilidade no pensamento convencional da branquitude como um paradigma de "bom", perto do qual todos as outras identidades são invisibilizadas. Há muitos exemplos disso, em relação aos quais usuários do Google Search relataram na internet choque ou desamparo ao constatar os tipos de representação que consistentemente ocorrem nos resultados de buscas. Alguns exemplos são apresentados nas Figuras 2.14 e 2.15. Enquanto isso, quando usuários fizeram buscas que vão além de identidades e ocupações racializadas para tratar de conceitos como "penteados profissionais", encontraram os tipos de imagens que aparecem na Figura 2.16. A busca por imagens de "penteados inapropriados para o ambiente de trabalho", como a dos "três adolescentes negros", viralizou em 2016, com vários veículos de mídia cobrindo a história, mais uma vez levantando a questão: algoritmos podem ser racistas?

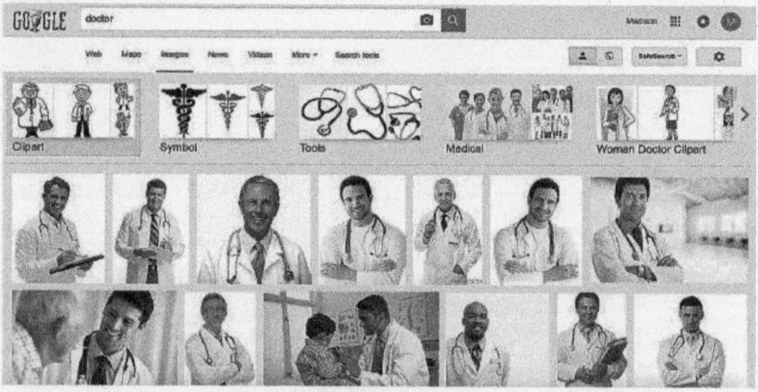

Figura 2.14. Busca de imagens no Google pela palavra-chave "médico", apresentando homens, em sua maioria brancos, como a representação dominante, em 7 de abril de 2016. (NT: Em inglês a palavra para médica ou médico, "doctor", tem gênero neutro, não havendo razão gramatical que explique a predominância masculina.)

Figura 2.15. Busca no Google Images pela palavra-chave "enfermeiro", apresentando mulheres, em sua maioria branca, como a representação dominante, em 7 de abril de 2016. (NT: Como no caso de "médico", a palavra em inglês para enfermeiro ou enfermeira, "nurse", tem gênero neutro.)

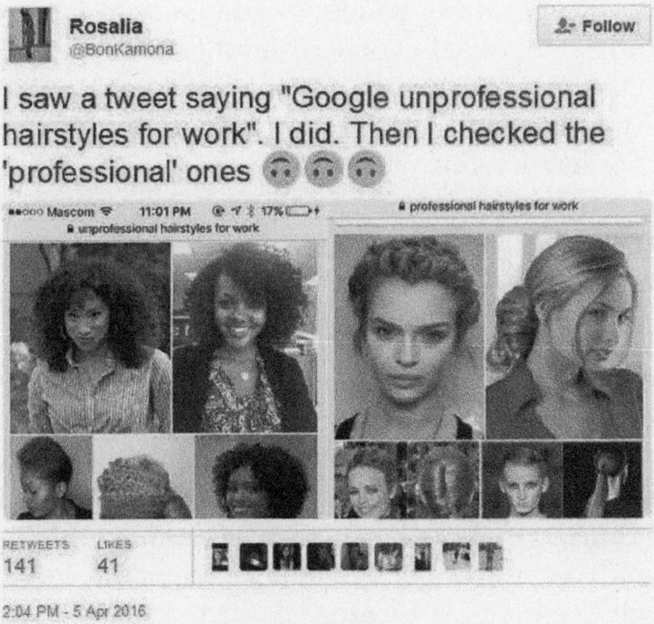

Figura 2.16. Tuíte sobre buscas no Google para "penteados inapropriados para o ambiente de trabalho", todos apresentando mulheres negras, enquanto "penteados profissionais para o trabalho" mostram mulheres brancas, em 7 de abril de 2016.

Compreender a racialização tecnológica como uma forma particular de opressão algorítmica nos permite usá-la como um importante diagrama para criticar o discurso da internet como uma paisagem democrática e aplicar formas alternativas de pensar sobre as práticas sedimentadas na busca comercial nessa rede. A estudiosa de mídia e socióloga Jessie Daniels tece um argumento similar quando oferece uma crítica-chave àqueles estudiosos que usam a teoria formativa de raças como um princípio organizador para pensar sobre raças na internet, postulando que, em vez disso, seria mais potente e historicamente preciso pensar sobre a supremacia branca como o viés dominante e a estrutura pela qual ocorre a significação de raças na internet. Em resumo, Daniels argumenta que usar a teoria formativa de raças para explicar fenômenos relativos à raça on-line é prejudicial para nossa capacidade de acarear como o poder on-line se distribui de acordo com a opressão enraizada na história da dominância branca sobre pessoas negras.[12]

Com frequência, reconhecimento e desenvolvimento de identidades de grupo nos Estados Unidos são orientados, em parte, por experiências e interações sociais contínuas, tipicamente organizadas em volta de raça, gênero, educação e outros fatores sociais que são também ideológicos em sua natureza.[13] Essas questões são o centro da "política de reconhecimento",[14] que é uma forma de justiça redistributiva para grupos marginalizados que foram tradicionalmente prejudicados, ignorados ou invisibilizados mediante desinformação por parte da cultura dominante. Neste trabalho, defendo que não se pode ter justiça social e uma política de reconhecimento sem discernir como poder — com frequência exercido simultaneamente por meio da supremacia branca e do sexismo — pode enviesar o fornecimento de informação com credibilidade e representatividade. Uma vez que comunidades negras vivem em condições materiais que são estruturadas física e espacialmente em um contexto de luta por reconhecimento e recursos, os portais controlados por grupos privados na internet que funcionam como espaços públicos para se entender o sentido da distribuição de recursos, incluindo informação baseada em identidades, devem ser interrogados compreensivamente.

De forma geral, usuários de mecanismos de busca fazem buscas simples consistindo em um ou dois termos que são submetidos ao Google; tipicamente, eles não conduzem buscas de maneira ampla ou aprofundada, mas sim com poucas palavras-chave, e tampouco costumam olhar além da primeira página dos resultados de uma busca, como regra geral.[15] Resultados de busca, como artefatos, têm significado simbólico e material. Isso vale para o Google, mas revisitarei essa ideia na conclusão, em uma entrevista com a proprietária de um pequeno negócio que usa a rede social Yelp para gerenciá-lo e também se vê forçada para fora da vista dos usuários pelos algoritmos. Algoritmos de busca também funcionam dentro do contexto da educação: eles estão enxertados em escolas, bibliotecas e tecnologias de apoio educacional. Funcionam em relação às expressões da cultura popular, como "dá um Google", que servem para legitimar as informações e representações que são devolvidas. Algoritmos de busca funcionam como um artefato de cultura, semelhante à forma como Cameron McCarthy descreve contratos educacionais formais e artificiais:

> Ao enfatizar as tramas de relações do conhecimento escolar, também se levanta a questão da representação ideológica de grupos dominantes e subordinados na educação e na cultura popular. Por "representação" me refiro não apenas à mimese ou à presença ou ausência de imagens de minorias e povos do terceiro mundo em livros didáticos; me refiro também à questão do poder que reside no arranjo específico e na aplicação da subjetividade em artefatos da cultura formal e informal.[16]

A internet é um artefato, tanto como extensão do processo educacional formal quanto como "cultura informal", e, portanto, é uma "aplicação de subjetividade". Essa ideia oferece outro ponto de vista privilegiado através do qual é possível entender os meios pelos quais a representação e a má representação na mídia são uma expressão de relações de poder. No caso de resultados de mecanismos de busca, a análise de McCarthy abre novos caminhos para se pensar como a ideologia tem um papel importante em posicionar as subjetividades da comunidade de maneiras dominante e subordinada.

Esse conceito de cultura informal incorporado às representações midiáticas de estereótipos populares, dos quais mecanismos de busca são uma instância, também foi tratado por estudiosos da mídia como Jessica Davis e Oscar Gnady Jr., que apontaram:

> Representações na mídia de pessoas não brancas, particularmente afro-americanos, estiveram implicadas em projetos raciais históricos e contemporâneos. Tais projetos usam imagens estereotípicas para influenciar a redistribuição de recursos de maneiras que beneficiem grupos dominantes às expensas de outros. Todavia, tais projetos são frequentemente tipificados por tensão substancial entre controle e oposição a ele. Identidades raciais se tornam mais evidentes quando audiências afro-americanas, partindo de uma posição ideológica, se opõem ao que veem e ouvem como representações midiáticas prejudiciais, desagradáveis ou de mau gosto.

Essas tensões sublinham as importantes dimensões de como mecanismos de busca são usados como aparatos hegemônicos que beneficiam grupos dominantes às expensas de outros grupos. Os resultados das buscas por "judeu", como já vimos, são uma janela para esse fenômeno e marcam apenas o começo de uma série importante de interrogações que precisam ser feitas sobre como grupos dominantes são capazes de classificar e organizar as representações de outros, ao mesmo tempo que neutralizam e naturalizam a sua própria agência por trás dessas representações. Minha esperança é que este trabalho aumente o número de manifestações de mulheres afro-americanas e outras mulheres não brancas que desejam se opor às formas pelas quais somos coletivamente representadas.

A posição invejável do Google como líder monopolista no fornecimento de informações permitiu que sua organização de informações e sua customização fossem guiadas por seus próprios imperativos econômicos, e ainda influenciou grandes faixas da sociedade que o veem como o criador e zelador da cultura da informação on-line. Eu argumento que se trata de outra forma de imperialismo estadunidense, manifesto na atuação de "guardião dos portões"[18] da internet. Faço essa alegação embasada na pesquisa já detalhada anteriormente de Elad Segev sobre política da economia do Google. A resistência do Google aos esforços para fomentar a cisão digital internacional é parcialmente baseada na exportação de valores estadunidenses e da língua inglesa para outros estados-nação feita pelos seus produtos,[19] incluindo o Google

Book Project e o Google Search. A posição internacional do Google, com mais de 770 milhões de visitantes únicos espalhados por todos os seus produtos, incluindo o YouTube, engloba aproximadamente metade dos usuários da internet em todo o mundo. Sem dúvida, o Google/Alphabet é um fornecedor de imperialismo cultural, e possivelmente a mais poderosa manifestação de dominância midiática na internet que conhecemos até o momento.[20] É hora de o monopólio ser partido em pedaços e alternativas públicas de mecanismos de busca serem criadas.

COMO A PORNIFICAÇÃO DE "MENINAS NEGRAS" ACONTECEU NOS MECANISMOS DE BUSCA

Tipicamente, webmasters e marqueteiros de mecanismos de busca procuram frases, palavras e termos de busca chaves que o público tende a usar mais. Também se utilizam ferramentas como o Google AdWords para otimizar as buscas e a indexação de páginas, com base nos termos que têm mais probabilidade de serem apresentados para pesquisa. Informação derivada de tais ferramentas, como o AdWords, é usada para ajudar webdesigners a desenvolverem estratégias para aumentar o tráfego de suas páginas. Estudando fóruns de otimização de mecanismos de busca (SEO), fui capaz de desenvolver uma compreensão de por que certos termos são associados com uma hoste completa de identidades representacionais.

Primeiramente, a indústria pornográfica monitora de perto as principais pesquisas em busca de informações ou conteúdo, baseadas em pedidos de pesquisa de uma ampla variedade de recortes demográficos. A indústria pornográfica é uma das indústrias mais bem informadas e tem uma prática sofisticada de uso de SEOs. Um ex-diretor de SEO do site FreePorn.com postou extensivamente em seu blog sobre como se esquivar das limitações do Google e maximizar a habilidade de aparecer na primeira página de resultados de buscas.[21] Muitas dessas técnicas incluem estratégias de longo prazo, como cooptar termos específicos e linká-los durante certos períodos de tempo e de forma significativa ao conteúdo pornográfico. Uma vez identificadas, variações dessas palavras-chave são criadas através do que é chamado de "palavras-chave cauda longa". Isto permite à indústria que seus usuários "autosselecionem" uma variedade de fetiches ou interesses. Por exemplo, SEOMoz, usuário do fórum de SEO, descreve o processo da seguinte forma:

> As pessoas, em sua maioria, só usam palavras-chave cauda longa depois de fazerem a pesquisa inicial, simplesmente presumindo que o que procuram vai surgir naturalmente. O mundo da pornografia, porém, de fato investiga essas "caudas longas" e então constrói a partir disso. Eles têm a situação única de ter um monte de gente esquisita pra valer por aí, que

vai procurar por coisas específicas. Neste exato momento, de acordo com o Wordze, a busca mais popular apresentando a palavra "vó" é "sexo com vó", com estimadas 16.148 buscas por mês. Daí, tem uma variedade gigante de caudas longas, incluindo coisas como "sexo com vó filipina". Para a frase "sexo adolescentes" tem mais de mil caudas longas registradas no Wordze e, pela minha experiência, tem muita coisa faltando lá (o Wordze só mostra tópicos que tenham um volume substancial de buscas). A principal razão pela qual eles trazem tanto tráfego e lucro para casa no fim do dia é que acolhem ativamente essas palavras-chave cauda longa, procurando por elas e fazendo marketing em cima delas. O que nos leva à razão nº 2... Quando há completa saturação de um tópico no mercado, o único jeito de lidar com isso é dividi-lo em nichos menores, mais fáceis de se tratar. Como disse acima, eles não apenas criaram sites com referências vagas a essas coisas, mas visaram especificamente a esses assuntos. Se alguém está recebendo um ranking para alguma frase aparentemente obscura, é porque eles foram lá e criaram uma página inteira dedicada àquela frase de cauda longa.[22]

Além disso, os Estados Unidos hospedam a maioria das páginas de conteúdo pornográfico, e assim exploram a capacidade de alcançar uma grande variedade de nichos criando páginas que linkam com toda combinação possível de termos e identidades (incluindo avós, como apontado previamente) para expandir sua capacidade de subir nos ranqueamentos de páginas. A indústria da pornografia nos Estados Unidos é poderosa e possui capital para comprar qualquer palavra-chave — e identidade — que desejar. Se eles detêm tamanha preponderância no fornecimento de conteúdo pornográfico, então a busca por tal conteúdo é profundamente contextualizada dentro de um arcabouço EUA-cêntrico de termos de pesquisa. Isso permite uma compreensão maior de como uma variedade de termos e identidades encontrados nos Estados Unidos é conectada a estratégias de otimização de buscas, que se baseiam no desenvolvimento e expansão de uma variedade de "caudas" e afiliações.

O arquiteto de informação Peter Morville discute a importância de palavras-chave para localizar conhecimentos disponíveis em plataformas tecnológicas:

> A humilde palavra-chave se tornou surpreendentemente importante nos anos mais recentes. Como um ingrediente vital do processo de busca on-line, palavras-chave se tornaram parte de nossa experiência diária. Nós as alimentamos no Google, no Yahoo!, MSN, eBay e Amazon. Nós buscamos por notícias, produtos, pes-

soas, móveis usados e música. E palavras são a chave do nosso sucesso.[23]

Morville também chama nossa atenção para o que não pode ser achado, destacando o fenômeno da cauda longa na internet. Este é o lugar onde todas as formas de conteúdo que não sobem até o topo de uma busca na internet se localizam. Muitas páginas se arrastam moribundas, sem serem descobertas, na cauda longa, porque lhes falta arquitetura de website apropriada ou porque não têm os metadados corretos para que os algoritmos indexadores da web os encontrem — para os mecanismos de busca, e portanto, seus usuários, essas páginas não existem.

Tais resultados de busca são profundamente problemáticos e frequentemente apresentados sem quaisquer alternativas para serem mudados, exceto através do refino da busca ou mudanças nos padrões da configuração de filtros no Google, que atualmente são "moderados" para usuários que não colocarem especificamente mais filtros em seus resultados. Esses resultados de mecanismos de busca para mulheres que já são detratadas na mídia, como mulheres e meninas negras,[24] apenas depreciam e erodem ainda mais os esforços por reconhecimento e justiça social, política e econômica.[25] Essas práticas reificam retratos limitados e negativos de pessoas não brancas na mídia[26] — um traço definidor e normativo do racismo estadunidense.[27] Estudiosos da mídia já se debruçaram sobre os meios pelos quais o público é diretamente afetado por essas representações negativas.[28] No caso da televisão, pesquisas mostram que as representações negativas de pessoas negras podem alterar de forma adversa as percepções sobre elas na sociedade.[29] Narissra M. Punyanunt-Carter, uma estudiosa da comunicação da Universidade de Tecnologia do Texas, pesquisou especificamente as representações na mídia de papéis sociais ocupados por afro-americanos, o que confirmou estudos prévios sobre os efeitos de imagens midiáticas negativas de pessoas negras sobre estudantes universitários.[30] Thomas E. Ford constatou que tanto negros quanto brancos que viam negros retratados negativamente na televisão tinham mais chance de ter percepções negativas sobre eles (ou deles mesmos).[31] Yuki Fujioka apontou que na ausência de experiências de primeira mão positivas, representações estereotípicas de negros na televisão têm grandes chances de afetar as percepções sobre esse grupo.[32] Como vimos, o design de mecanismos de busca é não apenas uma questão técnica mas também política. Mecanismos de busca fornecem acesso essencial à internet tanto para aqueles que têm algo a dizer e oferecer quanto para aqueles que querem ouvir e achar. Realizar uma busca é um ato político e, ao mesmo tempo, mecanismos de busca podem ser muito úteis quando alguém está procurando por tipos específicos de informação, porque quanto mais banal e específica uma busca, mais provável que ela retorne o tipo de informação pesquisada. Por exemplo, quando alguém está procurando por informação como números de telefone de restaurantes locais, mecanismos de busca ajudam pessoas a achar facilmente os estabelecimentos mais próximos e relatos de clientes sobre eles (embora haja mais do que parece a princípio nessa prática, o que discuto na Conclusão). Relevância é outro fator significativo no desenvolvimento de sistemas de classificação de informação, dos catálogos de fichas aos sistemas de buscas e bancos de dados modernos, conforme sistemas procuram ajudar usuários a localizar os itens que lhes interessam. Contudo, a internet reflete um conjunto de práticas comerciais e publicitárias enviesadas em direção a certas ideias em particular. Indústrias de interesses poderosas, influentes e altamente capitalizadas são com frequência priorizadas em detrimento de outras e são capazes de controlar os vieses de acordo com seus próprios termos.

Investigações sobre racismo e sexismo na internet não são novidade. Em muitos discursos sobre tecnologia a máquina é transformada e posicionada como uma mera ferramenta, em vez de um reflexo de valores humanos.[33] Design é propositai na medida em que forja tanto os caminhos quanto os limites em seu uso instrumental e cultural.[34] Langdon Winner, da Cátedra Thomas Phelan de Humanidades e Ciências Sociais do Departamento de Ciência e Estudos de Tecnologia do Instituto Politécnico Rensselaer, analisa as formas de tecnologia, do design de usinas de energia nuclear, que refletem o controle centralizado, autoritário, que o Estado exerce sobre energia, ao design de usinas de energia solar, que facilitam a participação independente, democrática, de seus cidadãos. Ele demonstra que o design causa impacto nas relações sociais em um âmbito político e econômico.[35] Quanto mais tornarmos transparentes as dimensões políticas da tecnologia, mais poderemos ser capazes de intervir nos espaços em que os algoritmos estão se tornando substitutos para debates públicos sobre políticas distributivas de recursos — de hipotecas a seguros e oportunidades educacionais.

NEGRITUDE NO MERCADO NEOLIBERAL

Muitas pessoas me dizem: "Mas as empresas de tecnologia não são *intencionalmente* racistas; esse não é o objetivo delas". A intenção não é particularmente importante. Resultados e consequências são importantes. Em minha pesquisa, não investigo profundamente o que anunciantes ou o Google "têm a intenção" de fazer. Meu foco são as condições sociais que cercam a vida de mulheres negras vivendo nos Estados Unidos e onde plataformas de informação pública contribuem para a miríade de condições que tornam a vida de mulheres negras mais difíceis. Barney Warf e John Grimes exploram os discursos da internet ao identificar as noções ideológicas estáveis da web, que persistem e integram a lógica externa que escora e acoberta parte da resistência à regulação da internet:

> Muito do uso da internet, para propósitos comerciais, acadêmicos ou militares, reforça ideologias entrincheiradas de individualismo e de uma definição da pessoa em si através do consumo. Muitos usos giram em torno do simples entretenimento, comunicações pessoais e outros propósitos ostensivamente apolíticos... particularmente publicidade e compras, mas também aquisições e marketing, além do uso por agências públicas para legitimar e sustentar ideologias e políticas preexistentes como "normais", "necessárias" ou "naturais". Porque a maioria dos usuários vê a si mesmo e seu uso da internet como apolítico, discursos hegemônicos tendem a ser reproduzidos não intencionalmente... Quaisquer perspectivas flagrantemente atoladas em racismo, sexismo ou outras ideologias igualmente desagradáveis que permeiam a sociedade como um todo são carregadas para o ciberespaço e reproduzidas dentro dele.[36]

André Brock, um professor de comunicações na Universidade de Michigan, acrescenta que "a narrativa retórica da 'branquitude como normalidade' configura tecnologias de informação e design de softwares" e é reproduzida através de tecnologias digitais. Brock caracteriza essas práticas transgressivas que combinam design e aplicação de tecnologia com ideologias raciais da seguinte maneira:

> Eu defendo que a internet ocidental, como estrutura social, representa e mantém uma cultura branca, masculina, burguesa, heterossexual e cristã em todo o conteúdo. Usuários da internet, criadores de conteúdo, legisladores e programadores, no universo dos falantes de inglês, trazem seus arcabouços raciais às suas experiências na internet, interpretando dinâmicas raciais através dessa mídia eletrônica ao mesmo tempo que simultaneamente redistribuem recursos culturais de acordo com limites raciais. Essas práticas recriam dinâmicas sociais on-line que espelham padrões de interação racial off-line por parte de mulheres e pessoas não brancas marginalizadas.[37]

O que Brock aponta é a forma como discursos sobre tecnologia são explicitamente ligados à identidade racial e de gênero — normalizando branquitude e masculinidade no domínio da tecnologia digital e servindo como pressuposto para a priorização de recursos, conteúdos e até design de tecnologias de informação e comunicação (ICTs).

As estratégias e os orçamentos de otimização de mecanismos de buscas estão crescendo rapidamente para sustentar o ímpeto e o status dos websites no Google Search. David Harvey, professor de antropologia e geografia no Centro de Graduação da Universidade da Cidade de Nova York, e Norman Fairclough, professor emérito de linguística da Universidade de Lancaster, apontam para as maneiras pelas quais o projeto político neoliberal criou novas condições e demandas nas relações sociais com o intuito de abrir novos mercados.[38] Eu afirmo que isto tem consequências negativas para a manutenção e a expansão da organização social, política e econômica em torno de interesses comuns baseados em identidade — interesses não baseados apenas em raça ou gênero, embora se trate de categorias estáveis através das quais podemos entender disparidade e desigualdade. Essas tendências na distribuição desigual de renda e recursos contribuíram para uma oclusão do debate público e um enfraquecimento da democracia. Tanto Harvey quanto Fairclough destacam separadamente a importância do impacto do que eles chamam de "novo capitalismo", um conceito ligado estreitamente ao "capitalismo informacionalizado" de Dan Schiller, professor aposentado da Universidade de Illinois em Urbana-Champaign, quando visto sob o contexto de novas mídias e da era da informação.

O que é importante sobre o novo capitalismo no contexto da internet é que ele está transformando radicalmente territórios e espaços que previamente eram públicos.[39] A expansão do capitalismo na internet foi uma parte significativa da justificativa liberal para a comoditização da informação e da identidade. Traços identitários estão à venda na internet comoditizada para quem pagar mais, como demonstrado por essa pesquisa sobre termos usados na composição de palavras-chave. É crítico que nos engajemos na questão sobre as maneiras pelas quais as relações sociais estão sendo transformadas por novas distribuições de recursos e responsabilidades, se afastando do público para se aproximar do setor privado. Por exemplo, a hiperdependência de tecnologias digitais teve impacto radical no meio ambiente e nos fluxos de trabalho global. O controle sobre identidades de comunidades está mudando à medida que empresas privadas na internet demonstram ser capazes de gerenciar e controlar as definições dessas identidades, e o próprio conceito de controle comunitário na internet se torna cada vez mais insignificante conforme injeções de capital privado na infraestrutura da rede fazem com que a internet sediada nos Estados Unidos passe de um projeto financiado pelo Estado para uma esfera neoliberal de comunicação, cada vez mais controlada pelo setor privado.

MENINAS NEGRAS ENQUANTO PRODUTO

Parte da socialização de mulheres negras como um objeto sexual deriva de construções históricas de mulheres africanas vivendo sob condições de escravização, dependência econômica e exploração — sistemas que incluem a normalização do estupro, a subjugação dos corpos negros e a invenção de ficções sobre mulheres negras.[40] A constituição da cultura do estupro, formada durante a escravidão dos africanos nas Américas, é a intersecção do patriarcado, da escravatura e da violência.[41] O ensaio canônico de bell hooks, "Vendendo uma buceta quente", em *Olhares negros: raça e representação*, aplicou uma tradição teórica do feminismo negro na análise do mercado da cultura, ideias e representações da mulher negra. Seu trabalho detalha os meios pelos quais os corpos de mulheres negras foram comoditizados e como essas práticas são normalizadas em experiências cotidianas no mercado cultural da nossa sociedade.[42] Corpos femininos servem como objeto de exploração e representação sexual sob o patriarcado, mas as mulheres negras servem como depositárias de sexualidade desviante que não pode ser dirigida aos corpos de mulheres brancas.[43] É nessa tradição, portanto, combinada a uma compreensão de como identidades de raça e gênero são negociadas pelo Google, que podemos ajudar a encontrar um sentido nas tendências que tornam os corpos sexualizados de mulheres e meninas um produto lucrativo na internet.

Para mulheres negras, o estupro floresceu sob os modelos de colonização ou escravização e pelo que Joseph C. Dorsey, professor de estudos afro-americanos da Universidade de Purdue, chamou de "estruturas sociais radicalmente segmentadas".[44] A cultura do estupro é formada por elementos-chave que incluem a afirmação da violência masculina como algo natural, o que torna a violência sexual legalizada ou não punível criminalmente, e aplicação de diferentes medidas de consideração e credibilidade para vítimas e perpetradores de violência sexual, com base em suas raças, gêneros ou classes. A cultura do estupro também alimenta a noção de que atos sexuais heterossexuais são normalmente violentos.[45] Meu argumento é que essas estruturas sociais segmentadas persistem em um momento histórico em que mulheres e crianças negras são parte de uma subclasse permanente e representam a maior proporção de cidadãos vivendo na pobreza.[46] A taxa relativa de pobreza nos Estados Unidos — a distância entre aqueles que vivem na pobreza e aqueles com os maiores níveis de renda — é maior quando medida entre mulheres e crianças negras, de um lado, e homens brancos, de outro. Entre domicílios com responsáveis solteiros ou casados, a taxa de pobreza de negros é quase o dobro da de brancos.[47] Pessoas negras têm três vezes mais chances de viver na pobreza do que brancos, com 27,4% das pessoas negras vivendo abaixo da linha da pobreza, enquanto 9,9% dos brancos vivem na mesma situação.[48] A situação das mulheres permanece precária em todos os segmentos sociais: 47,1% de todas as famílias com uma mulher como responsável, desprovidas de renda, status e dos recursos disponíveis aos homens, vivem na pobreza. De fato, a diferença na renda entre negros e brancos cresceu constantemente desde 1974, após as vitórias do movimento dos Direitos Civis. Em 2004, famílias negras ganharam 58% do que famílias brancas receberam, uma queda significativa dos números de 1974, quando famílias negras recebiam 63% do que brancos ganhavam.[49]

A intelectual feminista Gilda Lerner escreveu a obra documental canônica sobre o trabalho de mulheres negras e brancas nos Estados Unidos. Seu legado é uma contribuição significativa para entender as dinâmicas racializadas e gendrificadas do patriarcado e como elas servem para manter mulheres subordinadas. Uma das muitas consequências de uma estrutura social racializada e gendrificada nos Estados Unidos, entre outros aspectos da opressão social, é a forma como mulheres e meninas negras são sistematicamente desfavorecidas. O patriarcado, o racismo e a cultura do estupro são parte da confluência de práticas sociais que normalizam mulheres e meninas negras como um bem sexual, um outro alienado e furioso/patético, ou um cuidador e ajudante subserviente aos desejos psicossexuais brancos. Lerner aponta para as consequências de adotar narrativas hegemônicas sobre mulheres, particularmente aquelas tornadas normativas pelo "sistema simbólico" de uma sociedade:

> Onde não há precedente, não é possível imaginar alternativas para as condições existentes. É essa característica da hegemonia masculina que foi mais danosa para mulheres e assegurou seu status de subordinação por milênios... O retrato

é falso... como hoje sabemos, mas o progresso das mulheres na história foi marcado pela luta delas contra essa distorção incapacitante.[50]

De acordo com Lerner, entender construções alternativas de identidade pode ser um processo tênue para as mulheres, tendo em vista os apagamentos de outras visões do passado. Enquanto isso, a potência das buscas comerciais feitas usando Google é o que opera como um "sistema simbólico" dominante da sociedade, devido a sua proeminência como o mais popular mecanismo de busca até hoje.[51]

CATEGORIZAÇÕES HISTÓRICAS DE IDENTIDADES RACIAIS: VELHAS TRADIÇÕES NUNCA MORREM

A fascinação europeia com a sexualidade africana é bem documentada e altamente contestada — mais famosamente notada nas exibições públicas de Sara Baartman, conhecida jocosamente como "A Vênus Hotentote", uma mulher da África do Sul que foi repetidamente exibida para fins de entretenimento e demonstração de evidência biológica da diferença racial e subordinação dos povos africanos.[52] Claro, este é um aspecto problemático da prática museológica, que com frequência tomou parte da curadoria e exibição de corpos não brancos para o consumo de audiências europeias e brancas. Os espetáculos de zoológicos, circos e feiras mundiais e exposições são eventos importantes que antecedem a internet em mais de um século, mas é possível argumentar, e, de fato, é o que é feito aqui, que essas tradições de exibição de corpos nativos se estenderam até a era da informação e são replicadas em uma série de formas problemáticas na indexação, organização e classificação da informação sobre corpos negros e pardos — especialmente na internet comercial.

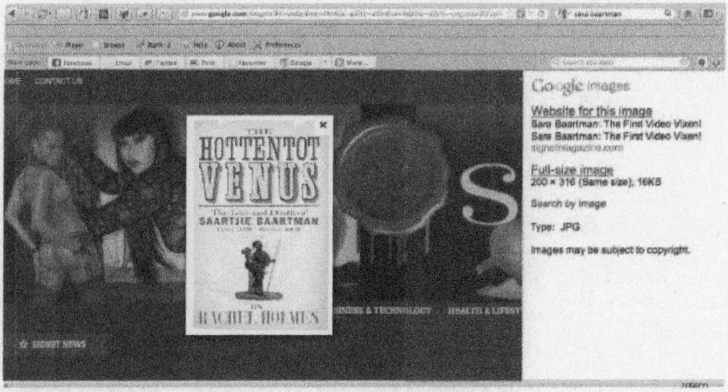

Figura 2.17. Busca no Google por Sara Baartman, em preparação para uma futura palestra sobre mulheres no cinema, em 22 de janeiro de 2013. (NT: O link fornecido pelo Google Images como origem da imagem em destaque anuncia: "Sara Baartman: A Primeira Gostosa do Vídeo!".)

A busca científica e antropológica do Ocidente por novas descobertas teve papel crucial no desenvolvimento de esquemas de racialização, e o progresso científico frequentemente serviu de base para justificar o abuso contra mulheres negras — incluindo as exibições de Baartman durante sua vida (e depois dela). Dessas práticas, podem-se derivar estereótipos que focam na homogeneidade biológica, genética e médica.[53] Classificações científicas tiveram importante papel no desenvolvimento da racialização que persiste nos dias de hoje:

> Categorias raciais criadas historicamente com frequência carregam significados ocultos. Até 2003, relatórios médicos eram catalogados no PubMed/MEDLINE e no velho Índice Catalográfico do Cirurgião Geral dos Estados Unidos usando categorias raciais do século XIX como Caucasoide, Mongoloide, Negroide e Autraloide. Originalmente sugerindo uma escala de inferioridade e superioridade, esses agrupamentos continuam oferecendo uma conotação de hierarquia humana nos dias de hoje. Mais importante ainda, as novas categorias da PubMed, como grupo populacional continental e grupo ancestral, apenas servem como uma camada de verniz sobre as antigas categorias.[54]

A invenção de categorias raciais é um ato mutável e historicamente específico, como no caso do termo "mulato" usado como uma categorização científica voltada a permitir que se reunisse informação para provar que pessoas "híbridas" eram biologicamente predispostas a se extinguirem em algumas gerações, e obviamente essas categorias também não são estáveis de uma nação para outra; classificações como "de cor", "negro" e "branco" foram parte dos processos de purificação racial em países como a África do Sul.[55] Categorizações de gênero não são menos problemáticas e paradoxais. Intelectuais feministas apontam para os meios pelos quais, ao mesmo tempo que mulheres rejeitam classificações biológicas como características essencializantes de discriminação sexual, elas são simultaneamente forçadas a se organizar para obter recursos e progresso político e econômico tendo como base seu gênero.[56]

Tais concepções e estereótipos não vivem no passado; eles são parte do nosso presente e são globais em seu alcance. Em abril de 2012, Lena Adelsohn Liljeroth, ministra da Cultura da Suécia, tomou parte de um evento grotesco para celebrar o Dia Mundial da Arte, data comemorativa celebrada na Suécia. O evento incluía uma instalação artística voltada a chamar a atenção global para a questão da mutilação de genitais femininos. Porém, para demonstrar seu tema, o artista Makode Aj Linde fez um bolo retirado diretamente das manchetes dedicadas ao aviltamento de mulheres negras perpetrado por supremacistas brancos. Usando blackface, ele adornava o topo de um bolo que preparou como um experimento artístico provocativo que deu errado, às custas de mulheres negras. Essas imagens são apenas uma entre as muitas que compõem o panorama da misoginia racista. Após uma torrente de repúdio internacional, Liljeroth negou qualquer possibilidade de que seu projeto e sua participação nele fossem racistas em tom ou apresentação.[57]

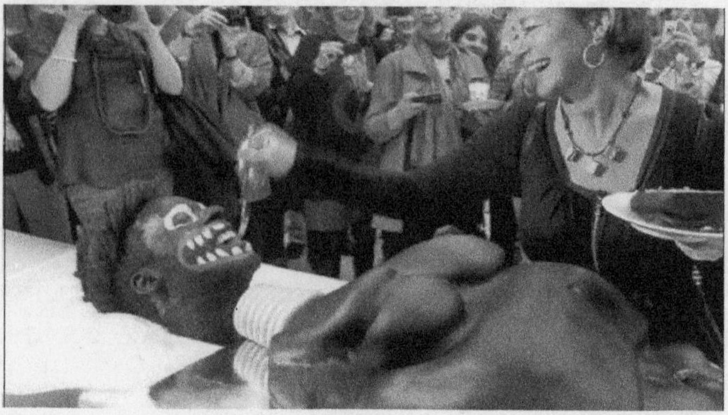

Figura 2.18 Lena Adelsohn Liljeroth, ministra da Cultura da Suécia, dá um pedaço de bolo para o artista Makode Aj Linde, que usa blackface, no Museu Moderno de Estocolmo, 2012.

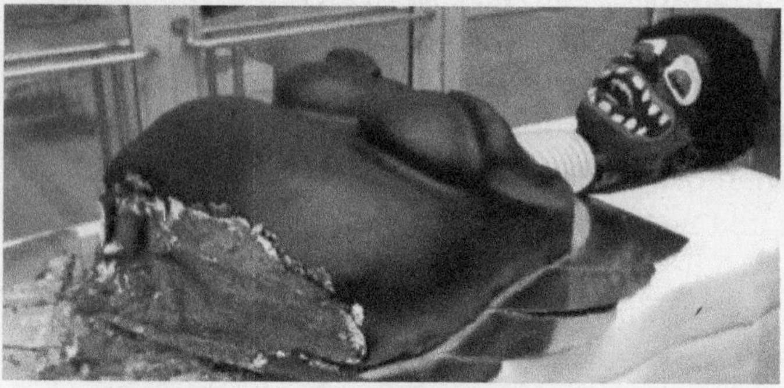

Figura 2.19 A performance artística de Makode Aj Linde no Museu Moderno. Fonte: www.forharriet.com, 2012

Durante a escravidão, estereótipos eram usados para justificar a vitimização sexual de mulheres negras por parte de seus proprietários, uma vez que, pela lei, mulheres negras eram propriedade e, portanto, não podiam ser consideradas vítimas de estupro. A manufatura do estereótipo de Jezebel teve um papel importante em retratar mulheres negras como sexualmente insaciáveis e oferecidas. Um recurso valioso para se entender a complexidade e a problemática das narrativas sexistas e racistas é o Museu Jim Crow de Souvenires Racistas, na Universidade Estadual de Ferris. O trabalho do museu documenta todos os textos informativos e canônicos sobre as formas pelas quais pessoas negras foram mal representadas na mídia e na cultura popular como forma de subjugá-las, antecedendo a escravidão na América do Norte no século XVIII. Destacam-se as duas narrativas principais que continuam a sitiar mulheres negras: a outra exótica, a vadia Jezebel; e a outra patética, a Mãe Preta.[58] Notavelmente, a outra patética é feia demais, estúpida demais, e diferente demais para despertar atração sexual de um homem razoável; em vez disso, ela é fonte de pena, risada e escárnio. Por exemplo, o museu registra como viajantes europeus brancos do século XVII, ao visitar a África, acharam povos seminus e práticas e costumes indígenas e interpretaram erroneamente várias culturas como sendo lascivas, bárbaras e menos que humanas, por certo um sinal generalizado da própria xenofobia de tais viajantes.[59]

Pesquisadores no Museu Jim Crow conduziram uma análise das imagens de Jezebel e verificaram que meninas negras são frequentemente sexualizadas e objetificadas também, um fato que legitima este estudo mais aprofundado sobre a representação de meninas negras na internet. Durante a época da Lei Jim Crow de segregação racial, por exemplo, meninas negras eram caricaturadas com as faces de pré-adolescentes e retratadas com as nádegas expostas, de tamanho adulto, em um contexto de insinuação sexual. Esse estereótipo evoluiu, e, por volta de 1970, representações de pessoas negras como Mães Pretas, Tios Tomás, mulatos trágicos e picaninnies na mídia tradicional começaram a desaparecer conforme novos conceitos de pessoas negras como Brutos e Bucks emergiram; enquanto isso, a amada criação da imaginação branca, a Jezebel, persistiu. Jezebel se tornou a atração principal e uma presença duradoura na mídia dos Estados Unidos. Em 2017, essas representações nunca faltaram no ciclo de mídia 24/7 da Black Entertainment Television (BET), VH1, MTV e em todo o espectro da televisão a cabo. Jezebel é agora conhecida como sedutora do vídeo, a "vadia", a "garota do pancadão", a estrela pornô — e ela permanece sendo uma parte importante do espetáculo que serve para justificar a cidadania de segunda classe a que mulheres negras são submetidas.[60] Buscas na internet por "mulheres negras" oferecem páginas sobre "mulheres negras bravas" e artigos sobre "por que mulheres negras são menos atraentes". Essas narrativas sobre a mulher negra exótica ou patética, enraizadas nos estereótipos psicologicamente danosos da Jezebel,[61] Sapphire e Mãe Preta,[62] apenas exacerbam a iconografia pornográfica que representa meninas negras, que são em sua grande maioria apresentadas em uma dessas formas. O maior mecanismo de buscas comercial falha em fornecer um conhecimento situado culturalmente em como mulheres e meninas negras têm sido tradicionalmente discriminadas, privadas de direitos ou violadas na sociedade e na mídia, mesmo apesar de elas terem se organizado e resistido em muitos âmbitos distintos.

Figura 2.20. Um estereótipo narrativo *dominante sobre mulheres negras, a Vadia Jezebel, aqui representada por mais de um século de artefatos culturais. Fonte: Museu Jim Crow de Souvenires Racistas da Universidade Estadual de Ferris, www.ferris.edu*

LENDO A REPRESENTAÇÃO PORNOGRÁFICA

Este estudo destaca a má representação no Google Search como um exemplo do poder que algoritmos têm de controlar imagens, conceitos e valores designados para pessoas, através de um olhar detido sobre a representação de meninas negras. Não tenho a intenção de avaliar de forma integral a vasta amplitude de representações e produções culturais que existem na internet voltadas às mulheres e meninas negras, das quais uma porção efetivamente reflete a agência individual na autorrepresentação (por exemplo, a cultura das selfies). Contudo, a natureza da representação na busca comercial como sendo primariamente pornográfica no caso de mulheres negras é uma forma distinta de representação sexual comercializada pelo Google. Pornografia é um tipo específico de representação que subentende o poder masculino, a falta de poder feminino e a violência sexual. Essas representações pornográficas de mulheres e pessoas não brancas já foram problematizadas por diversos estudiosos no contexto da mídia de massas.[63] Em vez de oferecer um alívio, a ascensão da internet trouxe consigo um acesso ainda mais comoditizado, fragmentado e fácil para representações pornográficas racializadas.[64] Em resumo, processos enviesados da mídia tradicional estão sendo replicados, talvez ainda mais agressivamente, nas representações problemáticas que aparecem em mecanismos de busca. Aqui, foco igualmente na "pornografia de representação",[65] que trata menos sobre argumentos de obscenidade moral referentes à sexualidade feminina e mais sobre uma crítica feminista sobre como mulheres são representadas como objetos pornográficos:

> Representações não são apenas uma questão de espelhos, reflexos, buracos de fechadura. Alguém as cria, e alguém está olhando para elas, através de uma gama complexa de meios e convenções. Tampouco representações existem somente nos quadros, nos livros, no papel fotográfico ou nas telas: elas têm uma existência continuada na realidade como objetos de troca; elas têm uma gênese na produção material.[66]

Algumas pessoas argumentam que a pornografia foi pouco estudada, em face de sua viabilidade comercial e persistência.[67] Certamente, as necessidades técnicas da indústria pornográfica contribuíram para muitos desenvolvimentos tecnológicos na internet, incluindo os protocolos de pagamento por cartão de crédito; anúncios e propagandas; e tecnologias de streaming audiovisual.[68]

Em biblioteconomia, discussões sobre filtrar conteúdo pornográfico para barrar sua presença em bibliotecas públicas e escolas são um debate comum desse meio profissional.[69] Um foco tremendo na pornografia como fonte legítima de informação (ou não), que deve ser impedida de chegar a escolas, bibliotecas públicas e ao alcance de crianças, tem sido um elemento condutor nas discussões sobre o papel da regulamentação da internet. Estudiosas feministas negras têm também olhado cada vez mais para como mulheres negras são retratadas na mídia através de um rol de estereótipos, incluindo a pornografia. Jennifer C. Nash, professora associada de estudos afro-americanos e de estudos de gênero e sexualidade na Universidade Northwestern, expõe as complexidades de se teorizar pornografia em relação às mulheres negras de uma maneira que seja útil a esta pesquisa:

> Ambas as tradições acadêmicas colocam a questão perene, "a pornografia é racista?", e respondem a ela afirmativamente traçando conexões entre a exibição de Baartman e a representação contempo-

rânea de mulheres negras na pornografia. Porém, meramente afirmar o suposto racismo da pornografia negligencia a realização de um exame sobre as formas que a pornografia mobiliza raça em certos momentos sociais específicos, sob certas condições tecnológicas em particular, para produzir um conjunto historicamente contingente de significações e ganhos racializados.[70]

Nash foca nas maneiras pelas quais feministas negras se alinharam com a retórica e a bibliografia antipornográfica. Embora meu próprio projeto não seja um estudo específico das nuances da agência feminina negra na pornografia da internet, a intelectual feminista negra Mireille Miller-Young cobriu em detalhes as virtudes e a problemática da pornografia.[71] Essa pesquisa é útil para explicar como mulheres são apresentadas em resultados de buscas pornográficas. Portanto, integro o olhar mais amplo de Nash sobre iconografia racial em um arcabouço teórico do feminismo negro para ajudar a interpretar e avaliar esses resultados. No campo da internet e dos estudos de mídia, o interesse em pesquisar e a preocupação dos estudiosos com a questão do dano causado por imagens e conteúdo on-line foram organizados em torno principalmente de aspectos sociais e técnicos referentes à pornografia na internet, e menos em torno da existência de pornografia comercial:

> A invisibilidade relativa da pornografia comercial no campo tem mais a ver com hierarquias culturais e questões de gosto: sendo um gênero popular, a pornografia tem um status cultural consideravelmente baixo, uma vez que, de acordo com várias decisões de varas judiciais nos Estados Unidos, lhe falta valor social, cultural ou artístico. Ademais, a relativamente esparsa atenção à pornografia é reveladora de um apego a representações e interações consideradas novas sobre aquelas que são mais familiares e previsíveis.[72]

Assim, mulheres e meninas negras são tanto subestudadas por acadêmicos quanto associadas com formas de representação típicas da "baixa cultura".[73] Existe uma robusta economia política da pornografia, que é um ponto fulcral importante para inovação comercial e tecnológica que inclui redes de compartilhamento de arquivos, streaming de vídeo, e-commerce e processamento de pagamentos, compactação de dados, buscas e transmissão de informação.[74] A ativista antipornografia e intelectual Gail Dines discute essa teia de relacionamentos que ela caracteriza como se estendendo "da ruinha ali atrás até Wall Street".

> A pornografia está entranhada em uma cadeia econômica incrementalmente complexa, que liga não apenas produtores e distribuidores, mas também banqueiros, softwares, redes de hotéis, companhias de celular e internet. Como outros negócios,

> a pornografia está sujeita à disciplina dos mercados de capitais e da competição, com tendência à segmentação do mercado e concentração da indústria.[75]

A pesquisa de Dines sublinha em particular as formas como mulheres negras são mais racializadas e estereotipadas na pornografia — explicitamente se aproveitando das más representações presentes na mídia do passado e tirando vantagem da ideia de mulheres negras como "putas" através dos tipos mais gráficos de pornografia que há no gênero. Miller-Young sublinha a fetichização de mulheres negras que criou novos mercados para a pornografia, explicitamente se conectando à racialização das mulheres negras no gênero:

> Dentro deste contexto de criação e gerenciamento de desejo racializado tanto transgressivo quanto policiado, a pornografia se superou na produção, marketing e disseminação de categorias de diferenças como subgêneros especiais e fetiches, sob a forma de um "teatro político racializado". Empoderados por inovações tecnológicas como vídeo, gravadores de mão, cabo, satélite, banda larga digital, CD-ROMs, DVDs e a internet, o negócio da pornografia explorou novas tecnologias de mídia na criação de uma gama de produtos sexuais especializados que são consumidos na privacidade do lar.[76]

hooks detalha as formas pelas quais as representações de mulheres negras são frequentemente pornificadas pela mídia branca, controlada pelo patriarcado, e que, embora algumas mulheres sejam capazes de resistir e lutar contra esses retratos violentos de mulheres negras, outras cooptam esses veículos de exploração e os usam para construir uma fonte de lucro pessoal: "Encarando a si mesma, a mulher negra compreende tudo contra o que ela tem que lutar para atingir a autorrealização. Ela tem que confrontar as representações de si mesma, seu corpo, como sendo algo descartável".[77] A pesquisa de Miller sobre a economia política da pornografia, que encontra arrimo na indústria musical do hip-hop, é importante para entender como mulheres negras são comoditizadas através da "pornificação" do hip-hop e da pornografia tanto convencional quanto "diversificada".[78]

Embora o Google já tivesse alterado seu algoritmo em meados de 2012 e suprimido a pornografia como a representação primária de meninas negras em seus resultados de pesquisa, em 2016, também modificou o algoritmo para incluir imagens mais diversas e menos sexualizadas de meninas negras em seus resultados de buscas por imagens, ainda que a maioria das imagens que surgem nos resultados seja de mulheres e não de crianças ou adolescentes. As imagens de meninas negras nos resultados de buscas por vídeos, porém, permanecem problemáticas, com narrativas que em sua maioria refletem conteúdo gerado por usuários (UGC) que se dedicam a retratos cômicos de uma gama de estereótipos sobre meninas negras/afro-americanas. Notavelmente, o nacionalista branco

Colin Flaherty é o produtor do terceiro vídeo ranqueado na lista voltada para representar meninas negras, o qual o Centro de Direitos da Pobreza do Sul descreveu como propaganda para incitar violência racial e inquietação branca.

A pornografia na internet é uma expansão dos interesses neoliberais capitalistas. A própria rede se abriu para novos centros de lucratividade que empurraram os limites do consumo. Nunca antes existiram tantos canais para a transmissão e consumo dessas representações dos corpos de mulheres negras, em sua grande maioria traficados fora do controle e sem trazer benefícios às próprias mulheres e meninas negras.

FORNECENDO INFORMAÇÕES LEGÍTIMAS SOBRE MULHERES E MENINAS NEGRAS

Ver a internet como uma mídia comunitária implica que pode haver uma expectativa de um nível maior de legitimidade da informação a ser encontrada nela.[79] Reconhecer a credibilidade da informação on-line não é uma tarefa fácil porque interesses comerciais não são sempre aparentes,[80] e medidas típicas de credibilidade raramente são aplicáveis dada a complexidade da rede.[81] Se o governo, indústrias, escolas, hospitais e agências públicas estão guiando pessoas à internet como forma de atender demandas por serviços, isto então lhe confere um nível de autoridade e confiança na própria mídia. Assim se levantam questões sobre quem é dono de identidades e traços identitários no cyberespaço e se identidades racializadas e gendrificadas têm direitos de propriedade que podem ser contestados. É possível argumentar, como faço, que a identidade social é tanto um processo de agentes individuais participando na criação da identidade como também uma questão de categorização social que acontece em nível sociocultural e uma questão de definição pessoal e definição externa.[82]

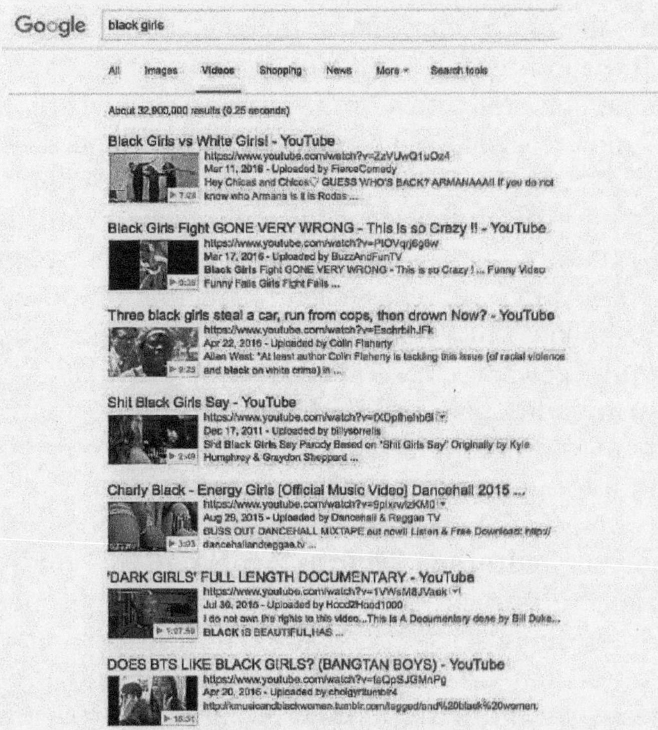

Figura 2.21. Resultados de pesquisas de vídeo para "meninas negras", 22 de junho de 2016. (NT: Os títulos dos vídeos são, de cima para baixo "Meninas Negras vs. Meninas Brancas!"; "Briga de meninas negras dá MUITO ERRADO – Isso é tão doido!"; "Três meninas *negras furtam um carro, fogem da polícia e se afogam"; "Merdas que meninas negras falam"; "Charly Black – Meninas Energia (Videoclipe oficial)"; "Meninas Negras", documentário de longa-metragem completo; "O BTS gosta de meninas negras?"; "Tipos de meninas negras"; "Merdas que meninas negras dizem... para outras meninas negras"; "Mágica de meninas negras".)*

De acordo com Mary Herring, Thomas Jankwoski e Ronald Brown, a identidade negra é definida por uma experiência individual de sina compartilhada com outros do mesmo grupo.[83] A questão de direitos específicos sobre a nomeação e propriedade de conteúdo no ciberespaço é um tópico importante.[84] Características raciais são uma categorização social tanto imposta quanto adotada por grupos,[85] e portanto termos de identidade racial podem ser reivindicados como propriedade de tais grupos, da mesma forma que a branquitude foi constituída como um direito de propriedade de quem a possui.[86] Esta é uma forma de pensar sobre como a mídia de massa cooptou definições externas de identidade[87] — racialização — que também se aplicam à internet e seu fornecimento de informações para o público: "Nossas relações com a mídia de massa são pelo menos em parte determinadas pela utilidade percebida das informações que obtemos com ela... Representações na mídia têm um papel importante em instruir as maneiras pelas quais entendemos diferenças sociais, culturais, étnicas e raciais".[88] A mídia tem um impacto tremendo em instruir nossos entendimentos sobre raça e o outro racializado como uma externalidade, mas este é um processo simbiótico que inclui definições internas que permitem às pessoas reivindicar suas identidades raciais.[89] Além disso, o panorama da internet oferece tanto quanto eclipsa os canais tradicionais de distribuição da mídia e funciona como uma nova infraestrutura para entregar todas as formas de mídia anteriores: televisão, filme e rádio, assim como novas mídias que são mais sociais e interativas. Juntando essas velhas e novas mídias, pode-se argumentar que a internet tem influência significativa em formar opiniões sobre raça e gênero.

O QUE DESCOBRIMOS É SIGNIFICATIVO

Devido ao fato de que a maioria dos ganhos do Google provém da publicidade, é importante considerar a publicidade como uma prática de mídia com um poder tremendo para moldar a cultura e a sociedade.[90] A transmissão de estereótipos sobre mulheres na publicidade cria um "vocabulário de intenções limitado" encorajando pessoas a pensar e falar de mulheres primariamente em termos de seus relacionamentos com homens, famílias, ou sua sexualidade.[91] Pesquisas demonstram como representações estereotípicas de mulheres e minorias na publicidade impactam o comportamento de consumidores.[92] É, portanto, necessário olhar mais profundamente os efeitos do conteúdo e rastrear os tipos de narrativas hegemônicas que situam esses resultados. A estudiosa das mídias e feminista Jean Kilbourne cuidadosamente delineou o impacto da publicidade na sociedade a partir de uma perspectiva feminista. Ela pesquisa a qualidade viciante da publicidade e sua habilidade para provocar sentimentos e mudar perspectivas, a despeito da crença dos consumidores de que "não estão dando atenção" ou de sua subestimação sobre a capacidade persuasiva desse meio:

> A publicidade corrompe relacionamentos e então nos oferece produtos, tanto como compensação quanto como substitutos para as conexões humanas íntimas que todos desejamos e de que precisamos. A maioria de nós já sabe, a essa altura, que a publicidade transforma pessoas em objetos. Os corpos das mulheres, e hoje em dia os corpos de homens também, são desmembrados, empacotados e usados para vender tudo, de serras elétricas a gomas de mascar. Mas muitas pessoas não compreendem de todo que há consequências terríveis quando pessoas se tornam coisas. A autoimagem é profundamente afetada. A autoestima de meninas desaba quando elas alcançam a adolescência, em parte porque elas possivelmente não têm como escapar da mensagem de que seus corpos são objetos e, ainda por cima, objetos imperfeitos. Meninos aprendem que a masculinidade requer um tipo de impiedade, até mesmo brutalidade. A violência se torna inevitável.[93]

No caso do Google, seu propósito é "arrastar os olhos" dos clientes até os produtos e serviços que anuncia, o que se evidencia em seus próprios produtos, como o AdWords, e nas formas pelas quais já se provou que ele enviesa resultados para destacar tais produtos antes dos competidores. Isso torna mais complexa a forma de se pensar sobre mecanismos de busca e reforça a necessidade de que se desenvolvam níveis significativos de alfabetização digital no grande público.

Aplicar uma perspectiva feminista negra em estudos de análise crítica de informação implica em contextualizar informação como uma forma de representação, ou produção cultural, em vez de um dado aparentemente neutro e benigno, como é pensado de uma "página da web" ou "URL" que surge no topo de uma lista de resultados de pesquisa. A linguagem e a terminologia usadas para descrever resultados na internet em mecanismos de busca comerciais com frequência obscurecem o fato de que formas de representação comoditizadas estão sendo negociadas na rede e que essas transações comerciais não são aleatórias ou desprovidas de significado, como se fossem simples páginas populares da web. Annette Kuhn, professora emérita de estudos de cinema na Universidade Queen Mary de Londres, propõe que pensadoras feministas lancem interrogações sobre gênero, raça e representação em seu livro *The Power of the Image: Essays on Representation and Sexuality* (NT: "O poder da imagem: ensaios sobre representação e sexualidade", inédito no Brasil):

> A fim de desafiar representações dominantes, é necessário antes de tudo entender como elas funcionam, e assim

> buscar pontos onde é possível uma transformação produtiva. Dessa compreensão fluem diversas políticas e práticas de produção cultural opositivas, dentre as quais podem-se contar intervenções feministas... Há ainda outra justificativa para a análise feminista de imagens populares de mulheres: não pode ela nos ensinar a reconhecer inconsistências e contradições dentro das tradições dominantes de representação, identificar pontos de onde podemos alavancar nossa própria intervenção: rachaduras e fissuras através das quais podemos capturar vislumbres do que pode ser possível em outras circunstâncias, visões de "um mundo fora da ordem que normalmente não é visto ou sobre o qual não se pensa"?[94]

Neste capítulo, demonstrei como mulheres, particularmente mulheres negras, são mal representadas em resultados de busca na internet e como isso está enlaçado ao longo legado do patriarcado racial branco. A internet também tem sido um espaço contestado onde a possibilidade de organizar mulheres no cyberespaço em alinhamento aos valores feministas tem uma longa história.[95] Tecnologias da informação e comunicação são apresentadas como domínio de homens, não apenas marginalizando as contribuições de mulheres no desenvolvimento de ICT, mas usando essas narrativas para tornar o patriarcado cada vez mais substancial.[96] Homens, querendo ou não, usaram seu controle e monopólio sobre o campo da tecnologia para consolidar ainda mais seu poder social, político e econômico na sociedade, e raramente abrem mão desses privilégios para criar mudanças estruturais nesse legado. Onde homens dão forma à tecnologia, eles dão forma à exclusão de mulheres, especialmente mulheres negras.[97]

O trabalho das estudiosas feministas Judy Wajcman e Anna Everett é essencial para escrutinizar o desenvolvimento histórico de narrativas sobre mulheres e pessoas não brancas, especificamente afro-americanas, no campo da tecnologia. Os projetos de cada uma delas apontam para os meios específicos pelos quais práticas tecnológicas priorizam os interesses de homens e de brancos. Para Wacjman, "pessoas e artefatos evoluem juntos, nos lembrando que 'as coisas poderiam ser diferentes', que tecnologias não são o resultado inevitável da aplicação de conhecimento científico e tecnológico... A capacidade de usuárias mulheres para produzir novas e vantajosas leituras de artefatos é dependente de circunstâncias econômicas e sociais mais amplas".[98] Acrescentando ao rastreio histórico que Everett oferece sobre as contribuições pioneiras de afro-americanos ao cyberespaço, ela aponta que essas contribuições foram obscurecidas pela "cegueira à cor" nas mídias convencional e acadêmica, que apagam as contribuições de afro-americanos.[99] Relações institucionais embasadas em gênero e raça situam mulheres e pessoas não brancas do lado de fora dos sistemas de poder de onde a tecnologia surge. É dessa forma que a ideologia da cegueira de cor é mecanizada no Vale do Silício: através da negação da existência tanto de ordenação racial quanto das contribuições de não brancos.

Essa fantasia de pós-racialismo já foi bem documentada por Jessie Daniels, que escreveu sobre os problemas do racismo cego para cor nas indústrias de tecnologia.[100] Essa tradição de definir a dominância de homens brancos e asiáticos nas indústrias de tecnologia como uma questão de meritocracia se apoia nos mitos de ásio-americanos como uma minoria modelo. A marginalização de mulheres e de não brancos é um subproduto desses entrincheiramentos, escolhas de planejamento, e narrativas sobre capacidades técnicas.[101] Rayvon Fouché, o catedrático de Estudos Americanos da Universidade de Purdue, sublinha a importância da cultura negra em dar forma aos sistemas tecnológicos. Ele argumenta que as tecnologias poderiam "responder melhor às realidades da vida de negros nos Estados Unidos" ao se organizar em torno das sensibilidades da comunidade negra. Ademais, ele problematiza as narrativas dominantes sobre tecnologia "para" pessoas negras:

> Estadunidenses são continuamente bombardeados com um aparentemente sem-fim de narrativas tecnológicas progressivas e autorregenerativas. Nessa tradição apoiada pelo capitalismo, os múltiplos efeitos que a tecnologia tem nas vidas

de afro-americanos seguem subexaminados. Essa retórica enaltecedora ajudou a ofuscar os relacionamentos distintamente opositivos que afro-americanos tiveram com tecnologia.[102]

Neste trabalho sobre a política por trás de mecanismos de busca e suas representações de mulheres e meninas negras, documentei como certas buscas por palavras-chave guiam usuários procurando por informações a uma abundância de pornografia, usando a configuração-padrão "moderada" no Google Search, e ofereci outros exemplos de como o Vale do Silício defende a si mesmo ao continuar subempregando pessoas que têm experiência nos importantes campos de estudos étnicos e de gênero. O valor dessa exploração está em demonstrar como gênero e raça são socialmente construídos e mutuamente constituídos através da ciência e da tecnologia. A própria noção de que tecnologias são neutras deve ser diretamente contestada como sendo enganosa. Quer uma pessoa se importe ou não com as más representações específicas de mulheres e meninas não brancas ou considere as representações conceituais problemáticas de adolescentes, professoras, enfermeiras ou médicas, há evidência de que a forma como as plataformas de mídia digital e os algoritmos controlam a narrativa sobre pessoas pode ter consequências atrozes quando levada ao extremo.

TRÊS

Buscando Por Pessoas e Comunidades

Na noite de 17 de junho de 2015, em Charleston, Carolina do Sul, um nacionalista branco de 21 anos, Dylann "Tempestade" Roof, abriu fogo contra os fiéis cristãos afro-americanos desavisados da Igreja Episcopal Metodista Africana "Mãe" Emanuel, em um dos crimes de ódio racial e religioso mais execráveis da memória recente.[1] Seu ataque terrorista racista levou à morte a senadora estadual da Carolina do Sul, Reverenda Clementa Pinckney, que era também a pastora da igreja, além da bibliotecária Cynthia Hurd, Tywanza Sanders, Ver. Sharonda Singleton, Myra Thompson, Ethel Lance, Susie Jackson, Rev. Daniel Simmons Sr., e Rev. DePayne Middleton-Doctor. Três pessoas sobreviveram ao ataque: Felecia Sanders, sua neta de onze anos e Polly Sheppard. O local dos assassinatos não foi escolhido a esmo por Roof; EMA Emanuel é um dos mais antigos símbolos da liberdade dos afro-americanos nos Estados Unidos. Ela foi organizada por pessoas negras/africanas libertas e escravizadas em 1791, e seu número de fiéis cresceu para milhares, apenas para que a igreja fosse queimada em 1822 por sul-carolinenses brancos que ouviram dizer que o fiel da igreja Denmark Vessey estava liderando um esforço para organizar uma revolta de negros escravizados contra seus senhores escravagistas. Por mais de duzentos anos, a EMA Emanuel foi ponto fulcral e símbolo da luta pela liberdade contra a supremacia branca, um local onde se organizar para lutar por direitos civis e a participação plena de afro-americanos são atos que têm sido colocados em primeiro plano por seus fiéis e por apoiadores de todo o país.

O massacre foi uma tragédia de proporções épicas. Os relatos sobre os assassinatos racialmente motivados vieram logo após muitos meses e anos de notícias sobre centenas de jovens afro-americanos assassinados por agentes de polícia, guardas de segurança e autodeclarados vigias de vizinhança. À medida que notícias do massacre chegavam às páginas das redes sociais, um usuário do Twitter chamado @HenryKrinkle tuitou que um "manifesto racista" tinha sido encontrado na página www.lastrhodesian.com, documentando os muitos pensamentos que formavam o entendimento do assassino sobre as relações raciais nos Estados Unidos. @EMQuangel foi o primeiro a responder a um tuíte que pedia 49 dólares para acessar o site, se oferecendo para pagar por uma pesquisa no banco de dados "Reverse Who Is" (NT: "Quem É Reverso") para verificar se a página de fato pertencia a Dylann Roof. Dentro de poucas horas, vários veículos de notícias começaram a reportar sobre os muitos textos de Roof na página, onde ele supostamente compartilhou as seguintes palavras:

O evento que verdadeiramente me fez acordar foi o caso Trayvon Martin. Eu ficava ouvindo e vendo o nome dele e por fim decidi dar uma olhada no caso. Li o artigo na Wikipedia e de cara não consegui entender qual era o grande problema. Estava óbvio que o Zimmerman estava com a razão. Mas, mais importante, isso me estimulou a digitar as palavras "crimes de negros contra brancos" no Google, e nunca mais fui o mesmo desde aquele dia. A primeira página à qual cheguei foi do Conselho dos Cidadãos Conservadores. Havia páginas e mais páginas desses brutais assassinatos de brancos cometidos por negros. Eu não podia acreditar. Neste momento, percebi que alguma coisa estava muito errada. Como a imprensa podia estar alardeando o caso Trayvon Martin enquanto centenas desses assassinatos de brancos cometidos por negros eram ignorados?

A partir daí pesquisei mais fundo e descobri o que estava acontecendo na Europa. Vi que as mesmas coisas estavam ocorrendo na Inglaterra e na França, e em todos os outros países da Europa Ocidental. Mais uma vez, não pude acreditar. Como americano, fui ensinado a aceitar que vivemos em uma grande mistura de raças, e que negros e outras minorias têm exatamente os mesmos direitos de estar aqui que nós temos, já que somos todos imigrantes. Mas a Europa é a terra natal do povo branco, e de muitas formas a situação é ainda pior por lá. Nesse ponto, descobri sobre o problema judeu e outras questões que nossa raça enfrenta, e posso dizer que hoje sou por completo racialmente consciente.[2]

De acordo com o manifesto, Roof supostamente digitou "crimes de negros contra brancos" em uma busca do Google para tentar entender as notícias sobre Trayvon Martin, um jovem adolescente afro-americano que foi assassinado e cujo assassino, George Zimmerman, foi absolvido do homicídio. O que Roof encontrou foi informação que confirmou a patente falsa concepção de que a violência de negros contra brancos estadunidenses é uma crise nacional.

Conforme relatado, Roof chegou ao Conselho de Cidadãos Conservadores (CCC) quando buscou no Google por informações reais que o ajudariam a entender o altamente comentado caso Martin. Para Roof, o CCC era uma fonte legítima de informação que se apresentava como um órgão de imprensa conservador. Porém a principal autoridade nacional sobre organizações disseminadoras de ódio, o Centro de Direitos da Pobreza do Sul, acompanha suas atividades e descreve o CCC da seguinte forma:

> O Conselho de Cidadãos Conservadores (CCC) é a reencarnação moderna dos velhos Conselhos de Cidadãos Brancos, que foram formados nas décadas de 1950 e 1960 para resistir à dessegregação das escolas no Sul. Entre outras coisas, sua Declaração de Princípios diz que eles

"se opõem a todos os esforços para misturar as raças da humanidade". Criado em 1985 através de listas de endereços para correspondência da sua organização predecessora, o CCC, que inicialmente tentou projetar uma imagem mais "aceitável para o público", evoluiu para um grupo supremacista branco rústico cuja página na internet já publicou fotos comparando o falecido cantor pop Michael Jackson a um gorila e se referiu a pessoas negras como uma "espécie retrógrada da humanidade". O jornal do grupo, o *Citizens Informer*, publica regularmente artigos condenando a "mistura de raças", denunciando os males da imigração ilegal, e lamentando o declínio da civilização branca europeia. Gordon Baum, o fundador do grupo, morreu em março de 2015.[3]

Para verificar o que é possível de se achar na página após o assassinato de nove afro-americanos por Dylann Roof, eu também realizei uma busca pelo termo "crimes de negros contra brancos". Nesses cenários de pesquisas, realizadas entre 3 e 5 de agosto de 2015, em Los Angeles, Califórnia, e Madison, Wisconsin, o primeiro resultado foi NewNation.org, seguido por um certo número de páginas conservadoras, nacionalistas brancas, que fomentam o ódio contra afro-americanos e judeus. Realizei as pesquisas de forma semelhante à busca por "meninas negras" e outras meninas não brancas, tendo saído de meu login em todas outras plataformas da internet, e cruzei os resultados da pesquisa (Figura 3.2) com o de outra pesquisadora em um computador diferente. A página da internet da NewNation.org promovia tanto ódio racial que em 2013 seu fundador foi alvo de um ataque distribuído de negação de serviço (DDOS) organizado por @Anon_Dox_323, um membro do grupo de hackers Anonymous, que frequentemente ataca indivíduos ou organizações através de uma grande variedade de investidas "hacktivistas", como visto na Figura 3.3.[4]

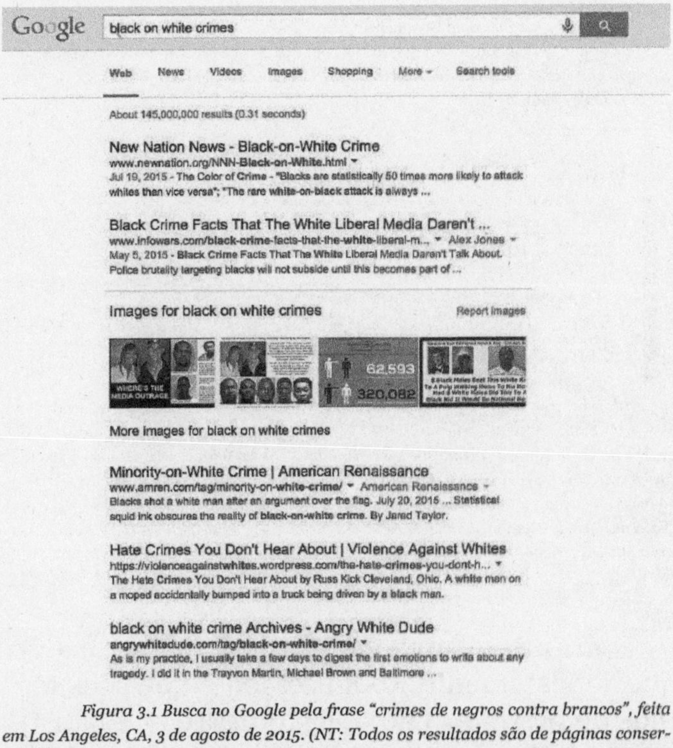

Figura 3.1 Busca no Google pela frase "crimes de negros contra brancos", feita em Los Angeles, CA, 3 de agosto de 2015. (NT: Todos os resultados são de páginas conservadoras, vinculadas à extrema direita. O segundo resultado, por exemplo, sob a manchete "Fatos Crimes de Negros que a Mídia Progressista Branca Não Ousa (Divulgar)" pertence a Alex Jones, agitador de extrema direita e divulgador de teorias conspiratórias e notícias falsas cujo conteúdo está atualmente banido de plataformas como Facebook e Twitter.)

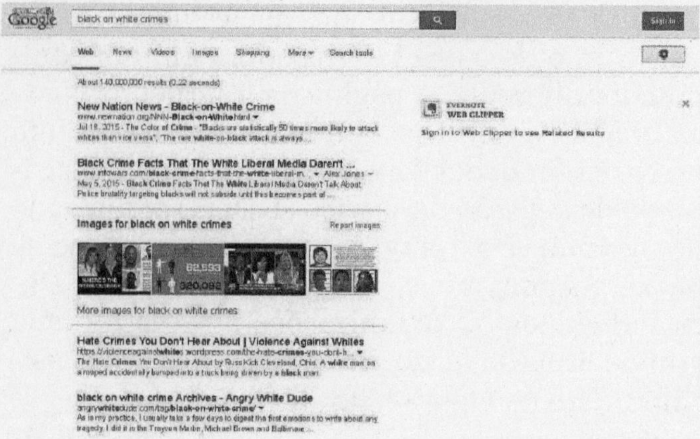

Figura 3.2 Busca no Google pela frase "crimes de negros contra brancos", feita em Madison, WI, 5 de agosto de 2015. (NT: Com exceção de uma mudança na ordem de aparição entre a 3ª e a 5ª página que apareceram na busca feita em Los Angeles, os resultados são os mesmos.)

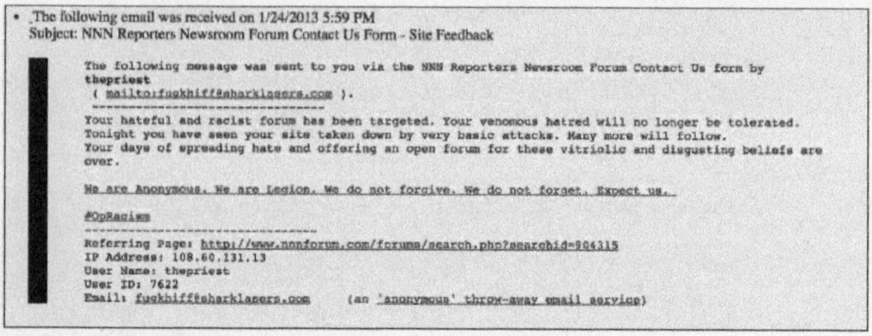

- The following email was received on 1/24/2013 5:59 PM
Subject: NNN Reporters Newsroom Forum Contact Us Form - Site Feedback

```
The following message was sent to you via the NNN Reporters Newsroom Forum Contact Us form by
thepriest
 ( mailto:fuckhiff@sharklasers.com ).
 ---------------------------------
Your hateful and racist forum has been targeted. Your venomous hatred will no longer be tolerated.
Tonight you have seen your site taken down by very basic attacks. Many more will follow.
Your days of spreading hate and offering an open forum for these vitriolic and disgusting beliefs are
over.

We are Anonymous. We are Legion. We do not forgive. We do not forget. Expect us.

#OpRacism
---------------------------------
Referring Page: http://www.nnnforum.com/forums/search.php?searchid=804315
IP Address: 108.60.131.13
User Name: thepriest
User ID: 7622
Email: fuckhiff@sharklasers.com      (an 'anonymous' throw-away email service)
```

Figura 3.3 Em 14 de maio de 2014, o NewNation.org publicou este aviso em sua página para alertar seus membros que o site havia sido hackeado. (NT: A mensagem diz: "Seu fórum odiento e racista foi atacado. Seu ódio peçonhento não será mais tolerado. Esta noite você viu sua página ser derrubada por ataques bem básicos. Muitos mais acontecerão. Seus dias de espalhar ódio e oferecer um fórum aberto para estas crenças vitriólicas e repugnantes chegaram ao fim".)

O que é impactante sobre a informação que supostamente Roof acessou é que seus termos de pesquisa não o levaram até as estatísticas do FBI sobre violência nos Estados Unidos, que apontam crimes contra brancos americanos como um fenômeno majoritariamente intrarracial. A maioria dos atos de violência contra brancos americanos é cometido por brancos americanos, assim como a maioria da violência contra afro-americanos é majoritariamente cometida por outros afro-americanos. Crimes de brancos contra brancos é a causa número um de homicídios de brancos americanos, uma vez que crimes violentos são em grande medida perpetrados por pessoas próximas que possuem demografia similar à da vítima.[5] Homicídios que atravessam as fronteiras raciais não acontecem de forma sequer semelhante ao que organizações supremacistas brancas alegam. Uma busca pela frase "crimes de negros contra brancos" não leva a nenhum especialista em raça ou a nenhuma universidade, biblioteca, livros ou artigos sobre a história racial dos Estados Unidos e a invenção de mitos racistas a serviço da supremacia branca, como o de "crimes de negros contra brancos". A pesquisa não leva a nenhuma informação que desminta estereótipos vendidos por organizações supremacistas brancas. É crucial que pensemos sobre as implicações de pessoas que estão tentando checar a veracidade de informações da imprensa sobre raça e relações raciais e que são levadas para páginas da internet fascistas, conservadoras, antinegros, antijudeus, e/ou supremacistas brancos. O poder dos mecanismos de busca para assoberbar pessoas com informação não pode ser ilustrado de forma mais poderosa do que observando as próprias palavras de Dylann Roof sobre usar o Google para descobrir informação sobre o assassinato de Trayvon Martin, o que o levou ao desenvolvimento de sua identidade racial.

Não pode haver dúvidas de que as páginas que os mecanismos de busca comerciais oferecem no topo de suas listas de resultados (na primeira página) podem tanto ser danosas quanto inofensivas, dependendo dos conceitos buscados. O que encontramos quando buscamos por identidades de gênero e raça é lucrativo para o Google, tanto quanto o que achamos quando buscamos por conceitos racistas. Lembrem-se que o que aparece na primeira página de uma busca é tipicamente conteúdo publicitário altamente otimizado, porque o Google é uma empresa de publicidade e seus clientes estão lhe pagando para serem colocados na primeira página através de engajamento direto com o programa AdWords ou através de um mercado cinza de produtos otimizadores de mecanismos de busca que ajudam páginas a assegurar um lugar na primeira página de resultados. O livro de Jessie Daniels *Cyber Racism: White Supremacy On-line and the New Attack on Civil Rights* (NT: "Racismo cibernético: supremacia branca on-line e o novo ataque aos direitos civis", inédito no Brasil) é a pesquisa mais completa e importante até esta data sobre os meios pelos quais "páginas disfarçadas", ou seja, páginas da internet que se apresentam como uma coisa, como uma fonte de notícias de credibilidade ou uma organização social e cultural legítima, operam como fachada para organizações como a CCC, a Ku Klux Klan e milhares de páginas embasadas em ódio, que também pagam para aparecer. Daniels identifica o processo convencional de compreender informação on-line como um "enquadramento racial branco",[6] que permite a muitos brancos americanos essencialmente segregar o espaço on-line em bolsões que questionam a legitimidade e a viabilidade do pluralismo cultural e igualdade racial.

No caso das supostas buscas no Google feitas por Dylann Roof, seu próprio enquadramento dos problemas das relações raciais nos Estados Unidos em um questionamento sobre "crimes de negros contra brancos" serve para demonstrar, através dos resultados de sua busca, a inabilidade dos mecanismos de busca para interceder na própria elaboração das questões. Neste caso, os resultados, organizações conservadoras e páginas da internet disfarçadas que apresentam notícias de uma perspectiva antinegro e antijudeus, não são nada mais que propaganda para estimular ódio racial.

O que encontramos em mecanismos de busca sobre pessoas e culturas é importante. Eles simplificam em excesso fenômenos complexos. Eles obscurecem qualquer conflito sobre entendimentos e podem mascarar fatos históricos. Resultados de pesquisas podem reenquadrar nossas formas de pensar e nos negar a capacidade de nos engajarmos profundamente com informação e conhecimento de que precisamos, conhecimento que tradicionalmente foi aprendido através de professores, livros, história e experiência. Resultados de pesquisas, no contexto de companhias de publicidade comerciais, estabelecem os alicerces, como tenho discutido neste livro, para vieses implícitos: vieses que são sustentados por ganhos publicitários. Resultados de mecanismos de pesquisa também funcionam como um tipo de registro pessoal e como registros de comunidades, ainda que instáveis. No contexto das buscas comerciais, eles sinalizam o que anunciantes acham que queremos, influenciados pelos tipos de algoritmos de informação programados para guiar até espaços on-line populares e lucrativos. Eles galvanizam atenção, não importando o custo na vida real, e afetam a imparcialidade e a objetividade no processo de apresentação dos resultados, como detalhado no capítulo 1. No caso do CCC, 579 páginas da web por todo o mundo têm links para o endereço do CCC, www.conservative-headlines.com, incluindo sites tão proeminentes quanto yahoo.com, msn.com, reddit.com, nytimes.com e huffingtonpost.com.

Não se pode traçar uma correlação direta entre resultados de buscas e assassinatos. Mas não podemos ignorar a forma pela qual um assassino como Dylann Roof, supostamente por suas próprias palavras, relatou que sua consciência racial foi cultivada on-line ao buscar por um conceito ou frase que o levou até páginas apresentando visões de mundo estreitas, hostis e racistas. Ele não foi levado até contrapontos, páginas antirracistas que poderiam descrever a história do CCC e seus objetivos articulados em sua Declaração de Princípios que refletem uma longa história de febre antinegra, anti-imigrante, antigay e antimuçulmana nos Estados

Unidos. O que precisamos é de uma forma para reenquadrar, reimaginar, reaprender e relembrar a luta por justiça social e racial e observar como a informação on-line apresentada em sistemas de ranqueamento pode também ter impacto no comportamento e nas formas de pensar no mundo off-line. Não há normas federais, estaduais ou locais tratando do impacto psicológico da internet, e ainda assim análises de grandes massas de dados e os algoritmos derivados delas detêm muito poder em superdeterminar decisões. Algoritmos que ranqueiam e priorizam páginas visando ao lucro comprometem nossa possibilidade de interagirmos com ideias complexas. Não há contrapontos, nem um aviso ou estrutura estabelecida para contextualizar o que obtemos. Se Dylann Roof tivesse perguntado a um especialista, como os do Centro de Direitos da Pobreza do Sul, sobre a retórica do CCC e de grupos disseminadores de ódio nos Estados Unidos, ele teria encontrado uma rica e detalhada história de como organizações supremacistas brancas trabalham para solapar a democracia e os direitos civis, e só podemos esperar que essa educação teria tido um impacto em suas escolhas posteriores. Mas resultados de buscas não estão vinculados à multiplicidade de perspectivas, e a epistemologia de "ranqueamento" de um a um milhão ou mais de sites sugere que o que é listado primeiro tem mais chances de ser a informação com mais credibilidade disponível.

QUATRO

Buscando Proteção Contra Mecanismos de Busca

Em 16 de janeiro de 2013, uma vara de justiça da Califórnia decidiu que uma professora de ciências do Ensino Infantil não estava apta a dar aulas porque o material resultante de seus nove meses de trabalho na indústria da pornografia tinha sido descoberto na internet. O *USA Today* relatou, em 16 de janeiro do mesmo ano, o que a juíza Julie Cabos-Owen escreveu em sua manifestação: "Embora a carreira pornográfica (da mulher) esteja encerrada, a contínua disponibilidade de seu material pornográfico na internet permanecerá impedindo-a de ser uma professora eficaz e uma colega de trabalho respeitada".[1] A professora foi despedida, apesar de ter declarado em juízo que tinha entrado para o ramo pornográfico após ser abandonada pelo namorado e ter encarado dificuldades financeiras. Em todas as entrevistas com responsáveis da diretoria de ensino relatadas na mídia, a professora foi considerada imoral e incapaz de servir como um excelente modelo de comportamento para seus estudantes. Em 9 de março de 2011, veículos de notícias começaram a reportar que uma professora de Ensino Médio de St. Louis foi demitida quando um estudante descobriu que ela tinha trabalhado anteriormente como dançarina erótica na indústria pornográfica na década de 1990. Embora tenha declarado que trabalhar nessa indústria tenha sido um dos maiores arrependimentos de sua vida, ela não conseguiu manter seu emprego. A direção da escola decidiu que o trabalho que ela desempenhou duas décadas antes era uma distração grande demais para poderem mantê-la empregada. Uma professora de música em Ohio pediu demissão quando sua participação na indústria do entretenimento adulto foi descoberta. Uma instrumentadora cirúrgica foi tratada com desdém e desrespeitada no hospital onde trabalhava quando um técnico anestesista a reconheceu de um filme de entretenimento adulto. Uma corretora imobiliária foi dispensada depois que um colega de trabalho a reconheceu de um filme adulto disponível na internet. Uma caloura na Universidade Duke foi eviscerada por seus colegas quando se descobriu que ela tinha feito filmes pornô para pagar as mensalidades do seu curso. Ela estava tentando pagar um valor anual de 60 mil dólares em sua faculdade dos sonhos porque seus pais não tinham como dispor dessa quantia. Ela foi ameaçada e atacada on-line e no campus depois que um membro de uma fraternidade revelou a participação dela em filmes pornô para centenas de universitários. Uma premiada diretora de escola de Ensino Médio tirou fotos sexualmente provocantes com o marido durante um período de vários anos e, durante seu divórcio, ele enviou centenas dessas fotos para o Conselho Escolar, que sumariamente a rebaixou do cargo depois de ameaçar encerrar sua longa e excelente carreira como educadora. O que foi compartilhado de forma privada no contexto de um casamento se tornou um caso de pornô de vingança que ameaçou destruir tudo que ela tinha conquistado. Os momentos íntimos dos dois, dos quais ele participou, foram usados apenas contra ela. Em 2010, a página da internet IsAnyoneUp.com permitia a usuários postar imagens anônimas de homens e mulheres sexualmente explícitas e incluir seus nomes, endereços e perfis de redes sociais do Facebook e Twitter. O fundador do site, Hunter Moore, foi confrontado com múltiplos processos que, por fim, forçaram a página a sair do ar em 2012, mas ele alegava que a página tinha mais de 30 milhões de visitantes por mês.[2] Durante o apogeu do "sucesso" da página, Moore conseguiu se esquivar de diversas ações judiciais porque ele nunca se declarou *dono* do material postado na página. Alegações de violação de copyright por parte de vítimas de pornô de vingança têm sido o meio mais viável para garantir ordens judiciais para que as imagens sejam retiradas do ar, e o principal meio para tirá-las da internet, embasando-se em uma ausência de consentimento para a distribuição desse material. Danny Gold, em um texto para o site TheAwl.com, entrevistou uma mulher que compartilhou como ela se sentiu ao ter suas imagens postadas na página de Moore:

> Eu fui enviada para o Isinyoneup.com pelo meu ex-namorado. Tenho que confrontar todo dia amigos, familiares e estranhos que dizem que me viram nua

> on-line... Você pode até pensar que é engraçado, mas às vezes não quero sair da minha casa e ir ao shopping com minha família porque tenho medo que alguém vai chegar em mim enquanto estou com minha mãe e mencionar isso. Minhas irmãs... têm vergonha de ser minhas parentes e querem mentir para os amigos sobre serem minhas irmãs. Eu sou uma vergonha para minha família... Minha autoestima pulou da janela e fico preocupada pensando que nunca vou recuperá-la. Isso me mantém, todo dia, a um passo de distância da felicidade. Eu não sei mais o que fazer.[3]

A circulação de material sexualmente explícito fez com que 34 estados promulgassem leis contra "pornô de vingança", ou leis que tratam de pornografia não consensual (NCP), definida pela Iniciativa pelos Direitos Civis Cibernéticos como a distribuição de imagens sexualmente explícitas de indivíduos sem seu consentimento.[4] As leis atualmente tipificam a prática de contravenção a crime de menor potencial ofensivo, dependendo da natureza da ofensa. Em 4 de dezembro de 2015, o *Los Angeles Times* reportou a primeira condenação sob a lei de "pornô de vingança" da Califórnia. Noe Iniguez postou no Facebook uma foto topless da ex-namorada, junto com uma série de xingamentos que incluíam encorajamento para que seu empregador a demitisse.[5] Em dezembro de

2015, Hunter Moore, do IsAnyoneUp.com, foi sentenciado a dois anos e meio de prisão depois de se declarar culpado por "uma ocorrência de acesso não autorizado em um computador protegido para obter informações com o propósito de adquirir ganhos financeiros próprios e uma ocorrência de furto de identidade qualificado", de acordo com o *Washington Post*.[6] Quais as implicações de o passado de alguém estar para sempre determinando o futuro dessa pessoa, porque a internet nunca se esquece?

SOBRE O DIREITO AO ESQUECIMENTO

Esses casos nos Estados Unidos são típicos, mas houve ainda outras situações em que pessoas foram instigadas a buscar por maiores proteções on-line. Em 2014, a Corte de Justiça Europeia decidiu, no caso Google Espanha contra AEPD e Mario Costeja González,[7] que as pessoas têm o direito de requisitar que links para informação sobre elas sejam retirados de mecanismos de busca, particularmente se essa informação na internet possa causar dano pessoal. A decisão legal crucial não veio sem substantivo esforço prévio para garantir "o direito de deletar", "o direito de esquecer ou ser esquecido", "o direito ao oblívio", ou "o direito ao apagamento", todos os quais foram detalhados de forma a melhor distinguir os direitos que cidadãos europeus têm de controlar informação disponível sobre si mesmos na rede.[8] Em 2009, o governo francês assinou a "Carta de boas práticas quanto ao direito de ser esquecido em redes sociais e mecanismos de busca"[9] que se figura como um importante marco do controle pessoal sobre a informação na rede.[10] Desde então, ocorreu considerável debate e reação do Google, destacando as tensões entre o controle corporativo sobre informação pessoal e o interesse público nos tipos de registros que o Google mantém.

No centro dos pedidos por maior transparência quanto aos tipos de informação para os quais as pessoas estão requisitando remoção da internet há uma disputa de poder, direitos e noções sobre o que constitui liberdade, bem social e direitos humanos à privacidade e o direito a um futuro que não seja tolhido pelo passado. As decisões contra o Google apoiando a lei do "direito a ser esquecido" atualmente afetam apenas a União Europeia. Essas proteções legais ainda não estão disponíveis nos Estados Unidos, onde investidas maiores por privacidade de informações pessoais prosperam e comunidades e indivíduos vulneráveis têm menos probabilidade de encontrar recursos que os ajudem quando existe informação problemática ou danosa indexada em um mecanismo de busca comercial. Porém, o Google ainda está indexando e arquivando links sobre pessoas e grupos na União Europeia em seus endereços fora da Europa, como o google.com, o que cria novos desafios para a noção de fronteiras nacionais na rede e como leis nacionais se estendem para informação que está digitalmente disponível além dos limites nacionais. Essas leis, contudo, geralmente ignoram o registro de dados que o Google faz com relação a indivíduos e organizações e que são arquivados e compartilhados com terceiros, além da face pública dos resultados de pesquisa do Google.

Não estou falando somente dos efeitos danosos dos resultados de pesquisa para grupos de pessoas. Também me preocupo com a lógica e o dano causado por nossa dependência de grandes corporações para o fornecimento de informações, informações que em última instância nos levam a algum lugar, com frequência a pontos inesperados e aos quais não pretendíamos chegar. No caso dos resultados na internet, isso significa comunicar informação errônea, falsa, ou simplesmente particular, que alguém poderia não querer que fosse percebida como sua "ficha oficial" no Google, sendo que os efeitos de tal informação podem ser devastadores. Um aspecto dificultoso ao confrontar representações on-line de grupo *versus* as individuais é que não há proteções ou bases para ação judicial para grupos sob nosso atual regime jurídico. Registros públicos, nos quais resultados da internet podem ser incluídos, sejam organizados pelo estado ou vis-à-vis corporações, operam a serviço de um bem público privatizado. O Google e outros grandes monopólios no setor de informação e tecnologia de comunicações têm uma responsabilidade com as comunidades, tanto quanto têm com os indivíduos. Atualmente, existem legislações-chave que litigam os registros de informação que o Google fornece sobre indivíduos, muitas das quais estão sendo discutidas através de reformas legislativas como as políticas de "direito ao esquecimento" na União Europeia,[11] e novas leis nos Estados Unidos estão emergindo para tratar do "pornô de vingança". Essas tensões precisam ser tomadas por comunidades e grupos, particularmente minorias raciais marginalizadas nos Estados Unidos e além, cujas vivências coletivas, direitos e representações não são suficientemente protegidos on-line. Resultados de pesquisas são registros, e registros de atividades humanas são uma questão de grande contestação; são um campo de batalha para as questões de identidade, controle e os limites da aquisição legítima de conhecimento. Registros, na forma de páginas da internet, e sua visibilidade são poder. Em última instância, tanto indivíduos quanto comunidades não são suficientemente protegidos pelos produtos do Google e precisam da atenção de legisladores nos Estados Unidos.

Em um momento em que o financiamento de bens públicos como universidades, escolas, bibliotecas, arquivos e outras instituições preservadoras de memórias importantes está em declínio nos Estados Unidos, companhias privadas estão fornecendo produtos, serviços e financiamento em seu lugar. Com essa substituição veem um maior controle sobre informação, o que tem profundas consequências para aqueles que são sistematicamente oprimidos, como apontado pelos muitos estudiosos que mencionei neste livro.

Há também consequências incríveis para jovens procurando informação e ideias e que não têm a oportunidade de interagir com professores, bibliotecários e especialistas em uma ampla gama de perspectivas por conta de barreiras estruturais como os altos custos de mensalidades de faculdade e o enorme fardo de ter uma dívida estudantil. Se empresas de publicidade como o Google são a fonte primária para informação sobre povos, culturas, ideias e indivíduos, então esses espaços precisam dos tipos de proteção e atenção que operam a serviço do público.

No contexto de procurar por identidades racializadas e gendrificadas no mecanismo de busca do Google, o direito de controlar qual informação ou registros podem existir e persistir é importante. É ainda mais crítico porque os registros são apresentados em uma ordem de ranqueamento, e pesquisas mostram que o público nos Estados Unidos acredita que os resultados de pesquisas têm credibilidade e são confiáveis.[12] Como já apontado nos capítulos anteriores, o Google exerce considerável controle narrativo e hegemônico sobre identidade nos âmbitos de grupo, e tem também considerável controle sobre identidade pessoal e o que pode circular perpetuamente ou ser esquecido, através de retiradas ou desenlistamento de informação ruim. Buscas por palavras-chave sobre grupos minorizados, marginalizados e oprimidos podem resultar em todo tipo de informação que pode ou não ter credibilidade ou ser verdadeira, mas elas emergem em uma cultura mais ampla onde já existe um viés implícito contra grupos minoritários. O direito a ser esquecido é um mecanismo incrivelmente importante para se pensar se ocorrências de má representação podem ser impedidas ou cessadas. Nossos piores momentos também estão à venda, como no caso de fotos policiais de reconhecimento de indiciados tiradas no momento da prisão que servem como recheio de plataformas on-line que exploram imagens de pessoas presas em flagrante. Essa é uma prática que impacta desproporcionalmente pessoas não brancas, particularmente afro-americanas, que são presas em excesso nos Estados Unidos por crimes pelos quais elas podem não ser condenadas em audiência. Novas páginas como a Mugshots.com e UnpublishArrest.com são serviços que prometem, por uma taxa de 399 dólares (uma prisão) até 1.799 (para cinco prisões), remover fotos de indiciamento dos bancos de dados da Mugshots.com, tornando-as inacessíveis para todos os principais mecanismos de busca. UnpublishArrest.com destaca que "Como cortesia, quando uma despublicação permanente é escolhida e a informação é despublicada da base de dados da Mugshots.com, requisições serão enviadas ao Google para que os links inativos (links mortos) e as fotos de indiciamento associadas à prisão(ões) e ao site Mugshots.com sejam removidos dos resultados de busca do Google. Os resultados do Google são controlados pelo Google e, portanto, solicitações cortesia feitas ao Google não têm garantia nem são parte do serviço opcional pago que oferecemos. O tempo normal para uma remoção ser feita pelo Google varia de 7 a 10 dias, podendo demorar de 4 a 6 semanas".[13] Defensores dessa prática, incluindo legisladores e organizações de interesse público, argumentam que esta é uma questão de segurança pública e que o povo tem o direito de saber quem são os criminosos em potencial em suas comunidades. Oponentes da prática alegam que essa é uma questão de privacidade e um debate que inflama o público, particularmente pessoas que acabam sendo absolvidas, mas que parecem ser culpadas dada a natureza provocativa da apresentação em público dessas fotos.

Pesquisas demonstram o quanto a falta de controle sobre identidade é prejudicial. O trabalho de 2012 de Latanya Sweeney, professora de governo e tecnologia na Universidade de Harvard e diretora do Laboratório de Privacidade de Dados no Instituto de Ciência Social Quantitativa de Harvard, demonstrou que as buscas no Google por nomes que soavam afro-americanos têm mais chances de apresentar publicidade de serviços de verificação de antecedentes criminais do que nomes que soavam brancos.[14] Vez por vez, a pesquisa mostra como o viés racial é perpetuado nos portais de informação comercial nos quais o público confia todo dia, toda hora. Ainda assim, como apontei em capítulos anteriores, a priorização e a circulação de informação depreciativa e que representa mal povos que são oprimidos e vilanizados no corpo político mais amplo da nação, como é o caso dos afro-americanos, americanos nativos, latinos e outros povos não brancos, são uma fonte incrível de lucro para plataformas de mídia, incluindo o Google. Precisamos pensar sobre desenlistamento e até mesmo despriorização de tipos específicos de registros de representações. Como conciliamos o fato de que comunidades culturais e étnicas tenham pouco ou nenhum controle sobre serem indexadas de formas que não desejam? Como um grupo encontra solução para as formas como o público interage com o Google como se ele fosse o árbitro da verdade?

A prática de registrar a atividade humana não é uma novidade. Na era digital, os registros das interações humanas digitais são uma questão de registro permanente, quer as pessoas saibam ou não. A criação de memórias e o esquecimento através de nossos rastros digitais não são uma escolha, uma vez que informação e o processo de registrar atividades humanas através de software, hardware e infraestrutura digital são componentes vitais e necessários do design e do método de arrecadação de lucros de tais atividades. Os estudiosos da informação Jean-François Blanchette e Deborah Johnson sugerem que a tremenda captura e arquivamento de dados, sem planos para o descarte de dados, solapa nossa capacidade de "esquecimento social", um necessário novo início ou "recomeço", que deveria ser garantido para as pessoas no caso de seus registros pessoais da própria privacidade. Eles argumentam que muitas políticas públicas e foco da mídia voltam-se para o acesso e o controle que corporações têm sobre nossas informações pessoais, mas menos atenção foi dada para a retenção de dados sobre cada um de nossos passos digitais.[15] As revelações de Edward Snowden, em 2014, fizeram com que alguns membros do público tomassem ciência de que governos, através de corporações multinacionais como a Verizon e o Google, estavam não apenas coletando mas também guardando dados pessoais sobre atividade digital de milhões de pessoas por todo o mundo. A ameaça à democracia e aos direitos individuais de privacidade através do registro de informações relativas a indivíduos deve ser levada em conta, particularmente dentro de um contexto de opressão racializada persistente. Eu trago à atenção trabalhos antecessores sobre por que devemos nos preocupar com a retenção de dados no mundo digital e os meios pelos quais os processos anteriores de guarda de informação baseados em papel enfrentavam limites de espaço e capacidade de arquivamento. Esses limites de espaço e trabalho humano em matéria de organização e preservação pressupunham um tipo de controle, ou "esquecimento institucional",[16] que estava situado na própria mídia de arquivamento, em vez de relativa a limites definidos por políticas internas sobre a guarda de informação por longos períodos. Oscar Gandy Jr. caracteriza com aptidão por que o esquecimento deveria ser um direito considerado importante e protegido:

> O direito de ser esquecido, de se tornar anônimo e começar de novo livremente através da destruição de quase toda informação pessoal, é tão intrigante quanto extremo. Deveria ser possível buscar e desenvolver relações sociais nas quais identificação não é exigida e nas quais registros não são gerados. Por diversas razões, pessoas

deixaram casas, mudaram de identidades e começaram suas vidas de novo. Se o propósito não é fraudulento, não é uma tentativa de escapar de dívidas e responsabilidades legítimas, então a formação de novas identidades é perfeitamente consistente com as noções de autonomia que discuti.[17]

Esses direitos à anonimidade incluem nossos direitos de nos tornarmos quem queremos ser, com um senso de futuro, em vez de nos vermos trancafiados pelos rastros e efeitos totalizantes de uma história pessoal que dita, através de registros, uma determinação de verdade sobre quem nós somos e potencialmente podemos ser. O registro, dessa forma, tem um papel ontológico significativo no processo de autorreconhecimento ao existir, ou não, em um corpo de informações arquivado.[18] No caso do Google, embora não seja um arquivo com intuito específico organizado no interesse de uma questão em particular, ele funciona como um dos mais poderosos e ubíquos guardiões de registros de interações digitais. Ele registra nossas buscas ou perguntas, nossas curiosidades e pensamentos.

O registro, portanto, no contexto do Google nunca acaba. Seus centros de bancos de dados, como pôde ser visto em um vídeo do YouTube recente produzido pelo próprio Google,[19] mantêm cópias de nossa informação pessoal em pelo menos dois servidores, com "dados mais importantes" guardados em fitas digitais. O vídeo não explica quais dados são considerados mais importantes, nem explicita por quanto tempo esses dados são armazenados nos servidores do Google. De muitas formas, as explicações do Google sobre como gerencia o armazenamento de dados dialoga e alivia preocupações quanto a transações da Internet 2.0, como proteções de cartões de crédito ou informações de segurança (cadastros de pessoas físicas, senhas) transmitidas através da internet e que podem ser usadas em negociações financeiras ou altamente privativas on-line.

O Google diz:

> Nós protegemos seus dados.
>
> Em vez de armazenar os dados de cada usuário em uma única máquina ou conjunto de máquinas, nós distribuímos todos os dados — incluindo os nossos próprios — em vários computadores em locais diferentes. Então dividimos e replicamos os dados em múltiplos sistemas, para evitar a ocorrência de uma falha localizada em um ponto único. Nomeamos esses pedaços de dados aleatoriamente como uma medida extra de segurança, tornando-os ilegíveis para o olho humano.
>
> Enquanto você trabalha, nossos servidores automaticamente salvam os seus dados mais críticos. Assim, quando acidentes acontecem — se seu computador

sofre uma pane ou é roubado —, você pode voltar à ativa em questão de segundos.

Por fim, rastreamos rigorosamente a localização e o status de cada hard drive em nossos centros de dados. Nós destruímos hard drives que chegaram ao fim de suas vidas em um processo minucioso, de vários passos, para impedir acesso aos dados.

Nossa equipe de segurança está a postos 24 horas, 7 dias por semana.

Nossa Equipe de Segurança de Informação trabalha em tempo integral para manter os sistemas de defesa perimetral da empresa, desenvolver processos de revisão da segurança e construir nossa infraestrutura de segurança customizada. Ela também tem um papel-chave em desenvolver e implementar as políticas e práticas de segurança do Google.

Nos centros de dados, nós temos controle de acesso, guardas, câmeras de vigilância e cercas por todo o perímetro para proteger fisicamente os locais a todo momento.[20]

A linguagem da privacidade e da segurança, como articulada pela declaração do Google sobre proteção de dados, não trata do que acontece quando você quer seus dados deletados ou esquecidos. Na verdade, o Google sugere que, quando você deleta um dado de um aplicativo, ele é apagado dos servidores do Google:

> Dados deletados
>
> Depois que um usuário de um aplicativo do Google ou um administrador de aplicativo do Google deleta uma mensagem, conta, usuário ou domínio, e confirma a deleção daquele item (por exemplo, limpando a Lixeira), o dado em questão é removido e não é mais acessível a partir da interface do usuário de aplicativo do Google.
>
> O dado é então deletado dos servidores ativos do Google e dos servidores replicantes. Indicadores que levam aos dados nos servidores ativos e replicantes do Google são removidos. Com o tempo, os espaços onde os dados desreferenciados ficavam serão sobrescritos com os dados de outros clientes.[21]

Mas essas explicações não tratam da miríade de formas pelas quais registros são criados e entram em circulação através de produtos do Google, e de como perdemos o controle da informação sobre nós mesmos. Recentemente, Darlene Storm escreveu um artigo para a revista *ComputerWorld* citando pesquisadores que compraram vinte celulares à venda na Craigslist e no eBay, apenas para encontrar milhares de fotos, e-mails e mensagens de texto — incluindo mensagens enviadas pelo Facebook e depois deletadas — após realizarem restaurações aos padrões de fábrica nos dados.[22] As violações mais graves de segurança pessoal aconteceram em smartphones Android, após usarem o software do Google para supostamente apagar tudo. Informações pessoais registradas no nível do aparelho e de infraestrutura não são esquecidas e podem entrar em circulação com facilidade.

As maneiras pelas quais nossas atividades humanas são registradas e armazenadas são muitas, e o valor do esquecimento social não é apenas bom para indivíduos, mas também para a sociedade. Devemos retratá-lo como um bem público ou social:

> Um mundo onde não há esquecimento — um mundo onde tudo o que uma pessoa faz é registrado e nunca esquecido — não é um mundo que conduz ao desenvolvimento de cidadãos democráticos. É um mundo onde se faz necessário hesitar antes de cada ato, pois cada ato possui permanência, pode ser relembrado e voltar para assombrar, por assim dizer. Obviamente, o oposto também é verdade: um mundo onde indivíduos não são responsabilizados com consequências por suas ações não produzirá o senso de responsabilidade que é igualmente necessário para

uma sociedade democrática. Assim, atingir o nível apropriado de esquecimento social é um ato de equilibrismo complexo, a tensão sempre dividida entre a necessidade de responsabilização e a necessidade de garantir "novos começos".[23]

A posição do Google quanto ao esquecimento contrasta fortemente com conceitos prévios sobre memória e esquecimento, como Napoleon Xanthoulis, da Escola de Direito Dickson Poon do Colégio do Rei de Londres, articulou em seu importante artigo teorizando os direitos de indivíduos de controlar a própria privacidade de dados como uma questão fundamental de direitos humanos: um "direito ao cyberesquecimento". Ele aponta que o gestor-chefe de privacidade do Google, Peter Fleisher, argumentou contra o cyberesquecimento, ou apagamento de registros, comparando a "uma tentativa de dar às pessoas o direito de apagar imundície digital, ou deletar o material embaraçoso".[24] De fato, a posição do Google tem sido que registrar tudo o que fazemos é uma questão de realizar um registro cultural da humanidade, "ainda que seja doloroso".[25] Tanto Xanthoulis quanto Blanchette e Johnson argumentam que é importante que maus agentes, violadores da confiança pública e autoridades públicas mal-intencionadas não devem necessariamente ter permissão para apagar seus feitos dos registros digitais. Esta tem sido a inclinação geral do Google com relação ao apagamento de informação de seus registros. No entanto, o Google começou a responder a pressões para mudar seus algoritmos. Em 10 de agosto de 2012, o Google anunciou em seu blog que iria empurrar páginas que fossem alvo de reclamações válidas sobre infrações de copyright para baixo em seus ranqueamentos de links.[26] O Google sugeriu que isso ajudaria usuários a achar conteúdo com mais credibilidade e legitimidade na internet. Essa decisão foi recebida com muito louvor por parte das poderosas empresas de mídia — muitas das quais são clientes anunciantes do Google. Essas companhias querem garantir que seu material oficial seja priorizado e que obras pirateadas não tenham proeminência nos resultados de pesquisa do Google.

Há várias questões problemáticas com que temos que lidar quando cada uma de nossas ações registradas digitalmente é guardada permanentemente ou por tempo suficiente para causar um impacto duradouro em nossas vidas pessoais. Privacidade e a propriedade de identidades são construídas dentro dos confins de espaços comerciais da internet como o Google, e o Google controla os registros. Assuntos e públicos são documentados através dos algoritmos do Google, e as apresentações de resultados de pesquisa são decididamente guiadas por oportunismo e lucratividade. Um foco tremendo da legislação sobre o "direito ao esquecimento" recai no controle de registros que são publicamente visíveis na rede (por exemplo, páginas da internet, imagens, arquivos de áudio etc.), mas é necessário dar mais atenção à informação que é recolhida e arquivada pelo Google e que não é visível ao público. Esses registros são retratados pelo Google como necessários para o seu desenvolvimento de produtos e melhoria das experiências dos consumidores (como se vê na política de privacidade do Google). Contudo, a gênese do arquivamento de registros feito pelo Google está em fornecer informações compartilhadas por sua rede de serviços para seus clientes, que incluem agências de segurança baseadas nos Estados Unidos, assim como parceiros comerciais do Google. Deve-se dar maior atenção tanto às formas visíveis quanto às invisíveis pelas quais essa informação identitária e registros de atividades podem ser arquivados pelas infraestruturas da internet, alicerçada pelo monopólio do Google na área de serviços de informação nos Estados Unidos. Inevitavelmente, as diferenças de poder entre os mantenedores de registros, neste caso uma companhia privada como o Google, e aqueles que são registrados são insuperáveis. O poder do Google se sustenta apenas por conta de seu serviço em nome do governo dos Estados Unidos, que terceirizou para a companhia sua prática de coleta de dados e invasões de privacidade inconstitucionais.[27]

O objetivo de alavancar esses debates é reconhecer e dar nome às estratégias neoliberais de comunicação usadas pelo Google para contornar ou abafar discussões sobre sua prática de armazenamento de registros públicos através de vigilância, particularmente em suas políticas de privacidade e nas respostas às tentativas de implementação de políticas públicas voltadas ao "direito de esquecimento". O controle e a forma como o Google contorna questões de privacidade e de direito de esquecimento intensificam o dano causado às populações vulneráveis. Como argumentei previamente, o Google é, em certo momento, implicado em priorizar más representações predatórias de grupos de pessoas, como no caso de privilegiar algoritmicamente informação sexualizada sobre mulheres e meninas, por ser mais lucrativo. Em outro momento, a empresa está fornecendo nossos registros para terceiros. Embora o Google tenha argumentado consistentemente que leis garantindo o "direito ao esquecimento" modificam injustamente a prática de registro da atividade humana real e o que a empresa acredita que o público tem o direito de saber, recentes vazamentos de pedidos de retirada de material da rede foram reportados pela mídia britânica, demonstrando que os pedidos de retirada são de natureza muito mais pessoal e relevante para pessoas comuns do que figuras públicas tentando fugir à responsabilidade, suprimindo informações de interesse público.

Em 14 de julho de 2015, o *Guardian* reportou que "menos de 5% dos 220 mil pedidos individuais feitos ao Google para seletivamente remover links para informação on-line envolvem criminosos, políticos ou figuras públicas altamente reconhecíveis... mais de 95% dos pedidos se originam de membros comuns da população".[28] O que torna essa nova revelação uma informação crítica é que anteriormente as declarações do Google sobre os pedidos de "direito ao esquecimento" exageravam ou escondiam sua real natureza, porque o desenlistamento de informação de seus registros não tem sido um processo transparente, apesar do clamor por informações sobre a natureza dos pedidos que veio de mais de oitenta estudiosos que firmaram uma carta redigida por Ellen P. Goodman, professora de direito da Universidade de Rutgers, e Julia Powles, pesquisadora da Faculdade de Direito da Universidade de Cambridge.[29] Em uma carta aberta para o Google, as estudiosas não apenas argumentam que o público tem o direito de ter informações sobre si retiradas do mecanismo de busca e de todos os outros mecanismos sujeitos a decisões sobre proteção de dados, mas também declaram:

> O Google e outros mecanismos de busca foram colocados na posição de tomar decisões sobre o equilíbrio adequado entre direito à privacidade e ao acesso à informação. A vasta maioria dessas decisões não passa pelo escrutínio público, embora molde o discurso público. Mais ainda, os valores que operam nesse processo vão, e deveriam, informar políticas

públicas sobre uso de informação por todo o mundo. Um debate livre de fatos sobre o DASE (direito a ser esquecido) não é do interesse de ninguém.[30]

Contestar a presença de conteúdo na rede sob os auspícios do direito ao esquecimento deve ir além da retirada de informação pessoal e do apagamento da memória de atos passados registrados na internet. O direito ao esquecimento deve incluir o reconhecimento de todas as formas de registro que o Google está armazenando e compartilhando com terceiros, tanto visíveis quanto invisíveis ao público.

A discussão sobre o direito ao esquecimento tem permanecido na maior parte dentro do arcabouço da contestação do controle neoliberal e seu entrincheiramento na vida pública e social, organizada em torno de noções instáveis do que constitui a esfera pública. Na carta dos acadêmicos, o pedido por transparência sobre os pedidos de desenlistamento aponta para as formas como as ideologias de transparência privilegiam um processo de coleta de evidências baseado em fatos e informação, para tomar decisões claras e cuidadosamente pensadas dentro do contexto de como a privacidade deveria operar com relação aos registros do Google. As questões sobre quem controla os registros de nossa vida social e como eles podem ser esquecidos precisam vir à frente do palco nos Estados Unidos. Elas estão explicitamente ligadas a quem pode ser dono de traços definidores de identidade e de como pode retomá-los tanto no âmbito individual quanto comunitário.

Bibliotecários e profissionais da informação estão particularmente implicados nesses projetos. Em 2016, a bibliotecária Tara Robertson escreveu em seu blog uma postagem importante para a profissão, expondo por que toda informação não deveria ser digitalizada e tornada disponível pela internet aberta. O ponto de Robertson é que pessoas compartilhavam material, pensamentos e comunicações umas com as outras em comunidades fechadas, como é o caso da digitalização de *On Our Backs*, uma publicação pornográfica lésbica que teve uma tiragem limitada e circulou de 1984 a 2004, antes da popularização e comercialização do conteúdo da internet que vemos hoje. As pessoas que participaram da publicação o fizeram antes de haver uma internet, e antes da digitalização tornar o material público.[31] Robertson levanta questões éticas importantes, assim como outros pesquisadores, sobre o que deveria ser digitalizado e colocado na internet aberta, e o que pertence a comunidades que compartilham certos valores, para ser compartilhado dentro dessa comunidade:

> Ao conversar com pornógrafas queer, descobri que algumas de suas ex-modelos hoje são professoras de ensino básico, membras do clero, acadêmicas, cuidadoras de crianças, advogadas, mecâ-

nicas, profissionais de saúde, motoristas de ônibus e bibliotecárias. Nós vivemos e trabalhamos em uma sociedade que é homofóbica e sexualmente repressora. Bibliotecários têm uma obrigação ética de realizar a zeladoria deste conteúdo com cuidado tanto pelo objeto quanto pelas pessoas envolvidas em produzi-lo.[32]

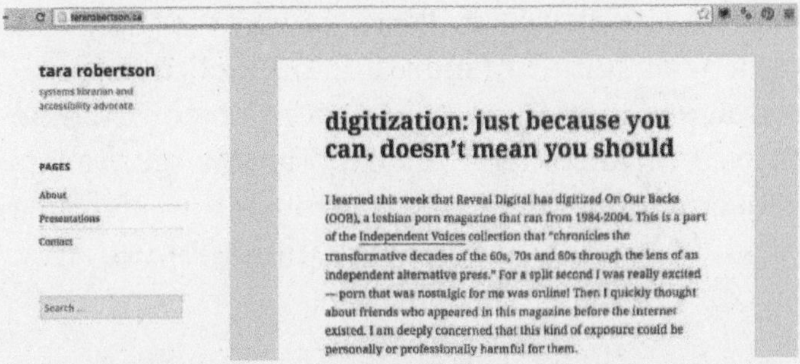

Figura 4.1 Um apelo para que bibliotecários não digitalizem informação sensível que foi produzida com a intenção de ser privada, por Tara Robertson. (NT: O título da postagem diz: "Digitalização: Apenas Porque Você Pode, Isso Não Quer Dizer Que Você Deve".)

On Our Backs tem um papel histórico importante. Considerada a primeira revista erótica lésbica comandada por mulheres, seu nome era uma brincadeira despudorada com o nome de um jornal da segunda onda feminista, frequentemente antipornografia, chamado *Off Our Backs* (NT: *Off Our Backs* pode ser traduzido livremente como "Saiam de Cima". *On Our Backs,* portanto, seria "Fiquem Por Cima"). *On Our Backs* pertencia à margem de lésbicas sexo-positivas que com frequência eram empurradas para fora das vertentes mais majoritárias dos movimentos feminista e de libertação gay das décadas de 1970 a 1990. O que Robertson traz são as considerações éticas que surgem quando participantes de comunidades marginalizadas são incapazes de participar do processo de tomada de decisão sobre a circulação dos conteúdos que criaram para uma audiência muito maior e de fora do meio. Estes são os tipos de questões que profissionais da informação encaram, da digitalização de conhecimento indígena de todos os cantos da Terra que não foi pensado para o consumo em massa do público, até representações individuais que fogem ao controle do sujeito representado. Não podemos ignorar as consequências de longo prazo do que significa ter cada coisa sujeita ao escrutínio público, fora de contexto, fora de controle.

Em última instância, o que peço é uma maior regulação que seja sustentada por pesquisas que demonstrem os efeitos danosos que algoritmos de aprendizagem profunda de máquinas, ou inteligência artificial, podem ter na sociedade. Para ser justa, não é uma preocupação apenas com o Google. Estas são questões complexas que se espalham por uma hoste de instituições e companhias. Dos efeitos atrozes manifestados a partir da busca de Dylann Roof por conceitos falsos sobre afro-americanos que podem ter influenciado seus esforços para dar ignição a uma guerra racial, às formas pelas quais podem existir on-line informações sobre pessoas e comunidades quase impossíveis de se corrigir, até a situação de identidades pertencerem a quem pagar mais — políticas públicas precisam lidar com os muitos e crescentes problemas apresentados por mecanismos de busca comerciais operando sem regulamentação. Além de políticas públicas, podemos reconceituar o design de índices na rede que possam ser gerenciados por bibliotecários e instituições e profissionais da informação de forma a alterar radicalmente nossa habilidade de contextualizar informação. Isso poderia levar a uma transparência significativamente maior, em vez de continuar o projeto capitalista neoliberal de tornar buscas comerciais um processo opaco.

CINCO

O Futuro do Conhecimento Público

Protestos estudantis em campi universitários levaram a apelos por maior apoio à estudantes não brancos, mas um pedido em particular se tornou uma questão de política nacional que ameaçou o orçamento da Biblioteca do Congresso no verão de 2016. Em fevereiro de 2014, uma coalizão de estudantes da Faculdade de Dartmouth propôs "O Plano para Orçamento Livre de Dartmouth: Items para Justiça Transformativa em Dratmouth" (o "Plano da Liberdade"),[1] que incluía um item específico para "banir o uso de 'estrangeiro ilegal', 'imigrantes ilegais', 'costa-suada', e qualquer termo racialmente carregado em materiais programáticos sancionados e locais em Dartmouth". O plano também demandava que "o sistema de busca por catálogo da biblioteca deve usar o termo 'sem documentação' em vez de 'ilegal' ao se referir a imigrantes". Lisa Peet, em uma reportagem para a revista *Library Journal*, apontou:

> A substituição de cabeçalhos de assuntos foi a culminação de um processo

orgânico de dois anos que começou quando Melissa Padilla, da turma que se formou em 2016, reparou pela primeira vez no que ela sentiu que eram termos inapropriados enquanto pesquisava na Biblioteca Baker-Berry de Dartmouth para realizar um artigo sobre estudantes sem documentação, em 2013. Enquanto trabalhava com a bibliotecária de instrução e pesquisa Jill Baron, Padilla percebeu, como disse ao *LJ* (*Library Journal*), que quase toda matéria jornalística ou livro que ela olhava estava categorizado debaixo do cabeçalho "estrangeiros ilegais".[2]

Os bibliotecários da Faculdade de Dartmouth se engajaram fortemente em peticionar à Biblioteca do Congresso. De acordo com Peet, "Baron, DeSantis e a bibliotecária de instrução e pesquisa Amy Witzel propuseram aos estudantes que reunissem documentação para provar que 'estrangeiros ilegais' não era o termo preferível, e encontrar evidências de termos melhores — como 'imigrante sem documentação', que foi a sugestão inicial para substituição — era de uso comum. Neste ponto, organizações de mídia como a Associated Press, *USA Today*, o canal de TV ABC e os jornais *Chicago Tribune* e *LA Times* já tinham se comprometido em não usar o termo 'ilegal' para descrever um indíviduo".[3] Embora não tenham sido bem-sucedidos em 2015, o caso dos bibliotecários levado à Biblioteca do Congresso tinha ganhado força, e a bibliotecária e professora Tina Gross, da Universidade Estadual de St. Cloud, começou a organizar assembleias e comitês na Associação Americana de Bibliotecas, incluindo o comitê de análise de assuntos descritivos, mesas-redondas sobre responsabilidade social, e a REFORMA, organização que advoga pelo oferecimento de serviços de biblioteca para latinos e falantes de espanhol. Seguiram-se campanhas nas redes sociais, organizadas debaixo das hashtags do Twitter #AbandonemAPalavra e #NenhumHumanoéIlegal.[4] Em 29 de março de 2016, as organizações Coalizão Para Reforma Imigratória e Igualdade (CoFired) e DREAMers, lideradas por estudantes da Faculdade de Dartmouth, anunciaram em um comunicado à imprensa que depois de dois anos de luta, em parceria com os bibliotecários do campus e a Associação Americana de Bibliotecas, "a Biblioteca do Congresso irá substituir o termo 'estrangeiros ilegais' por 'não cidadãos' e 'imigrantes não autorizados' em seus cabeçalhos descritivos de assunto".[5]

O "ESTRANGEIRO ILEGAL" REVISTO

A luta pela reclassificação de imigrantes sem documentação foi parte de uma longa história de nomear membros da sociedade como se fossem elementos problemáticos. De várias formas, esse esforço para eliminar o termo "estrangeiro ilegal" foi semelhante ao que ocorreu na época em que os judeus eram classificados pela Biblioteca do Congresso como "questão judaica", sendo mais tarde reclassificados, em 1984, como "judeus", ou como quando asiático-americanos chegaram a ser classificados como "perigo amarelo".[6] Controle sobre identidade é um ato político e, com frequência, uma questão de política pública. Quase no momento em que a mudança foi aprovada, deputados republicanos introduziram na Câmara a Resolução 4926, de 13 de abril de 2016, também conhecida como "Ato de Contenção de Políticas Partidárias na Biblioteca do Congresso", proposto pela deputada republicana Diane Black (Tennessee). Em essência, o projeto de lei ameaçava o orçamento da Biblioteca e Black sugeriu que o esforço para mudar os cabeçalhos de assuntos da Biblioteca do Congresso era uma questão de "ceder aos caprichos dos interesses particulares da esquerda e tentar mascarar a grave ameaça que a imigração ilegal representa para nossa economia, nossa segurança nacional e nossa soberania".[7]

A batalha sobre como pessoas são conceituadas e representadas continua e se estende para além dos limites de instituições como a Biblioteca do Congresso ou corporações como a Alphabet, que é proprietária e gerencia o Google Search. Jonathan Furner, um professor de estudos da informação da UCLA, sugere que instituições e sistemas de informação, que argumento irem de organizações financiadas pelo governo como a Biblioteca do Congresso até a internet, estão participando de uma "legitimação da ideologia de grupos dominantes", em prejuízo das pessoas não brancas.[8] Seu estudo de caso sobre o sistema de classificação decimal de Dewey (DDC), por exemplo, sublinha a conceitualização problemática de raça e cultura e os esforços para "desracializar" as bibliotecas e os esquemas de classificação.[9] Furner oferece várias estratégias para se pensar em como lidar com essas questões, usando teoria racial crítica como o modelo-guia teórico e metodológico. Eu creio que essas estratégias são de grande valor para se pensar sobre as questões de estudos da informação em jogo nesta pesquisa:

— Admissão por parte dos planejadores de que vieses em sistemas de classificação existem, e de fato são um resultado inevitável das formas pelas quais eles são estruturados;

— Reconhecimento de que aderir a uma política de neutralidade pouco contribuirá para a erradicação desses vieses e de fato pode apenas alongar suas existências;

— (e) Construção, coleta e análise de expressões narrativas dos sentimentos, pensamentos e crenças de usuários de esquemas classificatórios que se identificam com populações específicas racialmente definidas.[10]

Embora o processo de indexação da rede não seja o mesmo que sistemas de classificação como o DDC, a aplicação do modelo teórico ainda é válida para se pensar sobre a conceitualização de algoritmos e modelos de indexação que podem intervir ativamente na normatividade-padrão racista e sexista dos recursos de informação.

PROBLEMAS AO CLASSIFICAR PESSOAS

A ideia da classificação como um construto social não é novidade. A. C. Foskett sugere que classificacionistas são um produto de seu tempo.[11] No trabalho de Nicholas Hudson da Universidade da Colúmbia Britânica sobre as origens da classificação racial no século XVIII, ele propõe que, durante o Iluminismo, europeus começaram a construir "comunidades imaginadas", para citar o termo de Benedict Anderson.[12] Ele diz que "Essa imagem mental de uma comunidade de indivíduos de pensamento semelhante, compartilhando uma 'vontade geral' ou 'alma' nacional comum, se tornou possível graças à expansão da cultura impressa, que estabilizou línguas nacionais e deu amplo acesso a uma tradição literária comum".[13] Sistemas de classificação, portanto, são parte de uma abordagem científica para o entendimento de pessoas e sociedades, e carregam os vieses de autoridade daqueles que são capazes de propagar tais sistemas. A invenção da cultura impressa acelerou a necessidade de esquemas de classificação informativos, que frequentemente estavam se desenvolvendo ao mesmo tempo que ocorria a popularização de trabalhos científicos e acadêmicos.[14] Rastros de trabalhos anteriores definindo as classificações científicas de povos nativos como "selvagens" e alegando a "superioridade racial" de europeus, baseando-se em noções prévias sobre povos e nações, começaram a emergir e serem sistematizados no século XVIII. Históricos extensos já foram escritos sobre como a classificação racial emergiu nos séculos XVIII e XIX na América do Norte como um paradigma de diferenciação que apoiava a exclusão de povos nativos e africanos da vida política e social. Ao chegar ao século XIX, os processos envolvidos no desenvolvimento da classificação racial distinguiam diferenças biológicas em vez de culturais e eram codificadas para negar legalmente direitos à propriedade e cidadania. Essas práticas históricas sustentavam a formação da classificação racial, que é tanto pressuposta quanto legitimada em sistemas de classificação. Sem um exame das forças históricas em jogo no desenvolvimento de tais sistemas, a replicação e codificação de pessoas de ascendência africana em direção às margens da sociedade ficam privadas de análise crítica. Esse processo pode ser presenciado em estruturas organizacionais de conhecimento que tanto privilegiam quanto subordinam através de hierarquias de informação tais quais catálogos e sistemas de classificação. O campo da biblioteconomia foi implicado na organização de povos e criticado por conta de práticas que perpetuam o poder e que privilegiam alguns setores da sociedade com prejuízo de outros. Os sistemas de organização tradicionais da ciência da informação e da biblioteconomia, como a catalogação e classificação de assuntos, são uma parte importante da compreensão do panorama de como as ciências da informação herdaram e perpetuam práticas enviesadas no design de sistemas atuais, especialmente na internet.

Não faltam oportunidades para que a interdisciplinaridade das ciências da informação e biblioteconomia se estenda mais profundamente em direção aos estudos de cultura e feministas, uma vez que esses campos das ciências sociais oferecem poderosos e importantes contextos sociais para informar sobre pessoas que podem ajudar a moldar como a informação é organizada e disponibilizada. Até a presente data, muita da atenção dada a organização, armazenamento e processos de coleta de informação foi influenciada, e mais importante, financiada, por demandas de pesquisas científicas originadas pela Segunda Guerra Mundial e pela Guerra Fria.[15] A adoção da teoria racial crítica como uma perspectiva nesse campo significaria um exame das crenças sobre neutralidade e objetividade de todo o campo das ciências da informação e biblioteconomia e um movimento em direção ao fim de classificações e práticas de gerenciamento de conhecimento racistas. Tal perspectiva seria uma grande contribuição, que teria impacto no desenvolvimento de novas abordagens para organizar e acessar conhecimento sobre grupos marginalizados.

Se o processo que guia o desenvolvimento de sistemas tecnológicos é a prioridade que se dá à aquisição eficiente e rápida de informações em registros, de bancos de dados a mecanismos de busca pela internet, então quais são os traços digitais singulares que definem e distinguem a informação sobre pessoas racializadas e mulheres nos Estados Unidos? O que tem primariamente feito falta no campo das ciências da informação, e em menor grau na biblioteconomia, são as questões de representatividade que mais frequentemente são pesquisadas nos campos dos estudos afro-americanos, estudos de gênero, comunicações, e, cada vez mais, nos estudos de mídias digitais. Organização de informação é uma questão de processos sociopolíticos e históricos que atendem interesses particulares.

UMA BREVE HISTÓRIA DA MÁ REPRESENTAÇÃO NA CLASSIFICAÇÃO DE PESSOAS

Para a compreender como representações raciais e de gênero presentes no Google Search expressam vieses tradicionais que existem em outros sistemas organizacionais, é necessária uma visão geral de como mulheres e pessoas não brancas têm sido historicamente representadas em ambientes onde ocorre categorização de informação. A questão das más representações de mulheres e pessoas não brancas em sistemas de classificação já recebeu significativa análise crítica.[16] Hope A. Olson, reitora associada e professora da Escola de Estudos da Informação da Universidade de Wisconsin, em Milwaukee, contribuiu com uma das mais importantes teorias sobre a construção social da classificação, que muitas de nós nesse ramo de estudos indicamos como leitura obrigatória para nossos estudantes como meio de fomentar maior consciência sobre o poder que bibliotecas, museus e profissionais da informação podem ter em mãos. Aqueles que detêm o poder para projetar sistemas — de classificação ou técnicos — detêm a capacidade de priorizar esquemas hierárquicos que privilegiam certos tipos de informação com prejuízo de outras. Um exemplo desses vieses inclui a catalogação de pessoas como assuntos nos Cabeçalhos de Assuntos da Biblioteca do Congresso (LCSH), que servem como um modelo fundacional e autoritário para a categorização de informação nas bibliotecas pelos Estados Unidos. Já se apontou que os Cabeçalhos estão repletos de vieses, e o bibliotecário radical Sanford Berman detalha as formas pelas quais esses vieses refletem pontos de vista ocidentais:

> Desde que a primeira edição dos *Cabeçalhos de Assuntos da Biblioteca do Congresso* apareceu, sessenta anos atrás, bibliotecas estadunidenses e de outros lugares se escoraram cada vez mais nessa lista como autoridade principal — ou até como fonte única — para a catalogação de assuntos. Não há o que se discutir sobre

> a necessidade prática desse trabalho que economiza esforços e reduz preocupações, nem — abstratamente — sobre seu valor como um agente de padronização global, como um meio de se obter alguma uniformidade em uma área que de outra forma seria caótica... Mas no reino de cabeçalhos que lidam com povos e culturas — em resumo, com a humanidade —, a lista da Biblioteca do Congresso só pode "satisfazer" estadunidenses e europeus ufanistas, de tom de pele branca e, pelo menos nominalmente, de fé cristã (preferencialmente protestante), confortavelmente situados nas faixas de maior e de média renda, em sua maioria domiciliados nos subúrbios, fundamentalmente leais à Ordem Estabelecida, e pesadamente imbuídos da glória transcendente e incomparável da Civilização Ocidental.[17]

O Cabeçalho de Assuntos da Biblioteca do Congresso acabou abolindo termos como "Perigo Amarelo" e "Questão Judaica", ou realizou substituições no catálogo, mudando "Questão Racial" ou "Pretos" para "Relações Raciais" e "Afro-americanos",[18] mas o estabelecimento desses cabeçalhos e as subsequentes lutas que duraram uma década para desmontá-los sublinharam o ponto de Berman sobre o viés racial do Ocidente (de fato, foi Berman quem liderou os estudiosos do campo no clamor por intervenções antirracistas nos catálogos de bibliotecas em 1970). O patriarcado, como o racismo, foi um ponto de vista organizacional fundamental dos Cabeçalhos. As formas pelas quais mulheres eram frequentemente categorizadas não eram muito melhores, com cabeçalhos como "Mulheres como Contadoras" no lugar do atual preferido "Mulheres Contadoras"; mulheres eram constantemente representadas como uma aberração na pressuposta masculinidade de uma área de conhecimento.[19]

Ademais, esforços de autoidentificação vindos da perspectiva de grupos marginalizados ou oprimidos como os roma ou romanis não conseguem escapar da categorização estigmatizadora de sua cultura como "ciganos", mesmo embora a designação "ver também" como "ladrões e vagabundos" tenha sido enfim abandonada pela Biblioteca do Congresso.[20] Um rol de outras convenções de nomeação problemáticas, incluindo "oriental" em vez de "asiático" e a localização do cristianismo no topo da hierarquia religiosa, com todas as variações sendo alocadas em direção da classificação de "religiões primitivas", sugere que ainda há trabalho a ser feito para tratar e classificar de forma apropriada grupos de pessoas com relação às suas identidades.[21] Olson diz: "o problema dos vieses na classificação pode ser correlacionado à natureza da classificação como construto social. Eles refletem os mesmos vieses da cultura que os cria".[22] Esses tipos de vieses são frequentemente vistos em práticas informacionais off-line, em que uma conquista leva a história de uma dinastia ou cultura a ser apagada por um regime subsequente.[23] A pesquisa de Olson já demonstrou que classificações refletem os pressupostos ideológicos e filosóficos de culturas dominantes sobre culturas ou grupos subordinados. Por exemplo, na tradicional Classificação Decimal de Dewey (DDC), mais de 80% de sua seção de religião é dedicada exclusivamente ao cristianismo, ainda que existam números superiores em literatura e outros textos tratando de outras religiões.[24] Olson aponta para a Classificação da Biblioteca do Congresso (LCC) e seus vieses favoráveis a países da América do Norte e da Europa em volumes sobre Direito, alocando muito menos espaço para Ásia, Eurásia, África, a região do Pacífico e a Antártica, refletindo o discurso dos poderosos e o pressuposto de marginalidade que recai sobre todos os outros.[25]

A esse respeito, Olson nos recorda que a ordenação de informação oferecida em esquemas de classificação "tende a refletir a versão mais convencional dessas relações" porque "estruturas classificatórias são desenvolvidas pelos discursos mais poderosos da sociedade. O resultado é a marginalização de conceitos fora do convencional".[26] Em outras palavras, os regimes controladores mais convencionais da sociedade (por exemplo, branco, heterossexual, cristão, classe média) vão privilegiar a si mesmos e diminuir ou submeter todos os outros na organização do que se constitui como conhecimento legitimado. Quando herdamos privilégio, ele é baseado em um regime de conhecimento massivo que traz à tona as desigualdades estruturais do passado, escoradas em vastas reservas de textos, imagens e sons salvos em arquivos, museus e bibliotecas. Certamente, sistemas de classificação têm certos limites, uma vez que são frequentemente definidos como um todo por aquilo que é incluído e o que é excluído.[27] No caso da maioria dos bancos de dados das bibliotecas nos Estados Unidos, o eurocentrismo vai dominar os cânones do conhecimento. O gerenciamento do conhecimento reflete os mesmos vieses sociais que existem na sociedade, porque seres humanos estão no epicentro da curadoria da informação. Essas práticas do passado são parte do presente, e apenas investimentos compromissados e prolongados no sentido de reparar as reservas de conhecimento para que elas reflitam e recentrifiquem todas as comunidades poderão causar a mudança em direção da igualdade e da inclusão no futuro. Isto inclui nos reconciliar com nosso passado brutal em vez de obscurecê-lo ou minimizá-lo. Nesse sentido, ainda nos falta confrontar completamente nossas histórias e reconstituir bibliotecas e museus tendo reconciliação e reparação em mente.

Mecanismos de busca, assim como outros bancos de dados de informação, são igualmente restringidos, limitados a oferecer apenas informação baseada no que está indexado dentro da rede. A natureza da pessoa que tem acesso para fornecer informação à rede certamente causa impacto em se a informação pode ser encontrada e surge para alguém procurando por ela. A pesquisa de Olson aponta as maneiras pelas quais alguns discursos são representados com mais poder, mesmo que suas classificações sociais sejam relativamente pequenas:

> Na sociedade norte-americana, deixando de lado mulheres, afro-americanos, hispano-americanos, franco-canadenses, povos nativos, asiático-americanos, lésbicas e homens gays, pessoas com deficiências, qualquer um que não seja cristão, trabalhadores e pessoas pobres, e assim vai, ficamos com um "grupo central" muito pequeno. Uma imagem que demonstra a complexidade dessas categorias que se sobrepõe é a de um enorme diagrama de Venn com vários conjuntos limitados por "E"s booleanos. O branco E homem E hetero E europeu E cristão E de classe média E sem deficiência E anglo-convencional se torna uma minoria muito pequena... E cada conjunto implica o que ele não é. A implicação dessa imagem é que nem toda pessoa, nem todo discurso, nem todo conceito, tem o mesmo peso. Alguns discursos simplesmente detêm mais poder do que outros.[28]

Se a educação é baseada em evidência fundamentada por pesquisas, e conhecimento é um meio para libertação da sociedade, pode-se argumentar então que os tipos de conhecimento que circulam livremente oferecem um ponto crucial de investigação. Como pessoas oprimidas são representadas, ou mal representadas, é um elemento importante de engajamento em esforços para trazer justiça social, política e econômica.

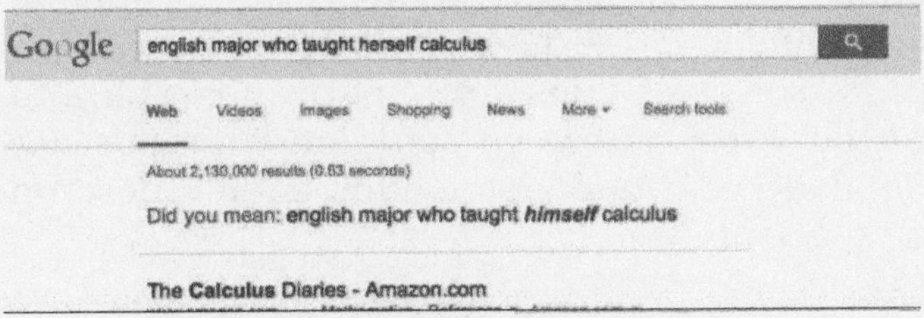

Figura 5.1 O Google corrige automaticamente para "si mesmo" em vez de "si mesma". Pesquisa enviada por um colega em 16 de junho de 2016. (NT: A frase de pesquisa é "graduanda em inglês que ensinou cálculo para si mesma". Abaixo, o Google diz: "Você quis dizer: graduando em inglês que ensinou cálculo para si mesmo".)

Temos que nos perguntar o que quer dizer, em termos práticos, buscar por conceitos sobre gênero, raça e etnicidade apenas para descobrir informação faltante ou mal representada, seja no banco de dados da biblioteca ou na rede aberta. O conceito de Olson de que a metáfora cultural é a base da construção de sistemas de classificação significa que essas metáforas culturais são profundamente representadas em ideias sobre "A Questão Judaica" e/ou "Questão Racial". Esses cabeçalhos sugerem tanto uma resposta quanto um ponto de vista do qual pressupõe-se os problemas dos judeus e das raças não brancas. Explicando de forma simples, colocar "judeus" ou "raça" como uma questão ou problema a ser resolvido sugere um ponto de vista por parte do catalogador que é bastante diferente de como uma pessoa judia ou racializada pode retratar a si mesma. É aqui que o contexto e o ponto de vista de profissionais de biblioteconomia e ciências da informação, que são responsáveis por retratar pessoas e comunidades como "problemas" e "questões", são importantes. Examinando as formas pelas quais pessoas negras foram especificamente construídas em esquemas de conhecimento, o professor de estudos afro-americanos e filósofo Cornel West descreveu com aptidão a posicionalidade com que essa comunidade é descrita no Ocidente:

> Pessoas negras como pessoas-problema em vez de pessoas com problemas; pessoas negras como abstrações e objetos em vez de indivíduos e pessoas; mundos negro e branco divididos por uma grossa muralha (ou um "Véu")...; raiva, ira e fúria negras contidas para apaziguar medo e ansiedade brancas; e pessoas negras sem raízes e sem casas em uma jornada perene para descobrir quem são em uma sociedade satisfeita em ver negros permanecendo como vira-latas perenes.[29]

A biblioteconomista Joan Marshall aponta para a forma como essa ideia encontrou expressão na Biblioteca do Congresso quando "Cr*oulos" era uma categoria de assuntos legítima, refletindo "contextos sociais e níveis intelectuais" de usuários, cimentando assim relações raciais opressivas.[30] A diferença, no caso da Biblioteca do Congresso, tem relação direta com a branquitude como norma. Ninguém deixou isso mais claro do que Berman, cujo trabalho pioneiro sobre os Cabeçalhos de Assuntos da Biblioteca do Congresso mudou para sempre o campo de estudos. Ele destaca que, no caso tanto de judeus quanto de representações de raça, esses retratos não estão desprovidos de contexto social:

> Para que a imagem dos judeus desperte qualquer sentimento, a favor ou contra, ela (*sic*) tinha que ser generalizada, abstrata, despersonalizada. É sempre possível para o caso pessoal, individual, contradizer uma afirmação geral ao fornecer uma prova viva e concreta do contrário. Para que judeus se tornassem o alvo de um movimento de massas, eles tinham que ser convertidos em símbolos objetificados, para que se tornassem outra coisa que não seres humanos.[31]

No caso do Google, por se tratar de um empreendimento comercial, as discussões sobre suas práticas de informação semelhantes estão situadas sob os auspícios da liberdade de expressão e discurso corporativo protegido, em vez de ser encarado como um recurso da informação operando no âmbito público, da mesma forma que uma biblioteca. Uma possibilidade alternativa seria a liberdade de expressão corporativa que atende aos interesses de anunciantes ser repriorizada para combater o dano que falas sexistas e racistas na internet podem ter sobre as pessoas vulneráveis a elas. Esta é a vantagem de usar teoria racial crítica — considerando que a liberdade de expressão pode na verdade não ser uma noção neutra, mas, ao invés disso, um conceito que quando implementado de certa forma em particular silencia muitas pessoas para atender os interesses de poucas. O aviso do Google para o problema de buscas pela palavra "judeu" levarem a resultados de pesquisa de supremacistas brancos e negacionistas do Holocausto é surpreendentemente similar à construção da identidade judaica nos Cabeçalhos de Assuntos da Biblioteca do Congresso. Ambos os sistemas refletem a natureza da relação entre judeus e não judeus europeus e estadunidenses. Isso não é uma surpresa, uma vez que *hyperlinking* e indexação são práticas diretamente derivadas das práticas de análise de citações da biblioteconomia. Essa ligação entre práticas de indexação da rede e sistemas tradicionais de classificação de estruturas de conhecimento como a Biblioteca do Congresso é importante. Ambos os sistemas dependem de decisões humanas, sejam entregues em massa para inteligências artificiais e algoritmos ou deixadas nas mãos de seres humanos para catalogação. A representação de pessoas e culturas em sistemas de informação reflete claramente os contextos sociais nos quais os objetos do assunto existem. No caso de mecanismos de busca, de forma não diferente dos sistemas de catalogação, o contexto social e o histórico de exploração e objetificação não são levados explicitamente em consideração — pelo contrário, suas existências são negadas. O que pode ser obtido por quem procura informação é mediado pelo sistema tecnológico — seja um catálogo ou um index de páginas da internet —, pelo projeto do sistema que outrifica. No caso da internet, velhas práticas de catalogação e bibliométricas são transportadas para o design de sistemas modernos.

Estudiosos da área da biblioteconomia sabem que os métodos de controle bibliográficos e de convenções de nomenclatura são centrais para possibilitar que o conhecimento seja descoberto.[32] Parte da questão é tentar compreender quem é a audiência para tal conhecimento e nomear e organizar a informação de forma que ela possa ser descoberta pelo público. Berman cita a crítica de Joan Marshall às filosofias subjacentes às práticas de catalogação de assuntos da Biblioteca do Congresso e as formas pelas quais eles constituem sua audiência através de um viés organizacional, onde a "maioria dos leitores" é estabelecida como uma norma e, no caso da Biblioteca do Congresso, é com frequência "branco, cristão (normalmente protestante) e homem".[33] De fato, esses estudiosos estão notando a influência que sistemas de categorização têm sobre a organização e o acesso ao conhecimento. O que é particularmente importante ao se questionar esses sistemas de gerenciamento de informação marginalizantes é a referência de Berman à articulação feita pelo psicólogo argelino Franz Fanon sobre os mecanismos de "lavagem cerebral" cultural que ocorrem através das práticas de catalogação racistas.[34] Berman sublinha que os problemas da representação racial e do racismo estão profundamente conectados a palavras e imagens e que uma visão de mundo racista está embutida em práticas de catalogação que servem para dar arrimo à imagem e à dominação dos valores e povos ocidentais (por exemplo, branco, europeu e norte-americano sobre pessoas de ascendência africana). O bibliotecário Matthew Reidsma deu recentemente um presente para a profissão quando ele postou sobre sistemas de descoberta biblioteconômicos, ou interfaces de busca, que são tão problemáticos quanto interfaces comerciais. Em sua postagem ele detalha as limitações dos bancos de dados, os tipos de vieses de gênero que estão presentes em várias ferramentas de pesquisa, e quão pouca inovação foi trazida à luz para resolver algumas das contradições que já conhecemos.[35]

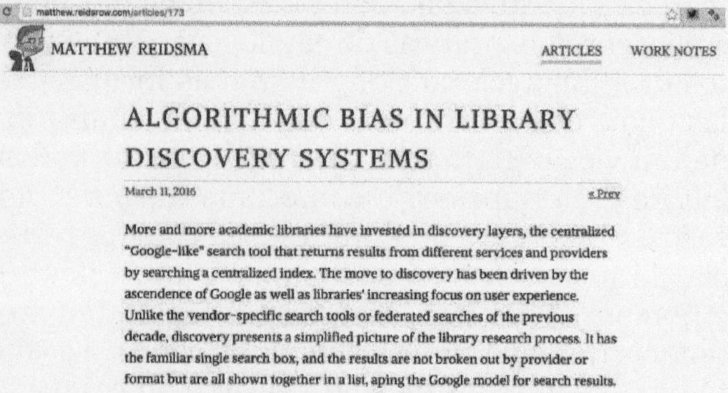
matthew.reidsrow.com/articles/173

MATTHEW REIDSMA — ARTICLES — WORK NOTES

ALGORITHMIC BIAS IN LIBRARY DISCOVERY SYSTEMS

March 11, 2016 — « Prev

More and more academic libraries have invested in discovery layers, the centralized "Google-like" search tool that returns results from different services and providers by searching a centralized index. The move to discovery has been driven by the ascendence of Google as well as libraries' increasing focus on user experience. Unlike the vendor-specific search tools or federated searches of the previous decade, discovery presents a simplified picture of the library research process. It has the familiar single search box, and the results are not broken out by provider or format but are all shown together in a list, aping the Google model for search results.

Figura 5.2 Um clamor para que os colegas de profissão tratem dos vieses algorítmicos em sistemas de pesquisa de bibliotecas, feito por Matthew Reidsma, tenta influenciar o campo dos estudos da informação. Fonte: Reidsma, 2016. (NT: O título da postagem diz: "Vieses Algorítmicos em Sistemas de Pesquisa de Bibliotecas". O texto, truncado e presente apenas para fins de ilustração, menciona como bibliotecas vêm optando por utilizar sistemas de buscas mais semelhantes ao Google, privilegiando a simplificação dos processos de busca e a familiaridade dos usuários.)

Eu busquei testar o chamado que Reidsma fez aos colegas de profissão para que questionassem as ferramentas de gerenciamento de informação das bibliotecas, conduzindo pesquisas em um importante banco de dados de biblioteca. Dei uma olhada no maior banco de dados de imagens disponível para bibliotecas acadêmicas, o ArtStor, e lá também descobri práticas problemáticas de gerenciamento de metadados. Sem dúvida, esses tipos de posturas em catalogação podem ser avaliados no contexto do campo de estudos de biblioteconomia, que é largamente avesso a ensinar e debater sobre raça e o olhar racial branco sobre a informação. Publiquei vários artigos com colegas sobre os desafios de ensinar sobre raça em classes de biblioteconomia e estudos da informação, e a importância de integrar teoria e treinamento de trabalhadores da informação para lidar com questões de justiça social em suas profissões. Interpreto esses tipos de contratempos de catalogação como um resultado do investimento da profissão em uma ideologia de cegueira racial. Incapazes e não equipados para pensar através das complexidades de sistemas de racialização, a profissão como um todo luta para achar arcabouços com os quais pensar criticamente sobre as consequências de longo prazo da má identificação de pessoas e, nesse caso, conceitos sobre obras de arte.

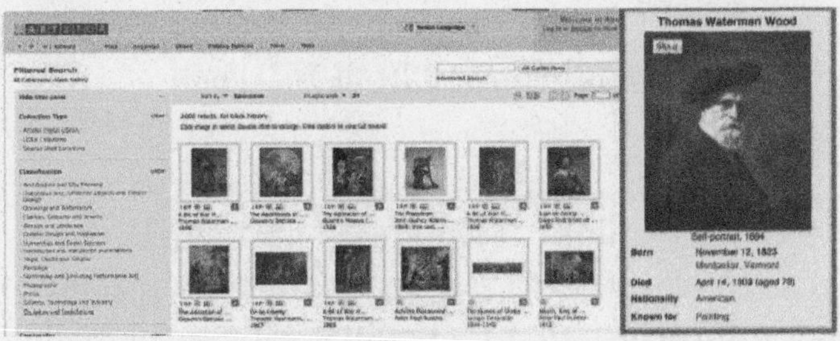

Figura 5.3 Busca no ArtStor por "história negra" apresenta os trabalhos de uma série de artistas europeus e estadunidenses brancos, em 2 de março de 2016. O primeiro resultado é uma obra de Thomas Waterman Wood.

Figura 5.4 Para a Liberdade, *uma pintura a óleo de Theodore Kauffman, um pintor alemão, é o primeiro item a aparecer ao se pesquisar "estereótipo afro-americano".*

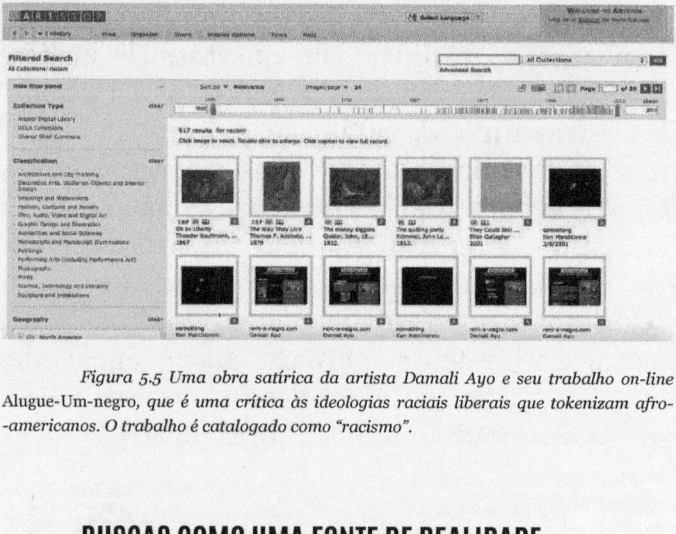

Figura 5.5 Uma obra satírica da artista Damali Ayo e seu trabalho on-line Alugue-Um-negro, *que é uma crítica às ideologias raciais liberais que tokenizam afro--americanos. O trabalho é catalogado como "racismo".*

BUSCAS COMO UMA FONTE DE REALIDADE

Na realidade, resultados problemáticos no ArtStor são só uma pequena janela que permite vislumbrar a longa e atribulada história da má representação na catalogação de assuntos e nos sistemas de classificação de bibliotecas, que são reflexos fidedignos das representações problemáticas na cultura estadunidense convencional. Nossa habilidade em reconhecer esses desafios pode ser ampliada ao indagarmos sobre como práticas tecnológicas carregam valores embutidos, que com frequência obscurecem as realidades sociais dentro das quais as representações são formadas. A interface do mecanismo de busca como uma ferramenta para acessar a internet não é imune, nem imparcial, às questões dos sistemas de valores subjacentes. A busca também é mais do que algoritmos matemáticos específicos e profundo aprendizado de máquinas desenvolvidos por cientistas da computação e engenheiros de software para indexar até um trilhão de páginas de informação e levar uma parte da pilha de dados universais até a primeira página de resultados disponível em uma tela de computador. A interface na tela apresenta uma realidade de informação, enquanto as operações por trás são cada vez mais invisíveis.[36] A estudiosa de mídia e comunicações Alex Galloway desestabiliza a ideia que tecnologias digitais são janelas ou portas transparentes, benignas, que oferecem uma passagem para algum lugar e são por si só insignificantes — a interface digital é uma realidade material estruturando um discurso, entranhado em relações históricas, trabalhando com frequência sob os auspícios do capitalismo lúdico, onde uma espécie de engajamento irreverente com o trabalho serve de máscara em plataformas de mídia digital vitais, como o Google.[37] Buscas não meramente apresentam páginas, mas sim estruturas de conhecimento, e os resultados adquiridos em um mecanismo de busca comercial criam sua própria realidade material particular. Ranqueamentos são eles mesmos informação, que também refletem os valores políticos, sociais e culturais da sociedade dentro da qual as empresas operam, uma noção que é frequentemente obscurecida nos estudos tradicionais de ciências da informação.

Além disso, novas tecnologias digitais podem constituir veículos para discursos da velha mídia, e a interface na rede (como a típica caixa de pesquisas do Google) é um formato transicional vindo de formas prévias da mídia.[38] Certamente, no caso de tecnologia digital como mecanismos de busca comerciais, a interface converge com a própria mídia. A busca comercial, no caso do Google, não é apenas um portal ou porta de entrada inofensiva; é na realidade uma criação ou expressão de processos comerciais que estão profundamente arraigados em processos de organização e produção históricos e sociais. John Batelle, que cuidadosamente delineou a história do Google, descreve a busca como um produto de nossas necessidades e desejos, agregados pelas empresas:

> Link a link, clique por clique, as buscas estão construindo o que é possivelmente o mais duradouro, copioso e significativo artefato cultural na história da humanidade: o Banco de Dados de Intenções. O Banco de Dado de Intenções é

simplesmente isto: os resultados agregados de cada busca já pesquisada, cada lista de resultados já reunida e cada caminho que foi seguido por conta disso... Essa informação representa a história em tempo real da cultura pós-internet — um fluxo massivo de cliques formando um banco de dados de desejos, necessidades, vontades e preferências que podem ser descobertos, intimados, arquivados, rastreados e explorados para toda sorte de fins.[39]

Sem dúvida, a busca também é crucial para o desenvolvimento da inteligência artificial. De muitas maneiras, o Google Search é uma tentativa de usar a ciência da computação como base para selecionar e tomar decisões sobre a relevância e a qualidade da informação, no lugar de práticas de curadoria e indexação da rede feitas por humanos — práticas que empresas de mecanismos de busca como Yahoo! e outras do passado investiram pesadamente e que eram tanto custosas para serem implementadas quanto limitadas e menos aptas a oferecerem soluções em tempo real.[40]

FORNECENDO CONTEXTO PARA INFORMAÇÃO SOBRE PESSOAS

Em um sentido estrito, informação é uma série de sinais e mensagens que podem ser expressas através de equações, algoritmos e probabilidades estatísticas. Em um sentido mais amplo, porém, Tefko Saracevic, professor emérito de ciências da informação na Universidade de Rutgers, sugere que informação é constituída de "processo cognitivo e entendimento".[41] Há uma relação fundamental entre informação e usuários que é dependente do entendimento humano. É este o ponto que desejo enfatizar no contexto da arrecadação de informação: a informação fornecida a um usuário é profundamente contextualizada e se situa dentro de uma estrutura de referência. Por esse motivo, é importante estudar o contexto social daqueles que estão organizando a informação e os potenciais impactos dos julgamentos inerentes aos processos de organização informacional. A informação deve ser tratada em um contexto; "envolve motivação e intencionalidade, e portanto é conectada a um contexto social ou horizonte expansivo, como cultura, trabalho, ou o problema em mãos", e isto é fundamental para as origens da ciência da informação e para a arrecadação de informação.[42] A arrecadação de informação como prática se tornou uma indústria altamente comercializada, graças a experimentos financiados por verbas federais e iniciativas de pesquisa, levando à formação de empreendimentos lucrativos como o Yahoo! e o Google, e um foco na relevância da informação continua a ser importante para esse campo. As ciências da informação estão essencialmente emaranhadas em alto grau com a história da biblioteconomia e primariamente se preocuparam com a reunião, armazenamento, arrecadação, acesso e uso da informação. Saracevic aponta que "o domínio das ciências da informação é a transmissão do universo do conhecimento humano em forma de registros, centrado na manipulação (representação, organização e arrecadação) de informação, em vez do conhecimento da informação".[43] Isto joga luz sobre as formas como representações em mecanismos de busca são descontextualizadas em um tipo específico de processo de arrecadação de informação, particularmente para grupos cujas imagens, identidades e histórias sociais são retratadas através de formas sistêmicas de dominação. Apesar de existir um longo, amplo e histórico contexto para abordar as categorizações, o impacto do aprendizado sobre essas tradições ainda não foi inteiramente concebido.[44]

Atenção ao "universo do conhecimento humano" é sugestível para contextualização das práticas de arrecadação de informação desta forma, levando a indagações sobre os meios pelos quais práticas correntes de arrecadação de informação na internet via mecanismos de busca comerciais fazem com que certos tipos de informação estejam disponíveis e suprimem outros. O atual foco nos tipos de informação apresentados em buscas referentes a identidades demonstra que eles estão removidos dos contextos sociais de representações históricas e das lutas contra formas desempoderadoras de representação. Essas críticas já foram levantadas contra outras práticas da mídia, na televisão ou na cultura impressa. A questão se seres humanos acreditam que a informação entregue por mecanismos de busca é relevante tem consistentemente sido a base do juízo sobre a qualidade da informação,[45] mas o que é subdiscutido é que a arrecadação de informações em plataformas comerciais como mecanismos de busca baseados na rede não é um procedimento específico a cada usuário individual. Um mecanismo de busca comercial baseado na internet não "conhece" inteiramente quem é o usuário, e não está adaptando tudo para nossos gostos pessoais e políticos, embora esteja nos agregando a pessoas que pensa serem semelhantes a nós com base no que é conhecido através de nossos rastros digitais.

LOCALIZANDO INFORMAÇÃO SITUADA CULTURALMENTE NA REDE

O campo da biblioteconomia e ciências da informação está significativamente engajado em trabalhos de classificação e organização de informação, que podem instruir o arcabouço conceitual para se pensar e desenvolver tecnologias de informação e comunicação focadas em trazer à tona resultados priorizados, como no caso de mecanismos de busca. A teoria racial crítica é de grande valor nesse processo de desenvolvimento de ferramentas de organização da informação, particularmente quando se pensa no fenômeno do excessivo acúmulo e constante ressurgimento de documentos na rede que são irrelevantes ou descontextualizados. Respostas aos tipos de vieses problemáticos em grandes mecanismos de busca comerciais são parte da crescente motivação por trás de um rol de mecanismos de busca culturalmente situados que estão emergindo, particularmente o Blackbird (www.blackbirdhome.com), um navegador do Mozilla Firefox projetado para ajudar a localizar conteúdo de maior relevância para afro-americanos. O Blackbird dividiu opiniões em seu lançamento, recebendo demonstrações de apoio e interesse, mas também completa rejeição.[46] Em todo caso, organizações e indivíduos estão reagindo aos limites dos mecanismos de busca comerciais tradicionais através do desenvolvimento de tais mecanismos de busca.

Páginas e uma combinação de navegadores de internet e diretórios da rede, focados em temas de identidade, estão emergindo para priorizar os interesses de comunidades específicas baseados em práticas de curadoria humanas do passado, e podem ser encontradas em mecanismos de busca como o BlackWebPortal (www.blackwebportal.com); GatewayBlackPortal (www.gatewayblackportal.com), que é baseado em modelos internacionais como o JGrab, um mecanismo de busca voltado para judeus; BlackFind.com (www.blackfind.com); e Blackbird. Páginas como o Jewogle (www.jewogle.com), que funciona como uma enciclopédia on-line de conquistas do povo judeu; Jewish.net (http://jewish.net/), que é usado para "pesquisar a internet judaica"; JewGotIt (www.jewgotit.com); e Maven Search (www.maven.co.il), que cataloga mais de 15 mil páginas de internet judias, surgiram às centenas, alguns na brincadeira, dedicados a diversas religiões, culturas e nacionalidades. Muito disso é uma resposta de comunidades que estão buscando controle sobre representações e conteúdos relevantes, assim como acesso a informação de qualidade relativa a uma identidade racial ou de grupo.

Um dos desafios fundamentais para esses mecanismos de busca culturalmente situados é a forma pela qual eles tornam visíveis as contradições e vieses em mecanismos de busca, o que André Brock discute com relação ao Blackbird. Ele aponta que "os esforços do Blackbird para trazer conteúdo afro-americano à frente foram vistos como uma imposição sobre o apelo universal da internet, destacando a percepção de que o navegador era uma estrutura social limitada pela representação negra".[47] O trabalho de Brock indica que, embora exista uma demanda por navegação na internet culturalmente relevante que ajude a trazer à tona conteúdo que interesse a pessoas negras, esses valores operam contra as normas da internet, o que os tornam menos desejáveis.

REPRODUZINDO RELAÇÕES SOCIAIS ATRAVÉS DE TECNOLOGIA DA INFORMAÇÃO

Disparidades sociais on-line não podem ser ignoradas porque são parte de um contexto em que as tecnologias da informação e comunicação se proliferam, e a internet tanto reproduz relações sociais quanto cria novas formas de relações baseadas em nosso envolvimento com ela. Tecnologias e seus designs não ditam ideologias raciais; em vez disso, refletem o clima corrente. Conforme usuários interagem com tecnologias como mecanismos de busca, eles dinamicamente co-constroem conteúdo e a própria tecnologia.[48] Informação e conteúdo on-line disponíveis através de buscas também são estruturados sistemicamente pela infusão de verbas de publicidade e pela vigilância sobre as buscas de usuários, o que os objetos dessas práticas têm muito pouca capacidade para moldar ou reformular. A falta de atenção para a natureza atualmente abusiva de buscas on-line por palavras-chave apenas entrincheira as identidades problemáticas que existem na mídia para mulheres não brancas, identidades que vêm sendo contestadas desde o advento da mídia comercial, como a televisiva, impressa ou de rádio. Notavelmente ausente nas discussões sobre buscas está o jogo de trocas social e técnico mais amplo que existe dinamicamente na forma como a tecnologia cada vez mais media o acesso público à informação, das bibliotecas aos mecanismos de busca.

Agora, mais do que nunca, uma nova concepção de acesso e qualidade de informação enraizada em relações históricas, econômicas e sociais pode ter um efeito transformativo no papel e nas consequências dos mecanismos de busca. É meu objetivo através dessa pesquisa garantir que ideias e perspectivas tradicionalmente sub-

-representadas sejam incluídas na modelação do campo de estudos — para trazer à tona contranarrativas que permitam um questionamento da normalização de tais práticas. Em vez de priorizar as narrativas dominantes, plataformas de busca na internet e empresas de tecnologia poderiam permitir uma maior expressão de ideias e servir como uma ferramenta democratizante para o público. Isso se torna impossível com as atuais práticas comerciais. O que precisamos são de alternativas públicas para os mecanismos de busca, unidas ao jornalismo e a uma biblioteconomia voltados aos interesses públicos, para garantir que exista acesso à informação disponível da melhor qualidade.

SEIS

O Futuro da Cultura da Informação

Em março de 2010, a Comissão Federal de Comunicações dos Estados Unidos (FCC) apresentou seu plano de dez anos para a banda larga, em que advogava para que a internet de alta velocidade se tornasse o veículo de comunicação mais comum dos Estados Unidos.[1] Esse plano ainda governa o panorama do mundo da informação. Na visão da FCC, a internet, como a mídia mais comum, potencialmente tomaria o lugar dos atuais sistemas de telecomunicações e difusão televisiva como o veículo primário de comunicação na esfera pública. De acordo com o relatório, "quase dois terços do tempo que usuários gastam on-line são focados em comunicação, busca de informações, entretenimento ou socialização".[2] O plano pedia por um aumento de apoio à conectividade via banda larga, e é focado em infraestrutura, aparatos, acessibilidade e conectividade. Contudo, o plano não fazia menção ao papel de mecanismos de busca na distribuição de informação para o público, com exceção de apontar que o plano em si seria arquivado e permaneceria disponível perpetuamente nos arquivos da internet. Portais primários para acessar a internet, seja conectando através dos cada vez mais escassos pontos de acesso financiados com dinheiro público em bibliotecas e escolas, ou em domicílios, servem como pontes para a informação e isso não pode ser ignorado. Acesso à informação de alta qualidade, do jornalismo à pesquisa, é essencial para uma democracia viável e saudável. Conforme a informação parte da esfera pública para recair no controle privado exercido por corporações, surge uma conjuntura crítica colocando em xeque a qualidade da informação disponível e a habilidade do público de filtrá-la e colocá-la em uso, como alertou de antemão o reconhecido economista político Herbert Schillher:

> A economia estadunidense é agora refém de um número relativamente pequeno de empresas privadas gigantes, com firmes conexões entre si, que estabelecem o projeto político nacional. Esse poder é particularmente característico do setor de comunicações e informação onde o projeto político cultural-midiático nacional é fruto de um número muito pequeno (e declinante) de consórcios particulares integrados. Esse desenvolvimento erodiu profundamente a liberdade de expressão individual, um elemento vital de uma sociedade democrática.[3]

Uma internet voltada para fins comerciais, cada vez mais desregulada, ergue questões significativas sobre como informação é acessada e disponibilizada. Isso é exacerbado pela gamificação de notícias e manchetes, como Nicole Cohen, do Instituto de Comunicação, Cultura, Informação e Tecnologia da Universidade de Toronto, Mississauga, documentou em sua etnografia de jornalistas que escrevem para veículos de notícias on-line. Em seu livro *Writer's Rights: Freelance Journalism in a Digital Age* (NT: "Direitos de escritores: jornalismo frila na era digital", inédito no Brasil), ela documenta as tensões crescentes entre jornalistas e organizações comerciais de mídia jornalísticas.[4] Em alguns casos, jornalistas são confrontados com telas que mostram dados analíticos em tempo real da viralização das histórias que publicaram. Nessas circunstâncias, jornalistas são encorajados a modificar manchetes e palavras-chave em uma matéria para promover maiores índices de tração e compartilhamento entre seus leitores. As práticas que Cohen detalha são precisamente o tipo de análise guiada por algoritmos que coloca pressão sobre jornalistas para modificar o conteúdo do que escrevem com o propósito explícito de aumentar o tráfego e, assim, o número de pessoas que veem os anúncios embutidos nas páginas. Sem dúvida, nesse caso, os dados analíticos das grandes empresas de dados têm o potencial para comprometer significativamente a qualidade da reportagem que chega ao público.

Conforme a informação de qualidade tipicamente fornecida pelo setor público passa para espaços mais comerciais e corporativos, a capacidade do público de ter garantidas proteções que são necessárias em democracias se erode, devido ao custo do acesso. Organizações como a FreePress.org estão demonstrando como o aumento dos interesses comerciais e publicitários faliram a qualidade e o conteúdo do jornalismo, até o momento considerado um componente fundamental e necessário de uma sociedade democrática. Os estudiosos da mídia Robert McChesney e John Nichols apontaram com grande detalhamento histórico e abundante evidência concreta a importância da informação em uma sociedade democrática — livre de interesses comerciais.[5] Essas transições rápidas ocorridas na última década, se afastando do ambiente de jornalismo voltado ao interesse público da década de 1990, seguidas da tomada corporativa da mídia noticiosa dos Estados Unidos, erodiram a qualidade da informação disponível para o público. Similarmente, a passagem da internet de um projeto militar-acadêmico financiado por verbas públicas para um total empreendimento comercial também causou impacto em como a informação se torna disponível na rede.

Estereótipos presentes na mídia, o que incluiu mecanismos de busca, não apenas mascaram o acesso desigual à vida social, política e econômica nos Estados Unidos determinado por raça, gênero e sexualidade; eles o mantêm.[6] Isto sugere que mecanismos de busca comerciais, para poder se dissociar de tais representações tradicionalmente racistas, devem, no mínimo, fazer algo como um "aviso" e, no máximo, produzir um "remendo técnico" permanente que suste a proliferação de conteúdo racista e sexista. Veronica Arreola ponderou sobre isso no blog da revista *Ms*. Em 2010, quando o Google Instant, uma nova ferramenta de aprimoramento de pesquisas, inicialmente não incluía as palavras "latinas", "lésbica" e "bissexual" por causa de seus resultados de primeira página proibidos para menores: "Você é o Google... Imagino que você conseguiria pensar em um jeito de colocar os resultados pornográficos e relacionados à violência na, digamos, segunda página?".[7]

São esses tipos de práticas que marcam as consequências da rápida transição ocorrida na última década da informação como interesse público para a tomada corporativa da mídia de notícias dos Estados Unidos, que fez com que localizar qualquer tipo de informação alternativa seja cada vez mais difícil e empurrou o público em direção da internet. Da mesma forma, consolidações de empresas de mídia contribuíram para a erosão de padrões profissionais de serviço, como a checagem de fatos, o cuidado para não representar mal pessoas ou situações, evitar impor valores culturais sobre um determinado grupo, e distinguir entre os interesses comerciais e publicitários e as decisões editoriais — todas questões que também se aplicam ao fornecimento de informação na rede.[8] Conforme a arena dos mecanismos de busca se consolida sob o controle de um punhado de corporações, é ainda mais crucial dedicar atenção cuidadosa aos tipos de processos que estão dando forma à informação priorizada nos mecanismos de busca. Na prática, quanto maior o ranqueamento de uma página da internet, mais ela é considerada confiável. Diferentemente da análise criteriosa de jornalistas e bibliotecários, em quem se confia para realizar checagem de dados e curadoria de informação para o público de acordo com códigos de ética profissionais, a legitimidade e a credibilidade dos rankings de páginas de internet são simplesmente tidas como fato dado. A mensagem que se leva disso é que, quando se trata de mecanismos de busca comerciais, não é mais suficiente apenas compartilhar notícias e dados educativos na rede; devemos nos perguntar como as coisas que queremos compartilhar foram encontradas e como as coisas que achamos apareceram.

UM MONOPÓLIO SOBRE A INFORMAÇÃO

Nos mais recentes debates sobre o controle da rede, não se deu atenção suficiente para o monopólio sobre a informação exercido pelo Google. O foco na neutralidade da rede nos Estados Unidos está largamente voltado para a questão do movimento de pacotes de dados através de redes comerciais que são propriedade de gigantes das telecomunicações e transmissão de dados via cabos, o que inclui a AT&T, Verizon, DirecTV e a Comcast. Muito do debate se focou em manter uma internet livre, sem discriminação de desvio de tráfego. Nesse contexto, discriminação se refere ao movimento de dados e os direitos de provedores de conteúdo de não terem a velocidade de seu tráfego diminuída ou gerenciada dentro da rede, independentemente de seu volume ou conteúdo. Foco em processos de prioritização de conteúdo deveria entrar nos debates sobre neutralidade da rede e a abertura da internet quando ela é mediada por mecanismos de busca, especialmente no caso do Google. Durante os últimos anos, organizações de proteção ao consumidor ampliaram seus esforços para fornecer dados sobre as práticas comerciais do Google para o público, e a Comissão Federal de Comércio está investigando tudo, da coleta de dados de consumidores via Wi-Fi à estrutura horizontal de propriedades corporativas do Google e sua dominância sobre serviços oferecidos na rede, como o YouTube, AdSense, Google Maps, Blogger, Picasa, Android, Feedburner e por aí vai. Os provedores de internet tiveram um contratempo por causa de uma decisão recente da vara de recursos dos Estados Unidos que protegeu os direitos dos consumidores ao manter a posição do FCC quanto à proteção da neutralidade da rede. A decisão impede a Comcast de praticar ações de priorização ou discriminação no gerenciamento do tráfego em suas redes. Organizações como a Coalizão pela Internet Livre estiveram à frente em realizar lobby no Congresso pedindo por proteção contra a priorização de certos tipos de conteúdo permitidos por lei que multinacionais de telecomunicação são capazes de promover, ao mesmo tempo que bloqueiam o acesso de competidores às suas redes. Em silêncio, empresas como Google, Facebook e Twitter, que têm altos volumes de tráfego, deram apoio à Coalizão pela Internet Livre em um esforço para assegurar que eles terão banda o suficiente para continuar dando suporte aos seus programas proprietários que operam nas redes e atraem milhões de usuários por dia para visitar suas páginas, gerando um tremendo tráfego.

Fora dos Estados Unidos, o Google encontrou um rol de reclamações sobre representações de cultura material e identidade. No reino da informação pública, o ex-bibliotecário da Universidade de Harvard, Robert Darnton, detalhou as questões problemáticas que surgiram a partir do projeto de digitalização de livros do Google. Nesse projeto, o Google digitalizou milhões de livros, mais que 10 milhões no fim de 2009, iniciando considerável especulação a respeito dos termos pelos quais leitores teriam acesso a esses textos. As questões legais em jogo no auge da batalha legal incluíram potenciais violações de leis antitruste e se os interesses públicos prevaleceriam contra tendências monopolísticas inerentes no controle e posse de tão vasto volume de conteúdo digital por parte de uma única empresa.[9] Proponentes do projeto do Google sugeriram que a maior biblioteca do mundo tornaria textos fora de publicação e indisponíveis acessíveis para uma nova geração de leitores/consumidores. Oponentes temiam que o Google controlasse as condições para permitir acesso às obras, diferentemente do que ocorre nas bibliotecas públicas, baseado nos interesses de seus acionistas. Mais contestações a esse projeto foram trazidas pela França e Alemanha, que rejeitaram o conceito de que suas culturas materiais seriam propriedade de uma empresa sediada nos Estados Unidos, alegando que isso impingia em sua obra cultural nacional.[10] Eles sugeriram que a digitalização de obras por parte de seus próprios cidadãos no passado é uma infração do bem-estar público, que é ameaçado pelo monopólio da informação do Google. Em 2013, o juiz da Vara Circunscricional Denny Chin determinou que o projeto de livros do Google era "uso justo", decepcionando os críticos, e, em 2015, a Suprema Corte dos Estados Unidos rejeitou realizar audiência sobre o caso.[11] Um recurso dirigido à Segunda Circunscrição, Nova York, reafirmou os direitos do Google de alegar "uso justo". Apesar da crítica de Darnton, subscrita por estudiosos da mídia como Siva Vaidhyanathan, professor de estudos da mídia e de direito da Universidade de Virgínia que escreveu substancialmente sobre as ameaças que a decisão trazia ao conceito legal de "uso justo", o veredicto sublinha o poder e a influência do capital do Google, com prejuízo das nações que não podem resistir ao seu movimento para criar o maior repositório digital do mundo. Isto inclui a habilidade de ter posse, categorizar e determinar as condições ou termos de acesso a tal conteúdo. Em apoio ao posicionamento contrário ao projeto diante da Comissão Europeia, a França apresentou preocupações com o fato que "uma grande parte da herança mundial de livros em formato digital vai estar sobre o controle de uma única entidade corporativa".[12]

Mais perto de casa, com a exceção da já mencionada carta escrita pela Liga Antidifamação, muitos protestos contra a representação e a informação em páginas do Google não foram motivados pela forma como identidades culturais são apresentadas, mas sim pelo foco em interesses comerciais sobre patentes, propriedade intelectual, e até mesmo ranqueamento de páginas. Por exemplo, em 2003, um dos primeiros processos judiciais contra o Google focou em sua priorização de anunciantes que pagavam caro, e que estavam competindo com pequenos negócios e entidades que não indexavam páginas dentro do modelo de publicidade pague-por-clique que veio a dominar a experiência de como usar a internet nos Estados Unidos. O processo de Search King e PR Ad Network contra Google alegava que o Google diminuía o ranqueamento de páginas dos clientes dos serviços reclamantes, em um esforço direto para aniquilar a competição.[13] Desde que Bob Massa, presidente da Search King e da PR Ad Network, emitiu uma declaração contra as práticas enviesadas de ranqueamento do Google, as práticas de negócios do Google estiveram cada vez mais sob escrutínio, tanto nos Estados Unidos quanto no resto do mundo.

PORQUE POLÍTICAS PÚBLICAS IMPORTAM

Dadas as controvérsias sobre representações culturais, comerciais e étnicas em informação que aparecem no Page Rank, a questão que a Comissão Federal do comércio poderia trazer hoje, porém, é se mecanismos de busca como o

Google deveriam ser regulamentados em relação aos valores que eles atribuem a identidades raciais, sexuais e de gênero, como se evidencia pelos tipos de resultados que são obtidos ao realizar pesquisas em seus produtos na rede. Em certa época, o FCC obrigava que fossem mantidos padrões de decência em conteúdo de mídia, particularmente na televisão, rádio e na mídia impressa. Muitas intervenções políticas quanto a indecência e pornografia na rede ocorreram desde meados dos anos 1990, com o Ato da Decência nas Comunicações (CDA) de 1996 sendo o exemplo mais visível e mais desafiado, particularmente com relação a sua seção nº 230, que tratava da imunidade das empresas on-line, que não podem ser responsabilizadas pelo conteúdo postado por terceiros. A Seção nº 230 foi projetada especificamente para proteger crianças contra a pornografia on-line, ao mesmo tempo garantindo amplo direito de liberdade de expressão, o que faz ao não responsabilizar serviços provedores de internet, mecanismos de busca, ou qualquer outra página da internet que opera tráfego de conteúdo de outras pessoas, organizações ou empresas — caso de companhias como Google, Facebook, Verizon, AT&T, Wordpress e Wikipedia — todos os quais estão isentos de imputabilidade de acordo com o ato.[14] Estas são as mesmas proteções garantidas a Hunter Moore e sua página de pornô de vingança discutidas no capítulo 4. O advogado Gregory M. Dickinson descreveu o importante precedente estabelecido por uma sentença contrária ao Prodigy, um serviço provedor de internet. Ele postulou que a interpretação do juizado sobre a posição de mercado do Prodigy era de que se tratava de um "provedor de internet familiar, cuidadosamente controlado e editado", que punha em prática processos de filtragem ou bloqueio de conteúdo ofensivo em seus fóruns de mensagens; e portanto, "assumiu o papel de uma publicação semelhante a um jornal em vez de mero distribuidor, podendo assim ser imputável".[15] Ele destaca a importância da sentença judicial, ocorrida em Stratton Oakmont, Inc contra Prodigy Services Co. (1995), em que a ação da Prodigy ao aplicar algum nível de filtragem de conteúdo de natureza objecionável implicou que a empresa era responsável e imputável. Esta, ele argumenta, não era a intenção do Congresso — tornar qualquer plataforma onde possa surgir conteúdo que seja obsceno, pornográfico ou objecionável por padrões comunitários de decência incapaz de reagir.

Mecanismos de busca comerciais, até o momento, conseguiram se esconder por trás de avisos afirmando que eles não são responsáveis pelo que acontece em suas tecnologias de busca. Porém, o estudo de Dickinson dos aspectos legais com relação ao caso Prodigy levanta questões jurídicas interessantes que podem ser exploradas no âmbito dos mecanismos de busca, particularmente do Google, uma vez que estes admitiram que praticam filtragem de resultados. O que é mais aparente desde a aprovação do CDA em 1996 é que os padrões de decência na rede e na mídia tradicional serviram de combustível para as "guerras culturais" e, segundo todos os parâmetros aparentes, a indecência é sancionada pelo Congresso, o FCC e as próprias empresas de mídia. Essas garantias de imunidade foram em sua maioria reafirmadas no caso Zeran contra America On-line, Inc (1997), na sentença da Vara de Recursos da Quarta Circunscrição dos Estados Unidos, que considerou que as empresas não são partes responsáveis ou autoras de material problemático distribuído através de seus hardwares, softwares, ou infraestrutura de comunicações, mesmo a seção nº 230 tendo a intenção de fazer com que as empresas autocensurassem material indecente. Em vez disso, as varas decidiram que não podem considerar as empresas como imputáveis por não praticarem autocensura ou removerem conteúdo problemático. Complicando a questão, no ato de 1997 há uma distinção entre "provedores de serviço de informática" (conteúdo não mediado) e "provedores de informação" (conteúdo mediado).[16]

Durante as audiências no Congresso que levaram à investigação do Google por parte da Comissão Federal do Comércio, o repórter Matthew Ingram sugeriu em um artigo de setembro de 2011 que "seria difícil para qualquer um provar que os serviços gratuitos da empresa prejudicaram consumidores".[17] Mas pode-se argumentar que Ingram definiu "prejudicar" de forma muito estrita. Buscas por "latinas" ou "mulher asiática" trazem resultados focados em pornografia, encontros e fetichização. O que é chocantemente similar aos casos de buscas por "judeus" e "meninas negras", em que os resultados objecionáveis foram materializados pelo algoritmo de ranqueamento de páginas do Google — resultados que podem não refletir o contexto histórico ou social das vidas de cada um desses grupos ou seu desejo de serem representados daquelas formas. Contudo, o que é chocantemente diferente é que adolescentes negras e não brancas têm muito menos agência social, política ou econômica do que a Liga Antidifamação. Políticas públicas deveriam abrir caminhos para explorar e avaliar a qualidade da informação sobre identidades de grupo que está disponível para o público, um projeto que certamente será duramente contestado, mas que ainda assim deveria vir à luz.

A REDE COMO FONTE DE OPORTUNIDADES

A rede é caracterizada como uma fonte de oportunidades para pessoas oprimidas e marginalizadas, com um foco tremendo recaindo em diversas comunidades derrubando barreiras de hardware, software e acesso à internet. Entre as ideias mais prevalentes sobre os aspectos políticos de desfranqueamento tecnológico e oportunidade estão teorias que giram em torno do conceito de "cisão digital", um termo cunhado em uma série de discursos e enquetes realizadas pela administração Clinton-Gore e a Administração Nacional de Infraestrutura de Telecomunicações. Narrativas sobre a cisão digital tendem a focar em três aspectos-chave de desempoderamento que levaram a um déficit tecnológico entre brancos e negros: acesso a computadores e software, desenvolvimento de habilidades e treinamento em tecnologias de informática e conectividade de internet — mais recentemente caracterizada por acesso à banda larga.[18]

Mas, por mais que sejam reais as disparidades entre brancos e não brancos, ou entre homens e mulheres, nas articulações tradicionais da cisão digital, com frequência falta nesse discurso tratar da estrutura de relações de poder que dão origem a tal acesso desigual aos recursos sociais, econômicos e educacionais.[19] Assim, o contexto para se discutir a cisão digital nos Estados Unidos é um paradigma limitado demais, focado nas habilidades e capacidades de pessoas não brancas e mulheres, em vez de questionar o desenvolvimento histórico e cultural da ciência, tecnologia e da representatividade que é priorizada através de tecnologias digitais, assim como a distribuição global desigual e exploradora de recursos e força trabalho no ecossistema da informação e comunicação. Certamente a cisão digital foi um arcabouço conceitual importante para aprofundar o engajamento na questão de pessoas mais pobres e não brancas, mas também criou novas oportunidades de lucro para corporações multinacionais.[20] Superar a cisão digital através de acesso e treinamento generalizado, e a distribuição de hardware e software não lida com as críticas centrais à cultura dos que têm muito e dos que têm pouco no campo da tecnologia digital dos Estados Unidos; mas sim, muito como no caso da distribuição disseminada de outros bens tecnológicos como o telefone, não alterou o panorama das relações de poder embasadas em raça e gênero.

Os mecanismos de busca precisam ser conciliados com a necessidade crítica de superar a cisão digital, uma vez que buscas são uma parte significativa da medição da experiência on-line. Estudiosos da cisão digital já argumentaram que crescentes interações culturalmente relevantes como tecnologia, presença na rede e construção de habilidades contribuirão para uma maior inclusão e maior agência social, política e econômica para grupos historicamente sub-representados, marginalizados e oprimidos.[21] Esse é o eixo do projeto neoliberal de "elevação" ou "empoderamento" — ao remediar a falta de treinamento em habilidades de programação de computadores, por exemplo. Essas abordagens não levam em conta as políticas econômicas e os mecanismos corporativos em jogo, e precisamos nos perguntar como comunidades podem intervir para moldar diretamente as práticas de plataformas de tecnologias que dominam o mercado e são bem estabelecidas, e que mediam a maior parte de nossas interações na rede.[22] Elas também frequentemente subanalisam as condições de trabalho diaspóricas encaradas por mulheres negras que estão envolvidas com a extração de minerais brutos para proporcionar a manufatura de hardware de computadores e aparelhos celulares. Levanto essa questão porque pesquisas sobre a cisão digital global e o papel do Google nela[23] devem continuar a se expandir para incluir um olhar sobre as maneiras como pessoas negras nos Estados Unidos e afora estão participando e, no caso dos Estados Unidos, *não* participando em um grau significativo nas indústrias da informação e tecnologia.[24] Isto faz do chamamento por participação de "prossumidores",[25] como uma forma de conceituar como pessoas negras podem partir de meros consumidores de tecnologia digital para se tornarem produtores de tecnologia, uma discussão muito mais complexa.

George Ritzer e Nathan Jurgenson da Universidade de Maryland caracterizam essa ênfase em combinar os aspectos consumidores e produtivos da interação digital como "uma tendência em direção ao trabalho não pago ao invés de assalariado e ao oferecimento de produtos sem custo, e o sistema é marcado por uma nova abundância onde a escassez certa vez predominou".[26] O estudioso crítico de comunicações Dallas Smythe descreve esse tipo de prossumerismo como "a audiência como commodity", na qual usuários são vendidos para anunciantes como um bem e, em troca de serviços "gratuitos", usuários são explicitamente expostos a anúncios.[27] Christian Fuchs, diretor do Instituto de Comunicação e Pesquisa Sobre Mídia e do Instituto Westminster de Estudos Avançados, discute essa estratégia de acumulação, que se apoia nos usuários do Google, como um processo tanto de comoditização de prossumidores quanto de comoditização de audiência através do uso da natureza descentralizada da rede.[28] A participação intensiva de pessoas fazendo uploads, downloads, compartilhamentos, marcações, navegando, construindo comunidades e gerando conteúdo, permite a distribuição em massa e interações de um-para-muitos e de muitos-para-muitos de uma forma que a mídia tradicional não poderia realizar devido a sua natureza centralizada.[29] No trabalho de Fuchs sobre a economia política do Google, ele caracteriza o conteúdo não pago gerado por usuários como a base para a habilidade do Google em conduzir buscas por palavras-chave, uma vez que a empresa indexa todo o conteúdo gerado por usuários e "dessa forma atua como um metaexplorador de todos os usuários produtores de conteúdo".[30] Trabalho excedente é gerado para o Google através de interações dos usuários com seus produtos, do Gmail ao Google Scholar, pela leitura de blogs no Blogger/Blogspot, pelo uso do Google Maps ou do Google Earth, ou assistindo vídeos no Youtube, entre outros dos muitos serviços da empresa.[31] As ofertas verticais do Google são tantas,[32] somadas à priorização de suas próprias propriedades em buscas por palavras-chave, que o mero uso de qualquer uma dessas ferramentas "gratuitas" cria lucros de bilhões de dólares para o Google — lucros gerados tanto pelo trabalho não remunerado de usuários quanto pela entrega de audiências para anunciantes. O trabalho de Fuchs detalha explicitamente como os produtos do Google não são os serviços como o Gmail ou o Youtube; seus produtos são todos os criadores de conteúdo na rede que o Google indexa (o produto prossumidor) e os usuários de seus serviços que são expostos à publicidade (o produto audiência).

NÓS SOMOS O PRODUTO QUE O GOOGLE VENDE PARA OS ANUNCIANTES

Esses aspectos do desenvolvimento de software e hardware são importantes, e interações decrescentes de mulheres e pessoas não brancas no setor de design de alta tecnologia, somadas à participação cada vez mais marginalizada nos segmentos mais perigosos e voláteis no mercado de trabalho da tecnologia de comunicação e informação, causam impacto em artefatos como os resultados de buscas. De acordo com dados do Departamento do Trabalho dos Estados Unidos sobre a força de trabalho, obtidos pelo jornal *Mercury News* graças a uma petição embasada na Lei de Liberdade de Informação, dos 5.907 principais cargos de chefia nos escritórios do Vale do Silício das dez maiores empresas de alta tecnologia em 2005, 296 eram ocupados por negros ou hispânicos, um decréscimo de 20% com relação ao ano de 2000.[33] Apesar do escopo deste livro não incluir um questionamento formal da migração do trabalho de manufatura negro para centros de manufaturas de tecnologia da informação e comunicação terceirizados e situados fora dos Estados Unidos, vale notar que esse fenômeno tem implicações para a participação em indústrias que dão forma a tudo, do design de softwares ao de hardwares, e onde o Google possui um papel de protagonismo. Em 1º de julho de 2016, a própria tabela de diversidade do Google mostrava que apenas 2% de sua força de trabalho era afro-americana, enquanto latinos representavam 3%. Com todas as aberrações e desafios que empresas de tecnologia são confrontadas quando lidam com a questão da discriminação em bancos de dados, a possibilidade de contratar recém-graduados e portadores de títulos avançados de pós-graduação em estudos de negritude, estudos étnicos, estudos de índios americanos, estudos de mulheres e gênero, e estudos de asioamericanos, com conhecimento profundo de história e teoria crítica poderia ser uma vantagem maciça para trabalhar atravessando os tipos de desafios complexos encarados pela sociedade de hoje, se esse é, de fato, o objetivo da tecnocracia. Das alegações de provocações racistas no Twitter que afastam pessoas dessa plataforma[34] às acusações de proprietários de imóveis no Airbnb que discriminam abertamente afro-americanos que alugam suas casas,[35] à aplicação de perfis raciais em lojas da Apple na Austrália[36] e uso de filtros racistas no Snapchat,[37] não há falta de projetos a serem tratados de forma sofisticada por pessoas bem mais qualificadas que um engenheiro de computação sem treinamento, que, embora não por sua própria culpa, é pouco exposto ao exercício de pensamento crítico e aprendizado sobre história e cultura proporcionado pelas ciências sociais e humanidades na maioria das faculdades de engenharia por todo o mundo. A falta de uma força de trabalho diversificada e crítica quanto às questões de raça e gênero no Vale do Silício afeta sua produção intelectual.

O Google é um recurso poderoso e importante para organizar informação e facilitar cooperação e contato social, mas ao mesmo tempo reforça narrativas hegemônicas e explora seus usuários. Isto foi amplamente caracterizado por estudiosos de mídia com uma dialética que tem menos a ver com as tecnologias e serviços do Google e mais com a organização de trabalho e as relações de produção capitalistas.[38] A noção de que o Google/Alphabet tem potencial para ser uma força democratizante é certamente louvável, mas as contradições inerentes aos seus projetos devem ser contextualizadas nas condições históricas que tanto as criaram quanto são criadas por elas. Pensando especificamente em quem se beneficia dessas práticas — de contratação aos resultados de buscas e às tecnologias de vigilância —, estes são problemas e projetos que não são vivenciados de forma igualitária. Junto a minha colega Sarah T. Roberts, já escrevi, por exemplo, sobre a miríade de problemas com um projeto como o Google Glass, e os problemas envolvendo privilégio de classe que levaram diretamente ao fracasso desse projeto e a intensificação da desconfiança com relação aos gentrificadores do Vale do Silício em corredores de tecnologia como São Francisco e Seattle.[39] A falta de uma contemplação introspectiva sobre o quanto o público estaria disposto a ser vigiado no nível de intensidade possibilitado pelo Google Glass é parte do problema: conceitos seculares sobre conquista e exploração de cada horizonte, não importa quem sejam seus habitantes, são vistos como emancipatórios ao invés de colonizantes e totalizantes para as pessoas que recaírem sob seu olhar. As pessoas nas ruas podem não caracterizar o Google Glass como um projeto neocolonialista da mesma forma que nós fazemos, mas certamente sabem que não gostam de vê-lo apontado para a direção delas; e as respostas viscerais a usuários do Google Glass chamando-os de "Glassholes" (NT: Trocadilho com "*assholes*", "cuzões") é apenas um dos indicadores da desconfiança pública gerada por esse tipo de invasão de privacidade.

As trajetórias neocoloniais não estão presentes apenas em produtos como as buscas e o Google Glass, mas sim através de toda a rede econômica, onde algumas pessoas servem como os trabalhadores mais explorados, incluindo crianças e trabalhadores forçados[40] em locais como a República Democrática do Congo, garimpando minérios chamados columbita-tantalita (abreviado para "coltan") para fornecer matéria-prima para empresas como a Nokia, Intel, Sony e Ericsson (e agora Google)[41] que precisam deles para a produção de componentes como capacitores de tântalo, usado para a manufatura de chips microprocessadores para hardware de telefones celulares e computadores.[42] Outros na rede da cisão digital servem como produtores da cadeia de suprimentos para empresas de hardware como a Apple[43] e a Dell,[44] e esse trabalho terceirizado para fora dos Estados Unidos vai para os que cobram o menor preço, obtido oferecendo a remuneração mais baixa para trabalhadores sob as políticas econômicas neoliberais da globalização.

Revisando, neste ecossistema, pessoas negras fornecem o trabalho mais extenuante em busca de minerais sangrentos e, eles que fazem o trabalho perigoso e tóxico, de desmantelar refugos eletrônicos em lugares como Gana, para onde pilhas gigantescas de lixo venenoso de produtos eletrônicos descartados do resto do mundo são enviadas. Nos Estados Unidos, o trabalho negro é em sua maior parte contornado no setor manufatureiro, anteriormente uma fonte de trabalho sindicalizado estável, devido à terceirização da produção de eletrônicos e tecnologia de informática para empresas na Ásia. Identidades afro-americanas são frequentemente comoditizadas, exploradas como material provocante em uma rede que comercializa racismo, sexismo e homofobia em troca de lucros. Enquanto isso, o ônus da mudança é colocado sobre as costas de pessoas negras, e mulheres negras nos Estados Unidos em particular, para que tenham um papel mais significativo na produção de novas imagens e ideias sobre pessoas negras através do aprendizado de como programar, como se isso bastasse por si só para mudar a maré das vastas práticas excludentes do Vale do Silício em seu design de produtos e políticas de contratação.

Michele Wallace, professora de inglês da Faculdade da Cidade de Nova York e do Centro de Graduação da Universidade da Cidade de Nova York (CUNY), aponta a crise causada pela falta de controle, gestão e design por parte de pessoas negras sobre a produção da cultura comercial. Ela alega que, sob essas condições, pessoas negras serão "objetos perpétuos de contemplação, desprezo, menosprezo, apropriação e marginalização".[45] Janell Hobson, da Universidade de Albany, pede que se dê importante atenção ao comentário de Wallace sobre mulheres negras atuando como produtoras criativas no contexto da era da informação. Ela confirma que essa confluência da produção de mídia na rede é parte do campo de exclusão de mulheres negras, que são sub-representadas em muitos aspectos da indústria da informação.[46] Eu acrescentaria ao argumento dela que, embora seja verdade que a rede pode servir de espaço alternativo para conceber e compartilhar concepções empoderadas de pessoas negras, isso acontece em um ambiente altamente mediado por interesses comerciais. Simplesmente não é o suficiente estar "presente" na rede; precisamos considerar as implicações do que significa estar na rede na "cauda longa", ou mediados de forma a ficar de fora de descobertas ou participações significativas, que poderiam ter impacto transformativo no duradouro e brutal desfranqueamento econômico de afro-americanos, especialmente entre mulheres negras.

DESIGUALDADE SOCIAL NÃO VAI SER RESOLVIDA POR UM APLICATIVO

Não vai ser um aplicativo que vai nos salvar. Não resolveremos a desigualdade social deitadas na cama, olhando para um smartphone. Isso não será fruto de apenas enviar e-mails para pessoas no poder, uma de cada vez. Concepções novas, neoliberais, de liberdades individuais (especialmente no reino do uso da tecnologia) recebem apoio desproporcional em direta oposição às proteções conquistadas através de organização de larga escala para garantir direitos coletivos. Isto é evidente nos últimos trinta anos de práticas ativas contra direitos trabalhistas adotadas por diversas administrações[47] e pela crescente hostilidade dirigida aos sindicatos e organizações de direitos civis do século XXI, como a Black Lives Matter. Essas ideologias pró-indivíduo, anticomunidade, têm sido centrais para os discursos antidemocráticos, antiações afirmativas, antibem-estar social, antiescolha e antirraciais que jogam a culpabilidade por fracassos individuais sobre as falhas morais de indivíduos, e não em decisões políticas e sistemas sociais.[48] Discussões sobre discriminação institucional e marginalização sistêmica de classes e setores inteiros da sociedade foram chutadas para longe do debate público sobre remediação, e deram espaço para a viabilização e ascensão de candidatos presidenciais como Donald Trump, uma pessoa com histórico de violência misógina contra mulheres e tramoias anti-imigrantes. Apesar da resistência a esse tipo de discurso virulento no corpo político eleitoral nacional, a sociedade está também indo em direção a uma aceitação maior de processos tecnológicos que são aparentemente benignos e descontextualizados, como se esses projetos fossem também de todo apolíticos e sem consequência. Esforços coletivos para regular ou oferecer redes de segurança social através de intervenções públicas ou governamentais são rejeitados. Nesse conceito de sociedade, indivíduos fazem escolhas por sua própria vontade em um mercado livre, que é normalizado como a única fonte legítima de mudança social.[49]

É nesse ambiente sociopolítico mais amplo que a Comissão Federal de Comunicações e a Comissão Federal de Comércio têm sido relutantes em regular o ambiente da internet, com a exceção do Ato de Proteção das Crianças na Internet[50] e o Ato de Segurança para Visitantes Infantis de 2007.[51] Tentativas de se regular decência vis-à-vis dano racista, sexista e homofóbico foram largamente ignoradas pelo FCC, que coloca o ônus de comprovar dano sobre o indivíduo. Tento demonstrar, através da evidência crescente, que plataformas digitais não reguladas causam sério dano. *Trolling* está ligado diretamente com assédio on-line, bullying e suicídio, ameaças e ataques. O experimento completo da internet está agora em nossas mãos, mas ainda assim não temos o suficiente de escrutínio intenso no âmbito de políticas públicas e do seu impacto psicológico e social sobre o público.

A confiabilidade da informação pública disponível on-line se localiza no contexto de experiências reais vividas por estadunidenses que estão cada vez mais envolvidos nas mudanças que ocorrem na era da informação. Uma característica duradoura da experiência estadunidense é a pobreza sistêmica bruta, na qual as maiores porcentagens de pessoas vivendo abaixo da linha da pobreza sofrendo com desemprego ou subemprego são mulheres e crianças não brancas. A crise econômica continua a impactar desproporcionalmente pessoas pobres não brancas, especialmente mulheres negras/afro-americanas, homens e crianças.[52] Ademais, a diferença entre o patrimônio de negros e brancos se tornou tão aguda que um relatório recente da Universidade Brandeis revelou que essa diferença quadruplicou entre 1984 e 2007, tornando brancos cinco vezes mais ricos nos Estados Unidos.[53] Isto não é resultado de uma superioridade moral; isto está diretamente relacionado à gamificação dos mercados financeiros através de processos de tomada de decisão via algoritmos. Está ligado à exclusão de negros, latinos e nativos americanos dos empregos de alta remuneração no setor de tecnologia. É o resultado de segregação digital e mercados educacionais, alimentados por aplicativos aparentemente inócuos de grandes empresas de tecnologia que permitem ao público estabelecer parâmetros estritos em suas buscas por moradias e escolas. Nunca antes foi tão fácil configurar preferências de escolas em um aplicativo de busca por imóveis como o Zillow.com de forma a excluir de antemão a possibilidade de ir para uma escola "de pior qualidade", usando dados que refletem o longo histórico do "separados mas iguais", de escolas recebendo menos verbas quando situadas em bairros habitados por afro-americanos e pessoas de baixa renda. Esses aplicativos com uso intensivo de dados, que trabalham através de vastos conjuntos de dados, não mostram as intervenções de micronível que são realizadas para integrar escolas racial e economicamente e fomentar a igualdade educacional. Eles apenas tornam fácil assumir como fato dado a informação sobre "boas escolas" que levam quase que exclusivamente em direção de escolas em bairros afluentes, habitados por brancos. Precisamos dedicar atenção mais intensa em como esses tipos de inteligência artificial, sob os auspícios de liberdade individual de escolha, precluem a habilidade de vermos quais tipos de escolhas estamos fazendo e o impacto coletivo delas em reverter décadas de luta por igualdade social, política e econômica. Tecnologias digitais estão implicadas nesses conflitos.

Essas mudanças dramáticas estão ocorrendo em uma era em que a política econômica dos Estados Unidos acelerou a globalização, transportou empregos para fora do país e dizimou direitos trabalhistas. Alegações de que a sociedade está indo em direção a maior igualdade social são solapadas por dados que mostram o decréscimo substancial de acesso à propriedade de imóveis, educação e emprego — especialmente para estadunidenses negros.[54] Em meio a esse ambiente de mudanças sociais e legais, invenções de termos e ideologias "cegas à cor" propõem de forma insincera uma visão de mundo mais humanitária e não racista.[55] Isso é exacerbado por celebrações de multiculturalismo e diversidade que encobrem a opressão estrutural e social em campos como educação e ciências da informação, e que estão moldando práticas tecnológicas.[56] Pesquisas realizadas por Sharon Tettegah, professora de educação na Universidade de Nevada, em Las Vegas, mostram que pessoas que subscrevem uma visão de mundo "cega à cor" são também menos empáticas com o próximo.[57] Tornar a raça um problema das pessoas que são racialmente objetificadas, particularmente aquelas que buscam um remédio para práticas discriminatórias, encobre o papel que o governo e o povo devem ter na resolução de questões sistêmicas.[58]

Central a essas ideologias de "cegueira à cor" está o foco em quão inapropriado seria "ver raças". Em termos sociológicos, a cegueira à cor preclui o uso de informação racial e não permite qualquer classificação ou distinção.[59] Ainda assim, apesar das alegações de cegueira à cor, pesquisas demonstram que aqueles que relatam ter atitudes de maior cegueira à cor costumam ser brancos e ter mais chances de tolerarem, ou não se incomodarem, com imagens racialmente ofensivas visíveis em páginas de redes sociais.[60] Executivos do Vale do Silício, como apontado previamente, celebram seu compromisso com a cegueira à cor como se fosse uma vantagem e não uma debilidade comprovada. Em meio à reenergização do esforço proporcionado pela internet e pelas redes globais de comunicação para conectar cada estadunidense e estimular novos mercado econômicos e inovações, as vidas reais daqueles que estão à margem estão sendo reprojetadas com novos termos e ideologias que tornam a discussão sobre tais condições problemática, se não impossível, colocando o ônus das ações discriminatórias sobre os indivíduos em vez de situar problemas que afetam grupos racializados no âmbito das estruturas sociais.[61]

Formulações de pós-racialismo presumem que as disparidades raciais não mais existem, um contexto dentro do qual a ideologia da cegueira à cor encontra ímpeto.[62] George Lipsitz, um estudioso crítico da branquitude, sugere que o desafio para reconhecer disparidades raciais e as estruturas sociais (e técnicas) que as materializam é um reflexo do investimento possessivo da branquitude — que é a inabilidade de reconhecer como ideias hegemonicamente brancas sobre raça e privilégio mascaram a habilidade para ver problemas sociais reais.[63] Eu frequentemente desafio audiências que vêm para minhas palestras a considerarem que no mesmo momento histórico em que as barreiras estruturais para contratação estavam sendo tratadas legislativamente na década de 1960, a ascensão de nossa dependência em relação às tecnologias modernas começou, propondo que os computadores tomariam melhor decisão do que os humanos. Não creio ser uma coincidência que, quando mulheres e pessoas não brancas recebem enfim uma oportunidade para participar de esferas limitadas de tomada de decisão na sociedade, computadores sejam simultaneamente celebrados como uma escolha mais adequada para a tomada de decisões sociais. A ascensão do otimismo das grandes empresas de dados chegou, e se já houve um momento em que políticos, líderes da indústria e acadêmicos estiveram enamorados da inteligência artificial como uma abordagem superior ao processo de compreensão do mundo, este seria hoje. Isto deve representar um soar de alarme para que as pessoas vivendo à margem, e para as pessoas aliadas a elas, se dediquem a pensar com afinco nas intervenções de que precisamos.

CONCLUSÃO

Algoritmos da Opressão

Nós temos mais acesso a dados e tecnologia do que nunca em nossos cotidianos e, *pari passu*, mais desigualdade social, política e econômica. Neste livro, busquei criticar o arcabouço político-econômico e o discurso representativo que cercam as identidades raciais e gendrificadas na rede, mas, mais importante ainda, lancei uma luz sobre as formas pelas quais algoritmos são proposições carregadas de valores dignos de nosso questionamento. Estou particularmente atenta ao estímulo para que negros/afro-americanos adotem a tecnologia digital, de maneira apartada do contexto pelo qual tecnologias digitais estão implicadas nas relações de poder raciais globais. Tentei demonstrar a maneira pela qual as representações negativas da mídia tradicional tomaram forma nas plataformas digitais, como em mecanismos de busca, e que a própria prática da busca está entrelaçada na trama da cultura estadunidense. Embora a retórica da era da informação tente descorporificar seus usuários de forma geral, ou ao menos minimizar o contexto cultural hegemônico por trás da revolução tecnológica, afro-americanos abraçaram, modificaram e contextualizaram tecnologia em arcabouços significativamente diferentes, apesar das relações de poder expressas nos socioalgoritmos. Este livro pode abrir um diálogo sobre intervenções radicais em sistemas sociotecnológicos de uma maneira mais bem pensada que não marginalize ainda mais pessoas que já estão à margem. Algoritmos são, e continuarão a ser, contextualmente relevantes e repletos de poder.

EM DIREÇÃO A UM FUTURO ALGORÍTMICO ÉTICO

Este livro abre novas linhas de questionamento usando o que acredito ser uma abordagem de estudos tecnológicos feminista negra (ETFN) às buscas realizadas pela internet. ETFN pode ser teorizada como uma abordagem epistemológica à pesquisa sobre identidades gendrificadas e racializadas em estudos de mídia digital e analógica, e oferece uma nova lente para analisar o poder, enquanto mediado por identidades interseccionais. Maiores pesquisas sobre políticas, cultura e valores embutidos nas buscas da internet podem ajudar a delinear um contexto mais amplo do uso e adoção pioneira de tecnologias digitais por afro-americanos, o que é largamente subestudado, particularmente a partir das perspectivas de mulheres e meninas. ETFN é uma forma de trazer mais aprendizado, além do discurso tradicional sobre consumo da tecnologia — e sua falta — entre pessoas negras. Pesquisas futuras usando esse arcabouço podem fazer emergir contranarrativas sobre pessoas ne tecnologia e podem incluir como práticas culturais afro-americanas populares estão influenciando a juventude não afro-americana.[1] Narrativas sobre afro-americanos e mulheres como sendo tecnologicamente analfabetos não são nenhuma novidade, mas desmistificar o conceito de negros/afro-americanos como um grupo marginal à base mais ampla de usuários de tecnologia digital pode nos ajudar a definir novas formas de pensar sobre as motivações na próxima onda de inovações, design e, muito possivelmente, resistência tecnológica.

ALGORITMOS E INVISIBILIDADE: MINHA ENTREVISTA COM KANDIS

A maior parte da atenção dada à proteção da informação on-line foi legalmente discutida como uma questão de "direitos". Direitos são um tipo de propriedade, ou privilégio, que operam na rede através de várias narrativas, como a da "liberdade de expressão" e a "livre manifestação de pensamento", todas as quais protegidas constitucionalmente nos Estados Unidos. A conceitualização do conteúdo da rede e do direito de uso de URLs como "propriedades" aptas a receber proteções legais de âmbito civil carrega consequências para indivíduos, como apontado no trabalho previamente mencionado de Jessie

Daniel, que documenta a representação negativa do dr. Martin Luther King Jr. na página martinlutherking.org, uma página da internet enganosa operada por neonazistas e supremacistas brancos nos servidores do fórum neonazista Stormfront.[2] A propriedade privada da identidade na rede é uma questão de quem pode pagar e quem entra na fila mais rápido para comprar marcadores de identidade que estabelecem um tipo de registro oficial sobre uma pessoa ou grupo de pessoas. De fato, qualquer um pode possuir a identidade de outra pessoa no atual cenário digital. O direito ao controle da identidade e memória grupal ou pessoal deve se tornar uma fonte de preocupação para arquivistas, bibliotecários e trabalhadores da informação, e uma questão de regulamentação na internet e de políticas públicas.

Para concluir este livro, desejo apresentar um exemplo que vai além do Google e olhar de forma mais próxima as consequências da falta do controle sobre identidade em uma outra plataforma: o Yelp.

Kandis gerencia seu negócio já faz trinta anos, e seus principais clientes são afro-americanos. Esta é a história dela, que elucida de forma muito pessoal como a opressão algorítmica opera e está afetando a sua própria qualidade de vida enquanto dona de um pequeno negócio, o único salão de cabeleireiros afro-americano em uma vizinhança predominantemente branca, localizada nas proximidades de um prestigiado município universitário nos Estados Unidos:

Quando eu cheguei aqui pela primeira vez e abri meu salão, tinha uma comunidade afro-americana forte. Havia sororidades e fraternidades negras, e eles tinham shows de sapateado, que não existem mais! A organização União dos Estudantes Negros era muito forte; isso foi nos anos 80. Todo mundo se sentia como se fosse parte da família, e todo mundo se conhecia. Mesmo eu trabalhando só nessa parte da cidade, era quase como se estudasse com eles também. Nós todos nos conhecíamos, e todo mundo celebrava o sucesso uns dos outros.

Com frequência eu era convidada a participar de eventos e celebrações importantes — de casamentos a funerais dos pais deles. Por exemplo, tenho vários clientes da década de 80 que ainda atendo até hoje. Quarenta anos depois, agora estou cuidando dos cabelos dos filhos e filhas deles, que podem ou não frequentar a mesma universidade. O relacionamento está intacto e forte. Não é raro, mesmo se a gente não tenha mantido contato direto durante um bom tempo nos últimos anos, que clientes vivendo do outro lado do país recomendem para alguém que venha cortar o cabelo comigo! Eu trabalhei nessa comunidade por trinta anos. Conheço muita gente. Todos eles precisam cuidar de seus cabelos.

Perguntei a Kandis como isso mudou:

Bom, antes das mudanças trazidas pela internet, nunca tive que fazer muita publicidade porque meu nome tinha peso dentro do campus e da faculdade. Então, se você era um negro estudando na faculdade de Direito ou de Medicina, eu ia saber quem você era, praticamente assim que você entrasse na faculdade, porque as pessoas iam falar para eles sobre mim, e então eles viriam marcar uma hora comigo.

Mas agora, porque tem só um pequeno número de afro-americanos na Universidade, e esses poucos não estão ajudando uns aos outros, estamos perdendo a arte da conversação e de como costumávamos passar informação verbalmente. Então meu nome começou a sumir. Meio que me lembra das canções que as crianças cantam no Ensino Infantil, e elas perduram por gerações. Todas as crianças conhecem algumas canções de ninar e algumas rimas, até mesmo as que os seus pais cantavam quando elas eram pequeninas. É como se essas canções estivessem presas no tempo. Nós, afro-americanos, somos contadores de histórias. Não se fala mais do meu nome, porque os jovens não falam mais uns com os outros. Eu pude sustentar um estilo de vida humilde. Antes dessas mudanças, da quebra da bolsa de valores e agora desse jeito de fazer negócios através da tecnologia, a vida virou uma batalha morro acima, e sinto como se estivesse me afogando. Eu cheguei até a pensar em sair e abandonar tudo, mas para onde eu iria? Onde eu iria? Olha, eu tô bem acostumada com diversidade, mas quando o campus deixou de admitir tantos negros, eu me tornei uma minoria de uma forma que nunca senti antes. Você pensa na Universidade como sendo parte de uma comunidade, e a comunidade deveria se beneficiar da Universidade. Mas eu não acho que eles pensaram no que ia acontecer com todos esses negócios que davam apoio aos estudantes. Para onde os estudantes e os professores iriam para terem suas necessidades atendidas, como alguém para cuidar de seus cabelos? Digo, outros estudantes podem descer a rua e ir em qualquer lugar, mas os estudantes negros têm que ter um carro e viajar por trinta minutos até chegar do outro lado da cidade? Por que eles têm que ter um carro ou outro meio de transporte quando ninguém mais precisa disso para conseguir cuidar do próprio cabelo?

Kandis foi diretamente atingida pelas mudanças que se afastaram das ações afirmativas e dizimaram a admissão de afro-americanos em faculdades e universidades nos últimos vinte anos:

Algumas vezes pessoas estão em um campo muito competitivo, e elas precisam ir para algum lugar onde não sejam julgadas, onde possam ser elas mesmas e onde não têm que se desculpar pela forma como falam ou por sua cultura ou se perguntar, caso elas forem até um cabeleireiro caucasiano, se ele vai saber tratar do cabelo delas.

Ser uma mulher negra e precisar de cuidados com o cabelo pode ser uma experiência alienante.

A qualidade do serviço que ofereço afeta mais que a parte externa de alguém. Não é só sobre o cabelo. Muitas pessoas estão longe de suas famílias e precisam de alguém para confiar e que lhes dê apoio. As pessoas gostam que lhes recomendem alguém em quem possam confiar.

Perguntei para Kandis como a internet mudou as coisas para ela e seu negócio:

Naquela época, quando eu tinha mais clientes, não havia internet. Um computador pessoal era quase que um conceito, mas não uma realidade para a maioria das pessoas. No começo, você tinha um monte de gente mais jovem em cima das novidades da computação ou que sabiam mexer em computadores e estavam por dentro das tendências do momento. Minha geração era um pouco mais lenta para entender e participar. A internet também desenvolveu uma nova era de infomerciais e da universidade de faça-você-mesmo!

A internet agora mostra para todo mundo como fazer as coisas por si mesmo e dispensar intermediários. Eles criaram os novos consumidores. Novos consumidores valorizam menos os pequenos negócios; eles acham que só porque assistiram um novo infomercial podem fazer eles mesmos, comprar eles mesmos, construir eles mesmos. Além disso, porque você pode comprar de tudo para si mesmo, os novos consumidores agora são muito folgados. Eles não têm vergonha de entrar na loja e sair tirando fotos. Eles coletam todo seu trabalho duro, toda sua informação em dois segundos, tirando fotos dos meus produtos para que possam pedir tudo on-line em vez de comprar comigo.

Quando as coisas começaram a mudar tão rápido tecnologicamente, usar o computador foi uma transição mais fácil para mim, porque eu tinha feito algumas aulas de computação (Mac) no campus, e fui capaz de me adaptar ao que estava acontecendo. Por causa disso, eu estava familiarizada, e estava confortável em explorar o desconhecido.

Logo percebi que a internet/Yelp dizia para pessoas que eu não existia. Eu acho que algoritmos não levam em consideração comunidades não brancas e sua cultura de não confiar na internet com nossa informação pessoal e de que estamos lidando com coisas que nem sequer nos permitem deixar uma avaliação de um serviço de alguém. Não gostamos de ceder nossa informação pessoal desse jeito. E só porque não tenho avaliações, isso não quer dizer que não tenho valor. Porque o computador, ou acho que é a internet/Yelp, está redefinindo quem tem valor e onde ele se encontra, e eu acho que isso é falso. Não está certo.

O algoritmo não devia ter como decidir se eu existo ou não. Então eu tive que pensar em uma saída, dentro das minhas limitações financeiras, porque agora vira outro fardo financeiro ter que permanecer relevante aos olhos do que a internet está dizendo para as pessoas que tem valor. Eu tive que ser criativa e gastar um bocado de tempo no computador tentando descobrir qual é o meio mais barato de ser visível com o maior impacto.

Então, quando descobri o Yelp e suas supostas vantagens — porque eu não acho que foi realmente vantajoso para mim —, eu fui forçada a participar do Yelp.

Perguntei sobre como foi participar do Yelp.

Eles dizem pra você que é tudo de graça, como se estivessem fazendo um serviço comunitário, mas, mais pra frente, é basicamente pagar pra usar. Eles ligam regularmente para te fazer gastar umas centenas de dólares por mês para anunciar neles, e, se você não faz isso, eles te empurram mais e mais pro final da lista. Eu posso estar sentada na minha cadeira procurando por mim mesma e não me achar no aplicativo, ou então achar, só que dez páginas depois. Posso jogar toda palavra-chave, como "afro-americano", "negro", "relaxador", "natural", e então negócios brancos, cabeleireiras brancas, ou salões brancos claramente aparecem na minha frente — junto de pessoas que não estão nesse negócio há tanto tempo quanto eu. Eu acho que eles têm que colocar quanto tempo as pessoas estão no ramo naquele algoritmo, porque não acho justo que gente que acabou de começar esteja aparecendo antes de nós, que podemos estar ou não na internet mas temos mais experiência e estamos há mais tempo estabelecidos.

E outra coisa, pessoas negras não fazem "check in" e deixam pessoas saberem onde elas estão quando sentam na minha cadeira. Elas já se sentem como se estivessem sendo caçadas; elas não vão dizer para os homens onde elas estão. Eu tenho avaliações de clientes reais que eles acabam filtrando porque não se adequam aos requisitos de como eles pensam que alguém deveria me avaliar.

Pedi para que ela me contasse mais sobre isso.

Eu acho que o Yelp vê as pessoas como clientes *deles*, não meus. Se eles são clientes que são leais ao seu negócio e a você, eles não estão interessados. Eles querem fazer marketing pros meus clientes, e se você me avalia e nunca avaliou nenhum outro negócio, eles não vão te considerar como uma voz séria no Yelp. Do que isso se trata? Eles estão vendendo para os avaliadores. Uma vez que sou a única pessoa negra nesta vizinhança cuidando de cabelos, isso devia fazer a balança pender a meu favor, mas não. Se eles fossem honestos, isso ia querer dizer que eu ficaria no topo. Mas eles estão promovendo e enviesando o relevo geral da região, o que está me causando mais prejuízo ao fazer parecer que eu não existo.

Eu estive no Facebook e procurei os perfis de algumas pessoas que trabalham no Yelp, e a partir da minha perspectiva e do que vi, não tem tanta gente negra. Não tinha diversidade. Você pode ver todo mundo no FB, e essas pessoas não são pessoas negras. E isso é um problema, porque como elas saberiam sequer de que forma considerar as necessidades de uma minoria ou como é a nossa linguagem? Você está nos dizendo que temos que usar certas palavras-chave, e nem sequer conhece nossa linguagem, porque você pensa que "cabelo negro" quer dizer uma *cor* de cabelo, e não uma *textura*! Nós não chamamos uns aos outros de afro-americanos; a sociedade nos chama assim. Você entende o que eu digo? Nós somos negros.

Sabe, eles me trancaram para fora do Yelp. Foi quando mandei para eles um e-mail perguntando por que eu não estava na primeira página do Yelp e por que, quando estou sentada na minha cadeira, não consigo me encontrar na página, e ainda por que, quando uso certas palavras-chave, não consigo encontrar meu negócio. Eu disse para eles que, ao fazer isso, eles estão sugerindo que eu não existo. Naquela época, eles filtraram a maioria das minhas avaliações e me trancaram para fora por uns quatro meses. Toda vez que você faz uma mudança no Yelp, tem alguém checando você. Se você entra na sua página, tem alguém vendo o que você está fazendo. Eu sei disso porque você recebe gente perguntando sobre você, Yelp vai te ligar e tentar conseguir que você anuncie. E eles vão dizer que veem pessoas tentando se conectar com você através do Yelp, e então vão tentar te vender espaço pago. Eles vão tentar mostrar o valor deles dizendo que podem te ajudar a conseguir mais clientes. Eu costumava ter a minha própria página, mas agora tenho um terço de página com pessoas semelhantes a mim. E se não te escolhem, eles exibem sua concorrência. Por uma taxa, eles removem seus concorrentes, mas senão, eles mostram sua concorrência na sua própria página! Você não tem mais a sua própria página; você está em uma página com anúncios e sua concorrência, que são semelhantes ao seu estilo, e vão te colocar ao lado deles enquanto você procura o seu próprio negócio na rede.

Eles preferem mostrar outros cabeleireiros em outras partes da cidade só para evitar conduzir clientes para alguém que não está pagando por anúncios. Então eu fazia algo do tipo colocar uma foto minha, que é algo que eles sugerem, e usar palavras-chave para ser localizada, mas isso não ajuda mais agora. Antes, o Yelp encorajava o dono do negócio a colocar uma foto dele mesmo, e isso era ótimo para mim. Isto foi quando ser parte de uma minoria fazia com que eu me destacasse. Isso não durou muito porque eles pararam de mostrar a sua foto, e agora eles colocam um mapa em vez de te permitir mostrar a sua própria imagem. Sua própria imagem não aparece. Antes de você chegar nas minhas fotos e avaliações, há sugestões de outros negócios que podem estar a mais de oito quilômetros de distância. O primeiro que aparece é para um estabelecimento que faz depilação a laser e extensões. Eu não faço depilação nem coloco extensões.[3]

Kandis pegou seu celular e me mostrou sua página no Yelp e como tudo funcionava.

Eles já estão anunciando contra mim. No fim da página, tem mais concorrentes. Eu tenho que pagar para tirarem isso. Minhas avaliações estão no meio. Você não tem mais controle sobre as fotos. Eles têm uma seção de "pessoas que viram isso também viram...", e que vai para outros negócios. Eu tenho que pagar para que tirem isso. Eles têm algumas avaliações que agora estão bloqueadas, que eles sentem que eu pedi para meus clientes fazerem, e porque essas pessoas não avaliaram outras pessoas, eles não mostram.

Então, se você recebe duas avaliações em um dia e não teve nenhuma em seis meses, eles acham que você fez alguma coisa, e eles bloqueiam minhas avaliações.[4] O princípio básico do Yelp é supostamente levar as pessoas a tomarem decisões sem vieses quando estão escolhendo bons negócios. Como? Me diz? Eles podem honestamente fazer isso quando estão no ramo de vender espaço publicitário?

Eles controlam o algoritmo, que controla quem pode escrever avaliações. Tudo isso tem uma enorme influência sobre onde você vai ficar na lista. Você reza e tem esperança que seus clientes, que podem ser de uma geração ou cultura diferentes, vão participar do que eles construíram. Simplesmente não é tão aleatório quanto se pode pensar.

Não tem um algoritmo que substitua a dignidade humana. Eles criaram um sistema que simula um valor, baseado no próprio algoritmo deles, para que o Yelp possa ser beneficiado em primeiro lugar. Quando empresas como o Yelp balançam a árvore para pegar todas as frutas mais maduras, isto afeta todos os pequenos negócios e ganha-pão de pessoas reais que nunca vão trabalhar para os Estados Unidos corporativo. A chave é ser independente dessas empresas, porque elas nunca param. Elas desenvolvem novos objetivos, e voltam até você com novas visões. E não é como em um contrato de verdade em que você pode debater e negociar. A balança pende só para um lado; você não tem como negociar.

Eu verifiquei todas as alegações que Kandis estava fazendo, visitando a página dela e de outros pequenos negócios para ver como o Yelp situava a concorrência. De fato, em vários momentos em que achei que estava clicando em avaliações do pequeno negócio dela ou obtendo mais informações, eu estava na verdade clicando em concorrentes e era direcionada para além do negócio que estava investigando. Eu compartilho a experiência de Kandis para demonstrar a forma como tanto a interface quanto o design algorítmico está tomando novas dimensões de controle e influência sobre a representação e o acesso à informação sobre seu negócio. Ela tem muito pouca capacidade de afetar o algoritmo e, quando tenta, a empresa subverte sua habilidade de ser reconhecida por sua raça e gênero — um tipo de reconhecimento que é essencial para seu sucesso como dona de um negócio. As tentativas de implementar um algoritmo cego à cor no lugar de tomada de decisões humana têm consequências tremendas. No caso de Kandis, o que o algoritmo diz e se recusa a dizer sobre a identidade dela e a identidade de seus clientes tem um impacto social e econômico real.

IMAGINANDO ALTERNATIVAS: EM DIREÇÃO A UMA BUSCA PÚBLICA NÃO COMERCIAL

Impulsos neoliberais nos Estados Unidos para apoiar portais de informação voltados ao mercado, como o Google Search, têm consequências para a localização de informação de alta qualidade na internet referente a pessoas e comunidades, uma vez que este é o caminho primário para navegar na rede. Esta é uma das muitas contradições da atual indústria da busca e da computação em nuvem movida pelo lucro. Futuros esforços de pesquisa podem tratar de questões que nos ajudem a compreender o papel do design de plataformas, interfaces, software e experiências, como práticas que são situadas culturalmente e por gênero, e quase sempre determinadas por imperativos, poder e valores econômicos. Tal programa poderia avançar com um compromisso para garantir que páginas da internet pornográficas ou explorativas não figurem como a identificação-padrão para mulheres na rede. Apesar de uma atmosfera onde tudo que é guiado por interesses de mercado é considerado o meio mais inovador e dinâmico para gerar soluções, nós podemos ver as limitações atuais. Chamar atenção para essas práticas, por mais impopular que seja, é necessário para fomentar uma atmosfera em que a informação possa ser confiável e digna de credibilidade. O que precisamos é de uma desacoplação dos interesses publicitários e comerciais da habilidade de se acessar informação de alta qualidade na internet, especialmente dada a sua crescente proeminência como a mídia mais comum nos Estados Unidos.

Quando usamos uma plataforma de mídia digital, seja o Google ou o Yelp ou qualquer outro que use ranqueamento por decisão de algoritmos como a configuração-padrão, é possível acreditar que é normal ver uma lista de apenas um punhado de prováveis resultados na primeira página de uma busca, mas este "normal" é um resultado direto da forma como seres humanos podem ter conscientemente projetado tanto software ou hardware para funcionar desse jeito e não de outro.

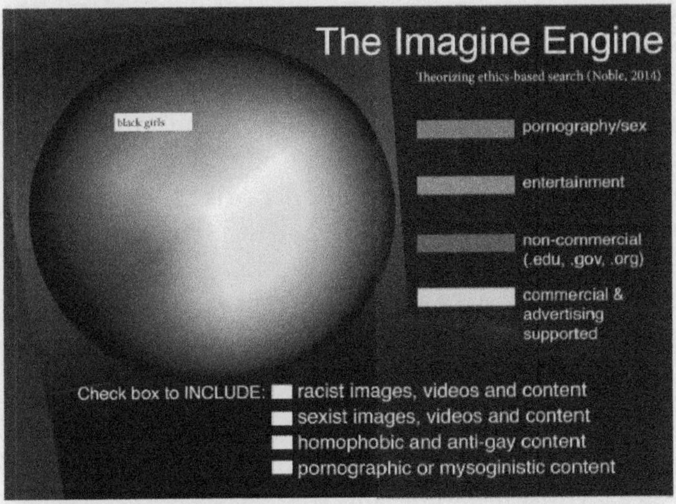

Figura C.1 A interface de transparência de S.U. Noble: o mecanismo de imaginação (NT: Com o subtítulo "Teorizando buscas embasadas em ética", a imagem apresenta quatro categorias definidas por tons diferentes de cinza: pornografia/sexo, entretenimento, não comercial (.edu, .gov, .org), e comercial e sustentada por publicidade. Abaixo surge a opção de clicar para INCLUIR na pesquisa imagens, vídeo e conteúdo racista, ou sexista, ou homofóbico e antigay, ou pornográfico e misógino.)

Em vez disso, imagine que todos os nossos resultados fossem apresentados na forma de um arco-íris visual que simbolizasse um conjunto controlado de categorias, de maneira que tudo na tela que estivesse em vermelho fosse pornográfico, tudo que estivesse em verde tivesse relação com negócios ou comércio, tudo laranja fosse entretenimento, e assim em diante. Nesse tipo de cenários, poderíamos ver toda a rede indexável e clicar nas cores em que estamos interessados e nos aprofundar nos tons que desejamos ver. De fato, podemos e devemos imaginar buscas com uma variedade de outras possibilidades. Na minha própria imaginação e em um projeto que estou tentando construir, o acesso à informação na rede pode ser projetado de forma similar a uma ferramenta de escolha de cores ou alguma outra interface altamente transparente, de forma que usuários possam encontrar tons nuançados de informação e identificar com facilidade as fronteiras entre notícias e entretenimento, ou entretenimento e pornografia, ou jornalismo e estudos acadêmicos. Neste cenário, eu poderia também ser capaz de identificar rapidamente a blogosfera e páginas pessoais.

Esses exercícios de imaginação são úteis como esforço para desnaturalizar e reconceitualizar como informação pode ser fornecida para o público vis-à-vis mecanismos de busca. Em essência, precisamos de maior transparência e pressão pública para frear a automação de nossos piores impulsos. Nós automatizamos o processo humano de tomada de decisões e então renegamos nossa responsabilidade sobre ele. Sem financiamento público e uma política de informação adequada que proteja os direitos de representação on-line justa, continuaremos tendo uma escalada na erosão da qualidade da informação disponibilizada ao público.

COMO ESTÃO AS MENINAS NEGRAS AGORA?

Desde que iniciei o estudo piloto em 2010 e a coleta de dados durante 2016, algumas coisas mudaram. Em 2012, escrevi um artigo para a *Bitch Magazine*, revista que cobre cultura popular a partir de uma perspectiva feminista, depois de algum esforço por parte dos meus estudantes me convencer que esse tópico é importante para todas as pessoas — não apenas mulheres e meninas negras. Argumentei que todos queremos acesso a informação confiável que não fomenta pontos de vista racistas ou sexistas sobre os outros. Não posso dizer que o artigo teve influência sobre o Google de qualquer maneira definitiva, mas eu continuei a fazer buscas por meninas negras regularmente, pelo menos uma vez por mês. Por volta de umas seis semanas após o artigo chegar às bancas, fiz outra busca por "meninas negras" e posso relatar que o Google mudou seu algoritmo em algum grau uns cinco meses depois de aquele artigo ser publicado. Depois de anos apresentando pornografia como a representação primária de meninas negras, o Google fez modificações em seu algoritmo, e os resultados, no momento em que esta pesquisa é concluída, podem ser vistos na Figura C.2.

Sem dúvida, conforme viajo pelo mundo falando desse assunto, audiências com frequência fazem buscas furiosamente em seus smartphones, tentando conciliar essas questões com os resultados de momento que obtêm. Alguns dias, elas ficam horrorizadas, e em outras ocasiões, menos preocupadas, porque alguma questão ou organização popular e positiva conseguiu abrir caminho através do ruído e subir até uma posição de destaque na primeira página. De fato, enquanto este livro ia para a produção, explodiram notícias sobre informações enviesadas referentes à eleição presidencial nos Estados Unidos prosperando no Google e Facebook, o que teve consequências significativas na arena política. Encorajo nós todos a darmos atenção e reconsiderar o que nos é oferecido e as consequências de nossa hiperdependência dessas tecnologias conforme elas mudam e ganham importância com o tempo. O que precisamos agora, mais do que nunca, é de políticas públicas que defendam proteções contra os efeitos de inteligências artificiais sem ética e sem regulamentação.

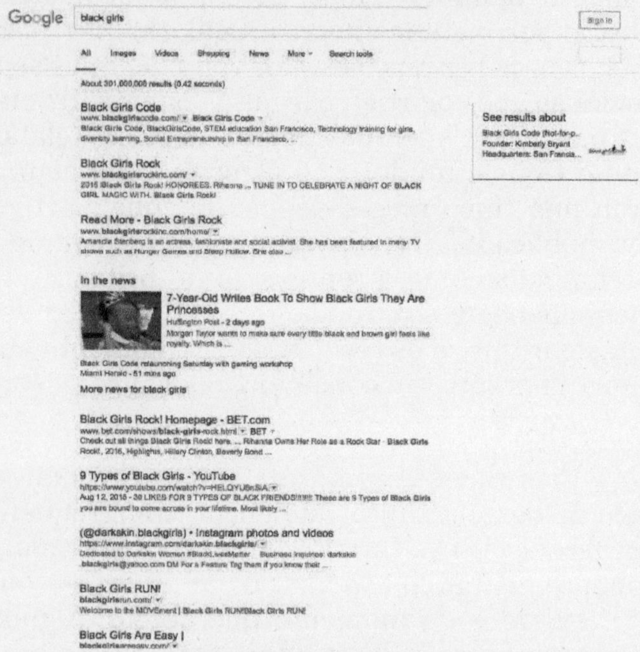

Figura C.2 Minha última busca no Google por "meninas negras", em 23 de junho de 2016. (NT: Diferentemente da pesquisa anterior, não há mais resultados pornográficos ou usando terminologia sexualmente explícita. O primeiro resultado se refere ao projeto Black Girls Code, Meninas Negras Programam, já mencionado neste livro, seguido de vários resultados que referem a outras iniciativas que promovem mulheres negras, o Black Girls Rock!, um prêmio e evento televisivo anual realizado pelo canal a cabo BET, voltado para o público negro, e o Black Girls Run, que busca estimular a prática de atividades físicas entre meninas negras. O sétimo e o oitavo resultados são para um vídeo no Youtube e um perfil no Instagram, respectivamente, dedicados a falar de mulheres negras, mas que não aplicam linguagem sexualmente explícita. O nono resultado é uma página de encontros, chamada de "Meninas Negras São Fáceis", que, *no entanto, se apresenta como "site de relacionamentos". Os últimos três resultados são para matérias jornalísticas que discutem por que meninas negras* são forçadas a deixar a escola e o problema com a ideia *de "mágica das meninas negras".)*

EPÍLOGO

Entre a época em que escrevi este livro e o dia em que ele entrou em produção, o panorama político dos Estados Unidos foi radicalmente modificado com a derrota da campanha presidencial, em 8 de novembro de 2016, da ex-secretária de Estado Hillary Clinton e a vitória de seu oponente, Donald Trump. Em questão de dias, comentaristas da mídia e analistas eleitorais já estavam tentando compreender a reviravolta, a vitória surpresa de Trump, particularmente uma vez que Clinton tinha ganhado o voto popular por quase 3 milhões de votos a mais. Imediatamente, houve alegações de que "fake news" circulando on-line tinham sido as responsáveis pelo resultado. De fato, à medida que dei palestras sobre este livro nas semanas posteriores à eleição, eu pude apenas apontar em minhas muitas falas públicas que "argumentei por vários anos sobre o dano causado às mulheres e meninas através do viés da informação comercial circulando por plataformas como Google, mas ninguém pareceu se importar até que isso derrubou uma eleição presidencial". Notavelmente, uma narrativa memorável sobre desinformação (informação patentemente falsa que tem a intenção de enganar) conquistou as manchetes sobre os resultados eleitorais.

Figura E.1 Busca no Google por "resultados finais da eleição" leva a uma página com fake news. Fonte: Washington Post, *14 de novembro de 2016. (NT: A manchete diz: "Primeiro link para notícias do Google para 'resultados finais da eleição' leva a um site de notícias falsas com falsos números".)*

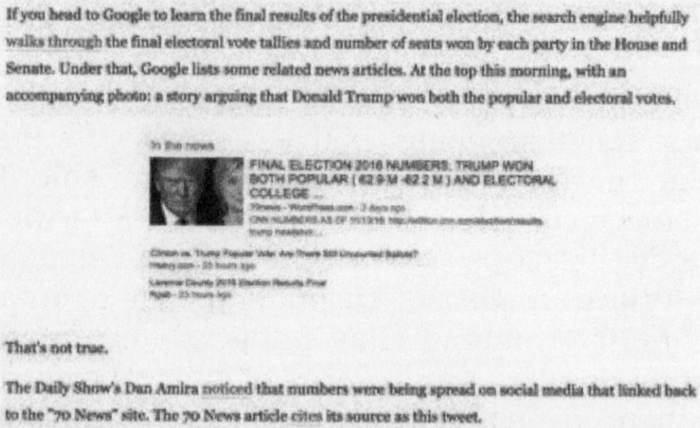

If you head to Google to learn the final results of the presidential election, the search engine helpfully walks through the final electoral vote tallies and number of seats won by each party in the House and Senate. Under that, Google lists some related news articles. At the top this morning, with an accompanying photo: a story arguing that Donald Trump won both the popular and electoral votes.

That's not true.

The Daily Show's Dan Amira noticed that numbers were being spread on social media that linked back to the "70 News" site. The 70 News article cites its source as this tweet.

Figura E.2 Os resultados do Google para pesquisa sobre resultados finais da eleição mostram Trump como ganhador do voto popular. Fonte: Washington Post, *14 de novembro de 2016. (NT: Trecho da matéria do* Post *relatando que o mecanismo de busca do Google redireciona quem está buscando informações sobre os resultados finais da eleição para um site cuja manchete diz: "Números Finais da Eleição de 2016: Trump Ganhou Tanto no Voto Popular quanto no Colégio Eleitoral". A matéria do jornal aponta que isso não é verdade, e a fonte da informação é um tuíte.)*

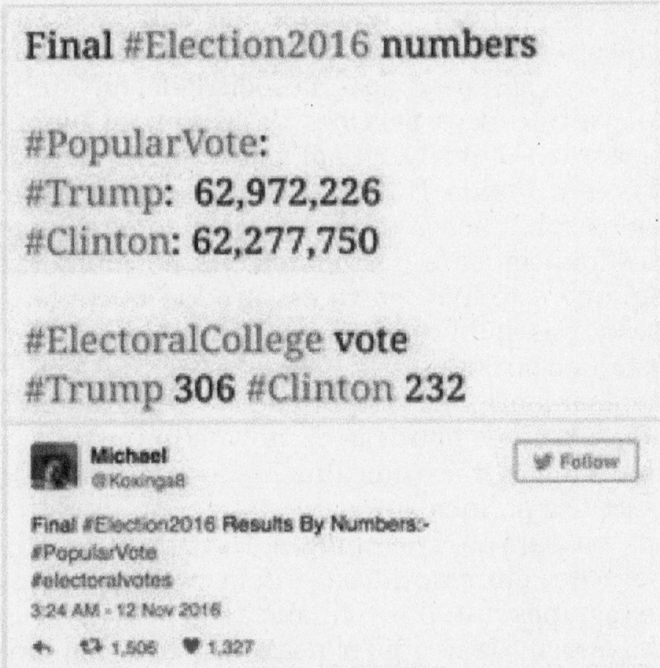

Final #Election2016 numbers

#PopularVote:
#Trump: 62,972,226
#Clinton: 62,277,750

#ElectoralCollege vote
#Trump 306 #Clinton 232

Michael
@Koxinga8

Follow

Final #Election2016 Results By Numbers:-
#PopularVote
#electoralvotes
3:24 AM - 12 Nov 2016

1,506 1,327

Figura E.3 Falsa informação circulando no Twitter mostra Trump como vencedor do voto popular, 14 de novembro de 2016.

Esse novo panorama político alterou dramaticamente a maneira como podemos pensar sobre instituições públicas como uma força majoritária em equilibrar as regras do jogo da informação que recebe curatela para fins de interesse público. E possivelmente será a origem de um livro futuro que recontextualiza o que informação significa no novo regime político que se seguirá, sob a liderança de reconhecidos supremacistas brancos e especialistas de desinformação que adentraram os mais altos níveis da governança pública.

Agências que poderiam ter tido papel significativo em apoiar pesquisas sobre o papel da informação e pesquisas na sociedade, incluindo o Instituto para Serviços de Museus e Bibliotecas, o Fundo Nacional para as Humanidades, e o Fundo Nacional para as Artes, estão todos sob ameaça de serem permanentemente desfinanciados e desmantelados no momento em que este livro entra em produção. De fato, pesquisas públicas em universidades também estão encarando séria ameaça de cortes em financiamento federal por causa de sua falta de adequação às políticas da nova administração. Isto alterou tão radicalmente o panorama da pesquisa política que cientistas e pesquisadores marcharam até Washington, DC, em 22 de abril de 2017, em resposta à ordem para que cientistas e pesquisadores financiados pelo governo deixassem de conduzir pesquisas e disseminá-las para o público. Um precedente com potencial para se estender até as universidades que realizam pesquisas públicas, ou ao menos é sob essa premissa que muitos docentes universitários estão trabalhando, considerando que isto não está fora do reino das possibilidades para os próximos quatro ou oito anos.

Neste livro, argumentei que o ambiente político e econômico neoliberal lucrou tremendamente com a desinformação e a má caracterização de comunidades, gerando todo um espectro de consequências para os mais desfavorecidos e marginalizados entre nós. Eu também advoguei a favor de um maior financiamento para pesquisas públicas e sem interesse comercial em explorar alternativas às plataformas comerciais de informação, o que incluiria apoio para mecanismos de busca não comerciais que poderiam atender ao público e dar maior atenção à circulação de informação patentemente falsa ou danosa. No atual ambiente, eu seria negligente se não reconhecesse, nas vésperas da publicação deste livro, que isto pode não ser de qualquer forma viável no atual ambiente político que está se desvelando.

Minha esperança é de que o público retomará suas instituições e direcionará nossos recursos a serviço de uma democracia multirracial. Agora, mais do que nunca, precisamos de bibliotecas, universidades, escolas e recursos de informação que nos ajudarão a sustentar e ampliar ainda mais a democracia para todos, ao invés de encolher o panorama de participação de acordo com divisões de raça, religião e gênero. A informação circula em contextos culturais de acessibilidade. Apenas desejar que a informação mais exata e com maior credibilidade ascenda ao topo dos resultados do mecanismo de busca não é suficiente, mas é com certeza um passo importante em direção a causar um impacto na cultura mais ampla de uso de informação que nos ajuda a tomar decisões sobre a distribuição de recursos entre os mais poderosos e os mais desfavorecidos membros de nossa sociedade. Em resumo, devemos lutar para sustar a circulação de material racista e sexista que é usado para erodir nossos direitos humanos e civis. Espero que este livro tenha oferecido pontos de apoio que ajudem a alcançar tal feito.

AGRADECIMENTOS

Quero agradecer o apoio das muitas pessoas e organizações que tornaram esta pesquisa possível. Primeiro, meu marido e companheiro de vida, Otis Noble III, que é verdadeiramente meu mais ardente e amoroso defensor e aguentou o grosso do que foi necessário para que eu escrevesse este livro e viajasse pelo país compartilhando-o antes de sua publicação. Sou eternamente grata por seu apoio. Por muitos anos, ele soube que eu queria deixar a América corporativa para trás, me dedicar à obtenção de meu PhD e realizar o sonho de toda a minha vida e me tornar professora. Quando conheci Otis, isso era apenas uma ideia, e algo tão distante, tão ridiculamente impossível, que ele estabeleceu uma rota para chegarmos lá a despeito de minha inabilidade em acreditar que poderia se tornar real. Estou certa de que essa é a essência do amor: a habilidade de ver o melhor nos outros, ver a mais profunda e excepcional versão deles, mesmo quando eles não conseguem ver por si mesmos. Foi isso que ele fez por mim enquanto eu escrevia este livro, e de alguma forma, apesar de todo o estresse que isso colocou sobre nós, ele continuou me amando a cada dia enquanto trabalhava neste objetivo. Estou igualmente em dívida com meu filho, que me dá amor incondicional e incessante e incrível alegria, apesar de minhas falhas como mãe e das vezes em que me afastei de brincar ou de ir à piscina para escrever este livro. Também sou grata por poder ver minha filha-bônus amadurecer lindamente e se tornar uma mulher durante os anos que passei me tornando uma estudiosa acadêmica. Espero que vocês também consigam realizar todos os seus sonhos.

Minha vida, e a habilidade para buscar emprego como uma acadêmica, é influenciada pelas experiências de se mudar para o Meio-Oeste e viver e amar em uma família diversa, com todas suas alegrias e complexidades. Esta pesquisa não seria nem um pouco tão significativa, ou até mesmo possível, sem as mulheres e meninas, assim como os homens, que se tornaram minha família através do meu casamento. Os Nobles se tornaram o epicentro da minha vida familiar, e agradeço os nossos bons momentos juntos. Minhas muitas famílias, biológica, por casamento e por escolha, me marcaram de forma positiva. Minha irmã se tornou um grande apoio para mim, que valorizo profundamente; e meu “irmão favorito”, que provavelmente é o que mais vai ter o que dizer sobre esta pesquisa, me mantém afiada porque raramente nos entendemos em questões políticas, e nos amamos mesmo assim. Agradeço a vocês dois, e suas famílias, por ficarem felizes por mim mesmo quando não me entendem. Também sou grata a Goerge Green e Otis Noble, Jr., por serem amáveis e gentis. Vocês foram, e são, bons pais para mim.

Minhas irmãs por escolha, Tranine, Tamara, Veda, Louise, Nadine, Imani, Lori, Tiy, Molly e Ryan, continuamente me levantaram e me ajudaram a refletir sobre questões intelectuais e políticas. Eu também não teria conseguido finalizar este livro sem o apoio dos meus amigos mais próximos, espalhados pelos Estados Unidos, muitos dos quais podem não querer ser nomeados, mas vocês sabem quem são, incluindo Louise, Bill e Lauren Godfrey, Gia, Amy, Jenny, Christy, Tamsin e Sandra. Esses amigos de toda uma vida (e alguns de seus pais e crianças) da escola, da faculdade, das corporações e da pós-graduação, são incrivelmente especiais para mim, e espero que saibam o quanto os aprecio, apesar do tempo juntos que deixei de passar com vocês para escrever este livro.

A paixão por esta pesquisa foi inflamada em um grupo de estudos dirigido pela dra. Lisa Nakamura em Illinois, cujas valiosas conversas foram indispensáveis para eu levar este trabalho a cabo. Minhas mais confiáveis irmãs-acadêmicas, Sarah T. Roberts e Miriam Sweeney, mantiveram um olhar crítico nesta pesquisa e me estimularam, consolaram, me fizeram rir e me inspiraram, quando a realidade de como mulheres e meninas negras são representadas em buscas comerciais me exauriam. Sarah, em particular, foi uma poderosa aliada intelectual durante esse processo, e sou grata por nossas várias colaborações em pesquisas através dos anos passados e dos que estão por vir. Nossas parcerias como autoras estão a serviço de tratar das muitas interações e consequências das tecnologias digitais e são uma das mais empolgantes e agradáveis partes desta carreira como estudiosa.

Houve muitos colegas que me deram ajuda até os momentos finais da realização deste trabalho. Eles se sujeitaram a incontáveis horas de leitura do meu texto, criticando-o, compartilhando artigos, livros, websites e recursos comigo. As melhores ideias e pensamentos nesta obra são usufruto da inteligência coletiva que é fomentada ao se cercar de mentes brilhantes e especialistas no assunto. Estou atônita com o número de pessoas necessárias para dar apoio à feitura de um livro, e essas são as principais pessoas e organizações que tiveram um papel em fornecer apoio crucial enquanto eu completava esta pesquisa. Sem dúvida, alguns podem não ser nomeados explicitamente, mas espero que saibam que seu encorajamento contribuiu para a criação deste livro.

Sou grata a meus editores, Ilene Kalish e Caelyn Cobb, da New York University Press, por tornarem este livro uma realidade. Quero agradecer às editoras da revista *Bitch* por darem o espaço que foi meu primeiro ponto de partida na imprensa em geral, e agradeço os muitos jornalistas que reconheceram o valor do meu trabalho e o levaram ao conhecimento público, incluindo o *USA Today* e a *Chronicle of Higher Education*.

As professoras Sharon Tettegah, Rayvon Fouché, Lisa Nakamura e Leigh Estabrook foram fundamentais ao liberar o andamento desta pesquisa de uma forma ou outra, em várias fases de seu desenvolvimento. Orientação e apoio importantes durante o caminho vieram da minha primeira orientadora, Caroline Haythornthwaite, e do ex-reitor da Escola de Informação de Illinois, John Unsworth.

A dra. Linda C. Smith, da Universidade de Illinois, em Urbana-Champaign, continua a ser uma apoiadora ardente, e sua silenciosa mas potente campanha de apoio a estudiosos críticos da informação transformou esse campo e deu apoio a mim e a minha família de formas que jamais serei capaz de recompensar completamente. Esta pesquisa não teria acontecido sem sua liderança, compaixão, humor e incrível inteligência, pelas quais sou muito grata. Eu sofro tentando achar formas de recompensá-la, porque o que podem ter sido pequenos gestos por parte dela foram enormes para mim. Ela é um ser humano incrível. Quero lhe agradecer por ter me lançado na minha carreira e por acreditar que o meu trabalho é uma contribuição valiosa e original, apesar dos obstáculos que encarei ou de momentos em que me sinto desamparada por aqueles cujo reconhecimento pensei precisar. Seu selo de aprovação é algo que tenho em alta consideração, e eu sou grata demais a ela.

A dra. Sharon Tettegah me ensinou como ser uma acadêmica, e eu não teria tido a carreira que tive até agora sem sua mentoria. Respeito seu papel nacional de liderança em tornar a contribuição de mulheres afro-americanas em campos das ciências exatas uma prioridade e seu compromisso incansável em realizar um trabalho que faz a diferença. Ela fez uma diferença tremenda na minha vida.

Estou em débito com várias feministas negras que me forneceram um espelho onde pude me enxergar como estudiosa e pesquisadora e consistentemente inspiraram meu amor pelo estudo de raça, gênero e sociedade: Sharon Elise, Angela Y. Davis, Jemima Pierre, Vilna Bashi Treitler, Imani Bazzell, Helen Neville, Cheryl Harris, Karin Flynn, Alondra Nelson, Kimberlé Crenshaw, Mireille Miller-Young, bell hooks, Brittney Cooper, Catherine Squires, Barbara Smith e Janel Hobson, algumas das quais nunca conheci pessoalmente, mas cujo trabalho intelectual fez uma profunda diferença para mim por muitos anos. Agradeço profundamente o trabalho e a influência de Isabel Molina, Sandra Harding, Sharon Traweek, Jean Kilbourne, Naomi Wolfe e ainda Naomi Klein. Os trabalhos de Herbert Schiller e Vijay Prashad também foram importantes para mim.

Em particular, fui sustentada intelectualmente por vários amigos cujos trabalhos eu respeito muito, que mantiveram um olhar crítico sobre minha pesquisa e carreira, e que me inspiraram quando a realidade de como mulheres e meninas são representadas em buscas comerciais me desamparava (em ordem alfabética): André Brock, Ergin Bulut, Michelle Caswell, Sundiata Cha-Jua, Kate Crawford, Jessie Daniels, Christian Fuchs, Jonathan Furner, Anne Gilliland, Tanya Golash-Boza, Alex Halavais, Christa Hardy, Peter Hudson, John I. Jennings, Gregory Leazer, David Leonard, Cameron McCarthy, Charlton McIlwain, Malika McKee-Culpepper, Molly Niesen, Teri Senft, Tonia Sutherland, Brendesha Tynes, Siva Vaidhyanathan, Zuelma Valdez, Angharad Valdivia, Melissa Villa-Nicolas e Myra Washington. Ofereço minha mais profunda gratidão a esses brilhantes estudiosos, tanto os nomeados aqui quanto os não nomeados mas citados no decorrer do livro.

Minha colega Sunah Suh, de Illinois, e Jessica Jaiyeola, da UCLA, me ajudaram com a coleta de dados, pelo que permaneço grata. Doutoras Linde Brocato e Sarah T. Roberts foram extraordinárias treinadoras, editoras e salva-vidas; Myrna Morales, Meadow Jones e Jazmin Dantzler me renderam muitas risadas e momentos de tremendo apoio. Muito obrigada a Patricia Ciccone e dra. Diana Ascher, que contribuíram grandemente para estimular minha habilidade de terminar esse livro e lançar novas empreitadas pelo caminho.

Eu não conseguiria completar esta pesquisa sem o apoio financeiro da Escola Superior de Estudos de Educação & Informação da UCLA, da Faculdade de Mídia em Illinois, da Escola de Informação de Illinois, e da bolsa Informação na Sociedade fundada pelo Instituto de Serviços de Museus e Bibliotecas, e dirigidos pelos drs. Linda C. Smith e Dan Schiller. Também recebi apoio da Iniciativa de Informática Comunitária de Illinois. Sou profundamente grata ao Instituto para Computação nas Humanidades, Artes e Ciências Sociais (I-CHASS) e à liderança e amizade do dr. Kevin Franklin em Illinois e membros-chave da comunidade HASTAC por me apoiarem no começo desta pesquisa. Illinois e a UCLA colocaram estudantes fantásticos no meu caminho para que eu pudesse aprender e crescer como professora. Mais recentemente, recebi sustento e apoio de colegas no Departamento de Estudos de Informação, Estudos Afro-americanos e Estudos de Gênero na Universidade da Califórnia, Los Angeles (UCLA), que foram defensores generosos do meu trabalho desde o início até a publicação deste livro. Obrigada aos meus colegas nessas universidades de nível mundial que foram tremendamente solidários, incluindo meus novos amigos na Escola de Comunicação de Annenberg, na Universidade do Sul da Califórnia, sob liderança da espantosa dra. Sarah Banet-Weiser, cujo apoio significa tanto para mim.

Muitas pessoas trabalham duro todo dia para criar os ambientes onde eu pude decolar, e assim, eu não teria conseguido prosperar durante esse processo sem a equipe das secretárias de Illinois e da UCLA, que apagaram incêndios, resolveram problemas, organizaram viagens, marcaram reuniões, reservaram espaços e ofereceram palavras gentis de encorajamento regularmente.

Apoio vem de muitas formas diferentes, e meus amigos nas empresas de tecnologia Pixo, em Urbana, e Pathbrite, em São Francisco — ambas fundadas por brilhantes CEOs mulheres —, foram uma grande fonte de conhecimento que afiaram minhas habilidades. Agradeço à colaboração do município de Champaign, do município de Urbana e do Centro para Inclusão Digital, em Illinois. O Centro Conjunto para Estudos Políticos e Econômicos em Washington, DC, também me deu grandes oportunidades para aprender e contribuir, assim como os estudantes da Escola para Projetar uma Sociedade e o Centro de Mídias Independentes em Urbana, Illinois.

Obrigado aos brilhantes bibliotecários #critlib e profissionais da informação no Twitter, que foi uma comunidade poderosa de apoio financeiro e emocional ao meu trabalho. Sou imensamente grata a todos vocês.

Por fim, quero agradecer àquelas em cujos ombros me ergo, incluindo minha mãe. Foi ela que desenhou o caminho, que abriu a trilha para uma vida inimaginável para mim. Quando ela se foi, quinze anos atrás, a maioria das minhas razões para viver se foi com ela. Cada conquista na minha vida foi para deixá-la orgulhosa, e eu tinha muitos sonhos que bolamos juntas ainda para serem realizados com ela ao meu lado. Sua contribuição está no coração deste trabalho: ela me criou como uma garota negra, apesar de ela mesma não ser uma mulher negra. Criar uma garota negra não deixou de apresentar um coro de desafios e oportunidades, e ela levou o trabalho de me fazer ser uma pessoa forte e confiante muito seriamente. Ela estava bem ciente que racismo e sexismo seriam grandes obstáculos que me confrontariam, e ela me educou para abraçar e celebrar minha identidade, me cercando com uma comunidade, além de uma família e um círculo de amizades fantasticamente diversos. Muito em minha vida foi pontuado por música, bonecas, arte, programas de televisão e experiências que celebram a cultura negra, um ato intencional de amor por parte dela para garantir que eu não ficasse confusa ou entendesse mal ao tentar de alguma forma pegar emprestada a identidade dela como minha própria. Ela me ensinou a respeitar todo mundo, da melhor maneira que eu conseguisse, mas entendendo que nem preconceito em nível pessoal nem opressão em nível sistêmico são de qualquer forma aceitáveis. Ela me ensinou a criticar racismo, bem vocalmente, e isto estava fundamentado em nossas próprias experiências juntas como uma família. Sou grata a ela por ter tido a previdência de saber que eu precisaria me sentir bem com o quem eu sou neste mundo, porque eu seria bombardeada por imagens e histórias e estereótipos sobre pessoas negras, e mulheres negras, que podiam me desmontar e me fazer mal. Ela queria que eu fosse uma mulher bem-sucedida, relevante, engraçada — e ela nunca viu problema algum em adicionar "negra" a essa identidade. Ela via o reconhecimento às contribuições e celebrações do povo negro como uma forma de resistência ao racismo. Ela nunca deixou de enxergar cor, e ela era crítica dessa prática antes de qualquer outra pessoa que conheci. Ela sabia que "não enxergar cor" era uma ideia perigosa, porque cor não era o ponto; cultura é que era. Ela via a negação ou apagamento da cultura negra como uma forma de racismo, e ela nunca quis que eu negasse essa parte de mim, a parte que ela achava que me tornava linda e diferente e especial em nossa família. Ela foi minha primeira professora sobre raça, gênero e classe. Ela sempre me falou sobre o brilhantismo das mulheres e me cercou de mulheres fortes, espertas, desbocadas, como minha avó Marie Thayer e sua melhor amiga, minha tia Darris, que serviram de modelo de trabalho duro, compaixão, beleza e sucesso. No espírito dessas mulheres fortes, este trabalho recebeu arrimo do amor e apoio da minha sogra, Alice Noble, que consistentemente me diz que tem orgulho de mim e me oferece o amor de mãe que ainda preciso na minha vida.

Meus mentores, drs. James Rogers, Adewole Umoja, Sharon Elise, Wendy Ng, Francine Oputa, Malik Simba e o professor Thomas Witt Ellis, do mundialmente reconhecido sistema universitário do Estado da Califórnia, abriram caminho para que minha carreira de pesquisadora se desenrolasse tão tardiamente na minha vida. Tudo que conquistei foi usando o legado daqueles que vieram antes de mim. Qualquer omissão ou erro é de minha parte. Espero deixar algo útil para meus estudantes e o público em geral, que provoque considerações sobre o impacto de tecnologias de tomada de decisões automatizadas e o porquê deveríamos nos importar com elas, através deste livro e de minhas palestras públicas sobre ele.

NOTAS

Introdução

1. Matsakis, 2017.
2. Ver Peterson, 2014.
3. Este termo foi cunhado por Eli Priser em seu livro *O filtro invisível* (Zahar, 2012).
4. Ver Dewey, 2015.
5. Na minha produção acadêmica uso termos como "palavra-c" ou "cr*oulo" em vez de usar explicitamente a forma completa de ofensas raciais. Como prática regular, também não cito ou promovo estudiosos não afro-americanos que flagrantemente usam a ofensa racial no lugar de terminologias alternativas.
6. Ver Sweney, 2009.
7. Ver Boyer, 2015; Craven, 2015.
8. Ver Noble, 2014.
9. O termo "pegada digital", frequentemente atribuído a Nicholas Negroponte, se refere aos rastros de identidade on-line usados por plataformas de mídia digital para entender o perfil de um usuário. As interações on-line são frequentemente observadas através de uma variedade de hardware (por exemplo, celulares, computadores, serviços de internet) e plataformas (por exemplo, Google, Gmail, Facebook e várias redes sociais) que estão na rede mundial de computadores. Rastros digitais são frequentemente usados no processo de mineração de dados para compor perfis de usuários. Um rastro digital pode com frequência incluir tempo, localização geográfica, e resultados de buscas passadas e cliques realizados que foram rastreados através de páginas e anúncios, incluindo cookies que são armazenados em um computador ou em algum outro tipo de hardware.
10. "Kandis" é um pseudônimo.
11. Ver H. Schiller, 1996.

CAPÍTULO 1: UMA SOCIEDADE, BUSCANDO

1. Ver ONU Mulher 2013.
2. Ver Diaz, 2008; Segev, 2010; Nissenbaum e Introna, 2004.
3. Ver Olson, 1998; Berman, 1971; Wilson, 1968; e Furner, 2007.
4. Ver Daniels, 2009, 2013; Davis e Gandy, 1999.
5. Ver Halavais, 2009, 1-2.
6. Ver Angwin et al., 2016.
7. Ver O'Neil, 2020, 8.
8. Ver Levin, 2016.
9. Ver Kleinman, 2015.
10. Os debates sobre o Google ser um monopólio foram parte de uma audiência do Subcomitê Antitruste do Congresso em 21 de setembro de 2011, e a discussão foi centrada em torno de o Google estar ou não prejudicando consumidores através de suas práticas supostamente monopolistas. O Google respondeu a essas alegações. Ver Kohl e Lee, 2011.
11. Ver Ascher, 2017.
12. Ver Leonard, 2009.
13. Ver Daniels, 2009, 2013; Brock, 2009.
14. Ver Kendall, 2002.
15. Ver Brock, 2009.
16. Ver S. Harding, 1987, 7.
17. Ver o Capítulo 2 para uma discussão detalhada da declaração sobre "judeu" feita pelo Google.
18. Ver hooks, 2019; Harris-Perry, 2011; Ladson-Billings, 2009; Miller-Young, 2007; Sharpley-Whiting, 1999; C. M. West, 1995; Harris, 1995; Collins, 2019; Hull, Bell-Scott e Smith, 1982.
19. Ver Collins, 2019; hooks, 2019; Harris, 1995; Crenshaw, 1991.
20. Ver Brock, 2007.
21. A "cisão digital" é uma narrativa sobre a falta de conectividade de grupos marginalizados ou injustiçados nos Estados Unidos, originada pelo relatório da Administração Nacional de Telecomunicações e Informação, de 8 de julho de 1999, *Falling through the Net: Defining the Digital Divide* (NT: "Caindo pela Rede: Definindo a Cisão Digital").
22. Ver Inside Google 2010.
23. Ver Fallows, 2005; Purcell, Brenner e Rainie, 2012.
24. Uma discussão detalhada sobre este assunto pode ser encontrada em um aviso do Google sobre os resultados que aparecem

quando o usuário busca pela palavra "judeu". A URL para essa declaração (agora defunta) era www.google.com/explanation.html.

25. Comitê Jurídico do Senado, Subcomitê para Antitruste, Políticas de Competição e Direitos do Consumidor, 2011.

26. Ver o trabalho de Elad Segev sobre o Google e desigualdade global (2010).

27. Uma boa discussão sobre as formas como o Google usa crowdsourcing como uma fonte de trabalho gratuito para projetos como o Google Image Labeler pode ser encontrada no blog *Labortainment*, em http://labortainment.blogspot.com (acessado pela última vez em: 20 jun. 2012).

28. Ver a obra de Cameron McCarthy, professor de pedagogia na Universidade de Illinois em Urbana-Champaign (1994).

29. Ver Nissenbaum e Introna, 2004; Vaidhyanathan, 2011; Segev, 2010; Diaz, 2008; e Noble, 2014.

30. Este processo foi detalhado cuidadosamente em Levene, 2006.

31. Blogger, Wordpress, Drupal, e outras plataformas de mídia digital, tornam o processo de construir uma página e conectá-la a outras tão simples quanto o apertar de um botão, dispensando a necessidade de conhecer código para implementar os links.

32. Ver Spink et al., 2001; Jansen e Pooch, 2001; Wolfram, 2008.

33. Ver Markey, 2007.

34. Ver Ferguson, Kreshel e Tinkham, 1990.

35. Ver Wasson, 1973; Courtney e Whipple, 1983.

36. Ver Smith, 1981.

37. Ver Bar-Ilan, 2007.

38. A declaração oficial do Google sobre quão frequentemente rastreia é a seguinte: "As aranhas do Google frequentemente escalam pela rede para reconstruir os nossos índices. Esses rastreamentos são baseados em muitos fatores, como o PageRank™, quantos links levam a uma página e limitações para o rastreio, como o número de parâmetros em uma URL. Qualquer um ou mais desses fatores pode afetar a frequência com que uma certa página é localizada pelo rastreio. Nosso processo de rastreio é algorítmico; programas de computador determinam que páginas rastrear, com qual frequência, e quantas páginas registrar de cada site. Nós não aceitamos pagamento para rastrear uma página com maior frequência". Ver Google, "Como Funciona a Pesquisa Google — Rastreamento e Indexação", acessado em: 6 jul. 2012, http://support.google.com/webmasters/bin/answer.py?hl=en&answer=34439.

39. Brin e Page, 1998a, 110.

40. Ibid.
41. Brin e Page, 1998b, 18, citando Bagdikian, 2018.
42. Em 27 de junho de 2012, os veículos de mídia on-line *The Local* e *The Raw Story* relataram o acordo firmado pelo Google, baseado em preocupações com a vinculação de links com a palavra "judeu" com celebridades populares. Ver AFP, 2012.
43. Liga Antidifamação, 2004.
44. Ibid.
45. Ver Zittrain e Edelman, 2002.
46. Ver SEMPO, 2010.
47. Uma página da web dedicada à história de memes atribui o precursor do termo "Bombardeamento de Google" a Archimedes Plutonium, uma celebridade da Usenet, que criou o termo "bombardeamento-de-mecanismo-de-busca" em 1997. Para mais informação, ver "Google Bombing", Known Your Meme, acessado em: 20 jun. 2012, http://knowyourmeme.com/memes/google-bombing.
48. Outros ainda defendem que o primeiro bombardeamento de Google foi criado por Black Sheep, que associou os termos "Vitória Militar Francesa" de forma a dirigir tal pesquisa a uma página falsificada com a aparência do Google e que listava todas as derrotas militares francesas, com exceção da Revolução Francesa, na qual os franceses foram supostamente bem-sucedidos em matar seus próprios cidadãos. O primeiro e mais famoso caso de bombardeamento de Google foi o caso da revista *Hugedisk* vinculando a expressão "filho da puta burro" a uma página da internet que apoiava George W. Bush. Para mais informações, ver Carole e Gilbetson, 2001.
49. Brin e Page apontam que, no protótipo do Google, uma busca por "telefone celular" resulta no PageRank oferecendo como primeiro resultado um estudo sobre os riscos de falar no celular enquanto se dirige.
50. Ver SEMPO, 2004, 4.
51. Em 2003, o locutor de rádio e colunista Dan Savage encorajou seus ouvintes a irem até uma página da internet que ele criou, www.santorum.com, e postar definições da palavra "santorum", depois que o senador republicano realizou uma série de comentários homofóbicos que ultrajaram o público.
52. Ver Hindman, 2009; Zittrain, 2008; Vaidhyanathan, 2011.
53. Steele e Iliinsky, 2010, 143.
54. Ver Hindman, 2009.
55. Ibid.
56. Ver Gulli e Signorini, 2005.

57. Comissão Federal de Comunicações, 2010.

58. Associated Press v. Estados Unidos, 326 US 1,20 (1945). Diaz (2008) cuidadosamente rastreia a noção fundamental de democracia deliberativa e seu papel crítico em manter o público informado, na tradição do tratado de John Stuart Mill "Sobre a Liberdade", que defende que a democracia não pode florescer sem o debate e o discurso público do mais amplo espectro de pontos de vista possíveis.

59. Ver Van Couvering, 2004, 2008; Diaz, 2008; Noble, 2014; e Zimmer, 2009.

60. Ver Lev-On, 2008.

61. Ver Andrejevic, 2007.

62. Ver Goldsmith e Wu, 2006.

63. H. Schiller, 1996, 48.

64. Ver Fallows, 2005; Purcell, Brenner e Rainie, 2012.

65. O presidente Eisenhower avisou de antemão sobre esses projetos em seu discurso de despedida em 17 de janeiro de 1961, quando disse: "Nos conselhos do governo, devemos nos guardar contra a aquisição de influência indevida, tenha se buscado por ela ou não, pelo complexo militar-industrial. O potencial para a ascensão desastrosa de poder nas mãos erradas existe e persistirá". Eisenhower, 1961.

66. Niesen, 2012.

67. O relatório completo pode ser acessado em: www.pewinternet.rg".

68. Ver Epstein e Robertson, 2015.

69. Purcell, Brenner e Rainie, 2012, 2. O relatório Pew obteve esses resultados através de uma enquete conduzida a partir de 20 de janeiro até 19 de fevereiro de 2012, entre 2.253 adultos acima de dezoito anos, incluindo 901 entrevistas via celular. As entrevistas foram conduzidas em inglês e espanhol. A margem de erro para a amostra completa é de dois pontos percentuais para mais ou para menos.

70. Feuz, Fuller e Stalder, 2011.

71. O Google Web History é projetado para rastrear pesquisas de usuários logados de forma a melhor rastrear seus interesses. O anúncio de seu lançamento foi seguido de controvérsia considerável, e muitos artigos foram publicados on-line com instruções passo a passo sobre como proteger a privacidade garantindo que o Google Web History estivesse desativado. Para mais informação sobre a controvérsia, ver Tsukayama, 2012. O Google colocou no ar informação oficial sobre esse projeto em: http://

support.google.com/accounts/bin/answer.py?hl=en&answer=54068&topic=14149&ctx=topic (acessado em: 22 jun. 2012).

72. Leigh Estabrook e Ed Lakner (2000) conduziram um estudo nacional sobre mecanismos de controle da internet usado em bibliotecas, o que primariamente consiste de educação de usuários e políticas de atendimento, no lugar de bloqueio de conteúdos. Essas políticas e mecanismos têm o objetivo de desincentivar usuários a acessarem conteúdo objecionável, incluindo pornografia, mas também outros materiais que possam ser considerados ofensivos.

73. Ver Corea, 1993; Dates, 1990; Mastro e Tropp, 2004; Stroman, Merrit e Matabane, 1989.

74. A Liga Urbana de Chicago desenvolveu uma Estratégia de Mídias Digitais especificamente preocupada com o conteúdo e as imagens referentes a pessoas negras na internet. Ver o website da organização: www.thechicagourbanleague.org.

75. O Prêmio Imagem da NAACP reconhece a divulgação de imagens positivas de negros na mídia. Ver o website da organização: www.naacp.org.

76. Ver Hunt, Ramón e Tran, 2016.

77. FreePress.org tem uma página dedicada às questões de direitos civis, justiça e mídia. Ver: www.freepress.net/media_issues/civil_rights (acessado em: 15 abr. 2012).

78. A Comissão Federal do Comércio está analisando questões de privacidade enfrentadas por estadunidenses por conta dos programas de publicidade dirigida e baseada em análise de comportamento empregados pelo Google. A Comissão também realizou um acordo pré-judicial relativo ao projeto de digitalização de livros do Google, que foi reportado na mídia como uma "monopolística grilagem de terras on-line" sobre obras órfãs em domínio público. Ver Yang e Easton, 2009.

79. Ver Roberts, 2016; Stone, 2010.

80. Para mais informação, ver Roberts, 2012.

81. Roberts, 2016.

82. Ver Heider e Harp, 2002; Gunkel e Gunkel, 1997; Pavlik, 1996; Kellner, 1995; Barlow, 1996.

83. Ver Heider e Harp, 2002.

84. Ibid., 289.

85. Berger, 1972, 64.

86. Ver Mayall e Russell, 1993, 295.

87. Gardner, 1980, 105-106.

88. Gunkel e Gunkel, 1997, 131.

89. Lipsitz, 1998, 370.
90. Ibid., 381.
91. Ver Mills, 2014.
92. Ver Winner, 1986; Pacey, 1983.
93. Ver Chouliaraki e Fairclough, 1999.
94. Ver Barlow, 1996.
95. Ver Segev, 2010.
96. Stepan, 1998, 28.
97. #Gamergate foi um incidente envolvendo um grupo de assediadores anônimos de mulheres na indústria de videogames, incluindo Zoë Quinn e Brianna Wu, assim como a escritora e crítica Anita Sarkeesian, que receberam ameaças de morte e estupro, entre outras coisas. Em resposta a contestações da supremacia de homens brancos, sexismo, racismo e misoginia na cultura de videogames, muitas desenvolvedoras de videogame mulheres, feministas e homens apoiando mulheres no campo dos videogames também foram atacados on-line, assim como stalkeados e moralmente assediados.

CAPÍTULO 2: BUSCANDO POR MENINAS NEGRAS

1. Ver Guynn, 2016.
2. Ver Hiles, 2015.
3. Ver Sinclair, 2004; Everett, 2009; Nelson, Tu e Hines, 2001; Daniels, 2015; Weheliye, 2003; Eglash, 2002; Noble, 2012.
4. Ver o Capítulo 2 para uma explicação detalhada do Google AdWords.
5. Para proteger a identidade de indivíduos nas páginas da rede e anúncios, eu intencionalmente apaguei rostos e partes do corpo usando Adobe Photoshop, deixando, contudo, elementos visuais suficientes para que o leitor possa compreender o conteúdo e o discurso dos textos e imagens.
6. Ver Omi e Winant, 1994.
7. Ver Daniels, 2009.
8. Ibid., 56.
9. Treitler, 1998, 966.
10. Ver Golash-Boza, 2016.
11. Omi e Winant, 1994, 67.
12. Ver Daniels, 2013.
13. Ver Hall, 1989; Davis e Gandy, 1999.
14. Ver Fraser, 1996.

15. Jansen e Spink, 2006.
16. McCarthy, 1994, 91.
17. Davis e Gandy, 1999, 368.
18. Barzilai-Nahon, 2006.
19. Ver Segev, 2010.
20. Ibid.
21. Ver Williamson, 2014.
22. XMCP, 2008.
23. Morville, 2005, 4.
24. Ver C. M. West, 1995; hooks, 2019.
25. Ver Ladson-Billings, 2009.
26. Ver Yarbrough e Bennett, 2000.
27. Ver Treitler, 2013; Bell, 1992; Delgado e Stefancic, 1999.
28. Ver Davis e Gandy, 1999; Gray, 1989; Matabane, 1988; Wilson, Gutierrez e Chao, 2003.
29. Ver Dates, 1990.
30. Punyanunt-Carter, 2008.
31. Ford, 1997.
32. Fujioka, 1999.
33. Pacey, 1983; Winner, 1986; Warf e Grimes, 1997.
34. Ver Pacey, 1983.
35. Winner, 1986.
36. Warf e Grimes, 1997, 260.
37. Brock, 2011, 1088.
38. Harvey, 2005; Fairclough, 1995.
39. Ver Boyle, 2003; D. Schiller, 2007.
40. Ver Davis, 1972.
41. Ver Dorsey, 2003.
42. Ver hooks, 2019, 62.
43. Ibid.
44. Dorsey, 2003.
45. Ibid.
46. U.S. Census Bureau, 2008.
47. De acordo com o Departamento do Censo dos Estados Unidos (2007). 5,4% das pessoas casadas brancas vivem na pobreza, comparado com 9,7% dos negros e 14,9% dos hispânicos. Entre pessoas solteiras, 22,5% dos brancos vivem na pobreza, comparado com 44% dos negros e 33,4% dos hispânicos.
48. Ibid.

49. Ver o "Painel de Estudo de Dinâmicas de Renda", reportado como a enquete longitudinal de renda doméstica mais duradoura do mundo, conduzida pela Universidade de Michigan: http://psidon-line.isr.umich.edu.
50. Lerner, 2019, 223.
51. Ibid.
52. Ver Sharpley-Whiting, 1999; Hobson, 2008.
53. Ver Braun et al., 2007.
54. Ibid., 271 (notas originais omitidas).
55. Ibid.
56. Ver Stepan, 1998.
57. Ver L. Harding, 2012.
58. Ver White, 1985/1999.
59. Ver o site do museu: www.ferris.edu/jimcrow.
60. Ver Miller-Young, 2005; Harris-Perry, 2011.
61. Ver White, 1985/1999, 29. O livro de White é um excelente exame histórico da representação da Jezebel, especialmente no Capítulo 1, "Jezebel and Mammy" (27-61).
62. Ver C. M. West, 1995.
63. Ver Kilbourne, 2000; Cortese, 2008; O'Barr, 1994.
64. Ver Everett, 2009; Brock, 2009; Brock, Kvasny e Hales, 2010.
65. Ver Kappeler, 1986.
66. Ibid., 3.
67. Ver Paasonen, 2011.
68. Ver ibid.; Bennett, 2001; Filippo, 2000; O'Toole, 1998; Perdue, 2002.
69. Ver Estabrook e Lakner, 2000.
70. Nash, 2008, 53. Miller-Young, 2014.
71. Miller-Young, 2014.
72. Paasonen, 2010, 418.
73. Ibid.
74. Dines, 2010, 48.
75. Ibid., 47, 48.
76. Miller-Young, 2007, 267.
77. Ver hooks, 2019, 65.
78. Miller-Young, 2007, 262.
79. Ver Greer, 2003; France, 1999; Tucher, 1997.
80. Ver Markowitz, 1999.

81. Ver Burbules, 2001.
82. Ver Barth, 1966; Jenkins, 1994.
83. Ver Herring, Jankowski e Brown, 1999, 363.
84. Ver Vaidhyanathan, 2011; Gandy, 2011.
85. Ver Jenkins, 1994.
86. Ver Harris, 1995.
87. Ver Jenkins, 1994.
88. Davis e Gandy, 1999, 367.
89. Ver Jenkins, 1994; Davis e Gandy, 1999.
90. Ver Ferguson, Kreshel e Tinkham, 1990; Pease, 1985; Potter, 1954.
91. Ver Ferguson, Kreshel e Tinkham, 1990; Tuchman, 1979.
92. Ver Rudman e Borgida, 1995; Kenrick, Gutierres e Goldberg, 1989; Jennings, Geis e Brown, 1980.
93. Kilbourne, 2000, 27.
94. Kuhn 1985, 10; citada em hooks, 2019, 77.
95. Ver Paasonen, 2011; Gillis, 2004; Sollfrank, 2002; Haraway, 1991.
96. Ver Wajcman, 2010.
97. Ver Wajcman, 1991, 5.
98. Wajcman, 2010, 150.
99. Ver Everett, 2009, 149.
100. Ver Daniels, 2015.
101. Ver Everett, 2009.
102. Fouché, 2006, 640.

CAPÍTULO 3: BUSCANDO POR PESSOAS E COMUNIDADES

1. Dylann Roof foi indiciado na instância federal por crimes de ódio em 22 de julho de 2015. Apuzzo, 2015.
2. A página das fotos e dos textos de Dylann Roof, www.lastrhodesian.com, foi tirada do ar, mas pode ser acessada no Internet Archive em: http://web.archive.org/web/20150620135047/http://lastrhodesian.com/data/documents/rtf88.txt.
3. Ver a descrição do CCC pelo CDPS em: www.splcenter.org/get-informed/intelligence-files/groups/council-of-conservative-citizens.
4. Gabriella Coleman, da Cátedra Wolfe em Alfabetização Científica e Tecnológica da Universidade de McGill, escreveu exten-

sivamente sobre o ativismo e os distúrbios provocados pelos hackers conhecidos como Anonymous, e a natureza cultural e política de seu trabalho de vazamento de informações e hack-ativismo. Ver Coleman, 2016.

5. Estatísticas do FBI de 2010 mostram que a maioria dos crimes acontece contra pessoas da mesma raça que o perpetrador. Elas também apontam que "indivíduos brancos são presos com maior frequência por crimes violentos do que indivíduos de qualquer outra raça, representando 59,3% desse tipo de caso". Ver Departamento de Justiça dos Estados Unidos, 2010.
6. Ver Daniels, 2009, 8.

CAPÍTULO 4: BUSCANDO POR PROTEÇÃO CONTRA MECANISMOS DE BUSCA

1. Ver Associated Press, 2013.
2. Ver Gold, 2011.
3. Ibid. A postagem original pode ser vista em: http://you-aremyanchor.tumblr.com/post/7530939623.
4. Ver Cyber Civil Rights Initiative, "Revenge Porn Laws", acessado em: 9 ago. 2017, www.cybercivilrights.org.
5. Rocha, 2014.
6. Ohlheiser, 2015.
7. Ver Julgamento da Corte (Grande Câmera), 13 de maio de 2014, Google Spain SL, Google Inc. v. Agencia Español de Protección de Datos (AEPD), Mario Costeja González, http://curia.europa.eu.
8. Ver Xanthoulis, 2013.
9. Ver *Charte du droit à l'oubli dans les sites collaboratifs et les moteurs de recherche*, September 30, 2010.
10. Ver Xanthoulis, 2013; Kuschewsky, 2012.
11. Ver Jones, 2016.
12. Ver Purcell, Brenner e Rainie, 2012.
13. Ver UnpublishArrest.com, "Unpublish, Permanently Publish or Edit Content", acessado em: 9 ago. 2017, www.unpublisharrest.com/unpublish-mugshot/.
14. Ver Sweeney, 2013.
15. Blanchette e Johnson, 2002.
16. Ibid., 34.
17. Gandy, 1993, 285.
18. Ver Caswell, 2014.

19. Ver "Explore a Google Data Center with Street View", YouTube, linkado do Google, "Inside Our Data Centers", acessado em: 17 ago. 2017, www.google.com/about/datacenters/inside/.
20. Google, "Inside Look: Data and Security", acessado em: 17 ago. 2017, www.google.com/about/datacenters/inside/data-security/.
21. "Security Whitepaper: Google Apps Messaging and Collaboration Products", 2011, linkado do Google, "Data and Security", acessado em: 16 ago. 2016, www.google.com/about/datacenters/inside/data-security/.
22. Ver Storm, 2014.
23. Blanchette e Johnson, 2002, 36.
24. Ver Xanthoulis, 2012, 85, citando Fleischer, 2011.
25. Ibid.
26. Ver Google, 2012.
27. Uma linha de tempo completa do vazamento de dados feito por Edward Snowden sobre o programa de vigilância abarcante do governo dos Estados Unidos é detalhada pelo jornal *The Guardian* em MacSkill e Dance, 2013.
28. Tippman, 2015.
29. Kiss, 2015.
30. Goode, 2015.
31. Ver Robertson, 2016.
32. Ibid.

CAPÍTULO 5: O FUTURO DO CONHECIMENTO PÚBLICO

1. Ver o plano em "The Plan for Dartmouth's Freedom Budget: Items for Transformative Justice at Dartmouth", *Dartblog*, acessado em: 9 ago. 2017, www.dartblog.com/Dartmouth_Freedom_Budget_Plan.pdf.
2. Peet, 2016.
3. Ibid.
4. Ibid.
5. Qin, 2016.
6. Sanford Berman documenta a história sórdida da classificação racista na Biblioteca do Congresso em seu trabalho canônico *Prejudices and Antipathies* (1971). Uma continuação de suas pesquisas foi escrita trinta anos depois por Steven A. Knowlton no artigo "Three Decades since *Prejudices and Antipathies*: A Study of Changes in the Library of Congress Subject Headings" (2005).
7. Peet, 2016.

8. Furner, 2007, 148.
9. Ibid., 147.
10. Ibid., 169.
11. Ver Olson, 1998.
12. Ver Anderson, 2008.
13. Hudson, 1996, 256; Anderson, 2008.
14. A primeira evidência documentada de uma cultura impressa é atribuída à impressão por tipos de madeira chinesa. Ver Hyatt Mayor, 1971, 1-4.
15. Ver Saracevic, 2009.
16. Ver Berman, 1971; Olson, 1998.
17. Berman, 1971, 15.
18. Ibid., 5.
19. Ver ibid.; Palmer e Malone, 2001.
20. Ver Berman, 1971, 5.
21. Ibid.
22. Olson, 1998, 233.
23. Ibid., 234.
24. Ibid., 234-235.
25. Ibid., 235.
26. Ibid.
27. Ver Cornell, 1992; Olson, 1998.
28. Ver Olson, 1998, 237.
29. Ver C. West, 1996, 84.
30. Ver Berman, 1971, 18.
31. Ibid., citando Mosse, 1966.
32. Ver Wilson, 1968, 6.
33. Berman, 1971, 19, citando Marshall, documentos pessoais, 23 de junho de 1970.
34. Ibid., 20.
35. Reidsma, 2016.
36. Ver Galloway, 2008.
37. Ver Galloway, Lovink e Thacker, 2008.
38. Ver Galloway, 2008.
39. Battelle, 2005, 6.
40. Ver Brin e Page, 1998.
41. Saracevic, 1999, 1054.
42. Ibid.

43. Saracevic, 2009, 2570.
44. Ver Bowker e Star, 1999.
45. Ver Saracevic, 2009.
46. Ver Brock, 2011.
47. Ibid., 1101.
48. Ver Fuchs, 2008.

CAPÍTULO 6: O FUTURO DA CULTURA DA INFORMAÇÃO

1. Ver Comissão Federal de Comunicações, 2010.
2. Ibid.
3. H. Schiller, 1996, 44.
4. Cohen, 2016.
5. Ver McChesney e Nichols, 2009; H. Schiller, 1996.
6. Ver Harris-Perry, 2011; hooks, 2019.
7. Arreola, 2010.
8. Ver a página da web do Código de Ética da Sociedade dos Jornalistas Profissionais, www.spj.org.
9. Ver Darnton, 2009; Jeanneney, 2007.
10. Ver Jeanneney, 2007.
11. Ver *Authors Guild v. Google*, Case 1:05-cv-08136-DC, Document 1088, November 14, 2013.
12. Darnton, 2009, 2.
13. Ver Search King v. Google, 2003.
14. Ver Dickinson, 2010.
15. Ibid., 866.
16. Ibid.
17. Ingram, 2011.
18. Ver Wilhelm, 2006.
19. Ver Sinclair, 2004.
20. Ver Luyt, 2004.
21. Ver van Dijk e Hacker, 2003; e Pinkett, 2000.
22. Ver Rifkin, 2000.
23. Ver Segev, 2010.
24. Ver Rifkin, 1995.
25. O termo "prossumidor" é uma combinação de "produtor" e "consumidor" que é frequentemente usado para indicar um alto grau de alfabetização digital, participação econômica e contro-

le pessoal sobre os meios da produção tecnológica. O termo é principalmente atribuído, neste contexto, a Alvin Toffler, um futurista que acreditava que a linha separando o consumidor econômico tradicional e o produtor acabaria por ser apagada através de interações com a tecnologia e que esta participação iria de forma geral levar a uma maior personalização em massa de produtos e serviços por parte de corporações. Ver Toffler, 1970, 1995; Tapscott, 1996; Ritzer e Jurgenson, 2010.

26. Ritzer e Jurgenson, 2010, 14.
27. Ver Smythe, 1981/2006.
28. Ver Fuchs, 2011.
29. Ibid.
30. Ibid., 43.
31. Ibid.
32. Uma lista dos bens e subsidiárias globais do Google pode ser localizada em seus registros do SEC: www.sec.gov/Archives/edgar/data/1288776/00011931250 7044494/dex2101.htm.
33. Ver a recente cobertura da imprensa discutindo dados do Departamento do Trabalho dos Estados Unidos e o declínio significativo da presença de negros, latinos e mulheres nas indústrias de tecnologia do Vale do Silício: Swift, 2010.
34. Ver Meyer, 2016.
35. Ver Glusac, 2016.
36. Ver Eddie e Prigg, 2015.
37. Ver Mosher, 2016.
38. Ver Fuchs, 2011.
39. Ver Noble e Roberts, 2015.
40. Ver Departamento do Trabalho, Gabinete do Secretário: "Notice of Final Determination Revising the List of Products Requiring Federal Contractor Certification as to Forced or Indentured Child Labor Pursuant to Executive Order 13126", que proíbe que coltan que foi produzido por trabalho infantil entre nos Estados Unidos.
41. Kristi Esseck cobriu essa questão em seu artigo "Guns, Money and Cell Phones" (2011). A Organização das Nações Unidas também emitiu um relatório, apresentado pelo secretário-geral Kofi Annan, sobre o status de empresas envolvidas no tráfico de coltan e o impacto das investigações da ONU nos conflitos emergentes resultantes de tais práticas na República Democrática do Congo. O relatório pode ser acessado em: www.un.org/Docs/journal/asp/ws.asp?m=S/2003/1027 (acessado em: 3 jul. 2012).
42. A mineração de coltan é significativamente subestudada por acadêmicos ocidentais, mas foi documentada em vários rela-

tórios de organizações não governamentais sobre a economia próxima da escravagista no Congo como fruto da dependência do Ocidente de "minerais de conflito" que têm sido a base de guerras duradouras e regimes de contrabando em áreas que se estendem por um amplo território que abarca Ruanda, Uganda e o Burundi. Ver resenhas no *New York Times*, bem como uma análise detalhada de Anup Shah sobre as condições no Congo causadas pela mineração, em www.globalissues.org, que assevera que uma rede de elite de empresas multinacionais, políticos e líderes militares essencialmente mantiveram essas questões distantes do olhar público. Ver Hardenaug, 2001; Shah, 2010.

43. Embora menos estudos acadêmicos formais tenham sido dedicados a esta questão, considerável atenção da mídia em 2011 e 2012 focou nas condições de trabalho em partes da China onde a Apple fabrica seus produtos. Embora alguns dos detalhes dos relatos jornalísticos tenham sido propensos a erros factuais quanto a geografia e datas, há considerável evidência que as condições de trabalho pela fornecedora da Apple, Foxcom, são precárias e repletas de violações de direitos humanos. Ver Duhigg e Barboza, 2012.

44. Ver Fields, 2004.

45. Wallace, 1990, 98.

46. Ver Hobson, 2008.

47. Ver Harvey, 2005.

48. Ver Jensen, 2005; Brown, 2003; Burdman, 2008.

49. Ver Harvey, 2005.

50. O Ato de Proteção das Crianças na Internet (CIPA) foi adotado pela FCC em 2001 e é projetado para tratar do bloqueio de conteúdo pornográfico de quaisquer computadores em órgãos financiados pelos governos, como escolas e bibliotecas. O ato é projetado para incentivar organizações que utilizam descontos subsidiados pelo governo para obtenção de serviços de telecomunicação a utilizar filtros e aplicar políticas de segurança na internet. Ver FCC, "Children's Internet Protection Act", acessado em: 9 ago. 2017, www.fcc.gov/guides/childrens-internet-protection-act.

51. O Ato de Segurança para Visitantes Infantis de 2007 é projetado para regular acesso a material com temas adultos objecionáveis de forma que crianças não possam vê-los em seus celulares. A FCC está estudando o uso de softwares ou aparatos de bloqueio para serem usados em televisões e aparelhos móveis, permitindo que adultos bloqueiem acesso a conteúdo através de um chip de censura. Ver FCC, "Protecting Children from Objectionable Content on Wireless Devices", acessado em: 9 ago. 2017, www.fcc.gov/guides/protecting-children-objectionable-content-wireless-devices.

52. A Liga Nacional de Urbanização relatou em 2010 estatísticas assombrosas sobre a crise econômica, específicas a afro-americanos: (1) menos de metade das famílias negras e hispânicas são donas de um imóvel (47,4% e 49,1%, respectivamente), comparado com famílias brancas, nas quais 75% são proprietárias de suas casas; e (2) negros e hispânicos têm três vezes mais chances de viverem abaixo da linha da pobreza. Ver Liga Nacional de Urbanização, 2010.
53. Ver McGreal, 2010.
54. Ver Jensen, 2005; McGreal, 2010.
55. Ver Neville et al., 2012.
56. Ver Pawley, 2006.
57. Ver Tettegah, 2016.
58. Ver Brown, 2003; Crenshaw, 1991.
59. Ver Lipsitz, 1998; Brown, 2003; Burdman, 2008.
60. Ver Tynes e Markoe, 2010.
61. Ver Brown, 2003.
62. Ibid.
63. Ver Lipsitz, 1998; Jensen, 2005.

CONCLUSÃO

1. Ver Tate, 2003.
2. Ver Daniels, 2008.
3. Esta supressão do negócio de Kandis, segundo ela, não é baseada em sua falta de popularidade, mas, em vez disso, na sua recusa em pagar mais para o Yelp retirar seus competidores de sua página.
4. Kandis descreveu uma experiência em que dois de seus clientes que não escrevem avaliações regularmente no Yelp postaram avaliações positivas sobre ela, apenas para estas serem retiradas de sua página. Ela descreveu suas conversas com o serviço de atendimento ao consumidor do Yelp, durante as quais ela deduziu que suas avaliações foram repelidas por serem vistas como "fraudulentas" ou avaliações inautênticas que ela deveria ter solicitado.

REFERÊNCIAS BIBLIOGRÁFICAS

AFP. Google's "Jew" Suggestion Leads to Judge Order. *The Local France*, 23 maio 2012. Disponível em: thelocal.fr.

ANDERSON, B. *Comunidades imaginadas*. São Paulo: Companhia das Letras, 2008.

ANDREJEVIC, M. Surveillance in the Digital Enclosure. *Communication Review*, v. 10, n. 4, p. 295-317, 2007.

ANGWIN, J.; LARSON, J.; MATTU, S.; KIRCHNER, L. Software Used to Predict Criminality Is Biased against Black People. *TruthOut*, 2016. Disponível em: www.truth-out.org.

ANTIDEFAMATION LEAGUE. ADL Praises Google for Responding to Concerns about Rankings of Hate Sites. 2004. Disponível: em www.adl.org.

APUZZO, M. Dylann Roof, Charleston Shooting Suspect, Is Indicted on Federal Hate Crimes. *New York Times*, 22 jul. 2015. Disponível em: www.nytimes.com.

ARREOLA, V. Latinas: We're So Hot We Broke Google. *Ms. Magazine Blog*, 13 out. 2010. Disponível em: www.msmagazine.com.

ASCHER, D. . *The New Yellow Journalism*. Ph.D. diss., Universidade da California, Los Angeles, 2017.

ASSOCIATED PRESS. Calif. Teacher with Past in Porn Loses Appeal. *USA Today*, 16 jan. 2013. Disponível em: www.usatoday.com. Associated Press v. United States. (1945). 326 U.S. 1, US Supreme Court.

BAGDIKIAN, B. *O monopólio da mídia*. São Paulo: Veneta, 2018.

BAR-ILAN, J. Google Bombing from a Time Perspective. *Journal of Computer-Mediated Communication*, v. 12, n. 3, art. 8, 2007. Disponível em: http://jcmc.indiana.edu.

BARLOW, J. P. A Declaration of the Independence of Cyberspace. Electronic Frontier Foundation. 1996. Disponível em: http://projects.eff.org/barlow/Declaration-Final.html.

BARTH, F. *Models of Social Organization*. London: Royal Anthropological Institute, 1966.

BARZILAI-NAHON, K. Gatekeepers, Virtual Communities and the Gated: Multidimensional Tensions in Cyberspace. *International Journal of Communications, Law and Policy*, v. 11, p. 1-28, 2006.

BATTELLE, J. *A busca*: como o Google e seus competidores reinventaram os negócios e estão transformando nossas vidas. São Paulo: Campus, 2005.

BELL, D. *Faces at the Bottom of the Well*. New York: Basic Books,1992.

BENNETT, D. Pornography-dot-com: Eroticising Privacy on the Internet. *Review of Education, Pedagogy, and Cultural Studies*, v. 23, n. 4, p. 381-391, 2001.

BERGER, J. *Ways of Seeing*. London: British Broadcasting Corporation and Penguin Books, 1972.

BERMAN, S. *Prejudices and Antipathies*: A Tract on the LC Subject Heads Concerning People. Metuchen, NJ: Scarecrow, 1971.

BLANCHETTE J. F.; JOHNSON, D. G. Data Retention and the Panoptic Society: The Social Benefits of Forgetfulness. *Information Society*, v. 18, p. 33-45, 2002.

BOWKER, G. C.; STAR, S. L. *Sorting Things Out*: Classification and Its Consequences. Cambridge, MA: MIT Press, 1999.

BOYER, L. If You Type a Racist Phrase in Google Maps, the White House Comes Up. *U.S. News*, 19 maio 2015. Disponível em: www.usnews.com.

BOYLE, J. The Second Enclosure Movement and the Construction of the Public Domain. *Law and Contemporary Problems*, v. 66, n. 33, p. 33-74, 2003.

BRAUN, L.; FAUSTO-STERLING, A.; FULLWILEY, D.; HAMMONDS, E. M.; NELSON, A. et al. Racial Categories in Medical Practice: How Useful Are They? *PLoS Medicine*, v. 4, n. 9, p. 271, 2007. doi:10.1371/journal.pmed.0040271.

BRIN, S.; PAGE, L. The Anatomy of a Large-Scale Hypertextual Web Search Engine. *Computer Networks and ISDN Systems*, v. 30, n. 1-7, p. 107-117, 1998a.

BRIN, S.; PAGE, L. The Anatomy of a Large-Scale Hypertextual Web Search Engine. Stanford, CA: Computer Science Department, Stanford University. 1998b. Disponível em: http://infolab.stanford.edu/backrub/google.html.

BROCK, A. *Race, the Internet, and the Hurricane*: A Critical Discourse Analysis of Black Identity On-line during the Aftermath of Hurricane Katrina. Dissertação de Doutorado. Universidade de Illinois em Urbana-Champaign, 2007.

BROCK, A. Life on the Wire. *Information, Communication and Society*, v. 12, n. 3, p. 344-363, 2009.

BROCK, A. Beyond the Pale: The Blackbird Web Browser's Critical Reception. *New Media and Society*, v. 13, n. 7, p. 1085-1103, 2011.

BROCK, A.; KVASNY, L.; HALES, K. Cultural Appropriations of Technical Capital. *Information, Communication and Society*, v. 13, n. 7, p. 1040-1059, 2010.

BROWN, M. *Whitewashing Race*: The Myth of a Color-Blind Society. Berkeley: University of California Press, 2003.

BURBULES, N. C. Paradoxes of the Web: The Ethical Dimensions of Credibility. *Library Trends*, v. 49, p. 441-453, 2001.

BURDMAN, P. Race-Blind Admissions. 2008. Disponível em: www.alumni.berkeley.edu.

CALORE, M.; GILBERTSON, S. Remembering the First Google Bomb. *Wired*, 26 jan. 2001. Disponível em: www.wired.com.

CASTELLS, M. *A sociedade em rede*. São Paulo: Paz & Terra, 2013.

CASWELL, M. *Archiving the Unspeakable*: Silence, Memory, and the Photographic Record in Cambodia. Madison: University of Wisconsin Press, 2014.

CHOULIARAKI, L.; FAIRCLOUGH, N. *Discourse in Late Modernity*. V. 2. Edinburgh: Edinburgh University Press, 1999.

COHEN, N. *Writers' Rights*: Freelance Journalists in a Digital Age. Montreal: McGill-Queen's University Press, 2016.

COLEMAN, E. G. *As muitas faces dos Anonymous*. Lisboa: Relógio D'Água, 2016.

COLLINS, P. H. *Pensamento feminista negro*: conhecimento, consciência e a política do empoderamento. São Paulo: Boitempo, 2019.

COREA, A. Racism and the American Way of Media. *In*: ALEXANDER, A.; HANSON, J. (ed.). *Taking Sides*: Clashing Views on Controversial Issues in Mass Media and Society. Guilford, CT: Dushkin, 1993. p. 24-31.

CORNELL, D. *The Philosophy of the Limit*. New York: Routledge, 1992.

CORTESE, A. *Provocateur*: Images of Women and Minorities in Advertising. Lanham, MD: Rowman and Littlefield, 2008.

COURTNEY, A.; WHIPPLE, T. *Sex Stereotyping in Advertising*. Lexington, MA: D. C. Heath, 1983.

COWIE, E. Women, Representation and the Image. *Screen Education*, n. 23, p. 15-23, 1977.

CRAVEN, J. If You Type "N House" into Google Maps, It Will Take You to the White House. *Huffington Post*, 20 maio 2015. Disponível em: www.huffingtonpost.com.

CRENSHAW, K. W. Mapping the Margins: Intersectionality, Identity Politics, and Violence against Women of Color. *Stanford Law Review*, v. 43, n. 6, p. 1241-1299, 1991.

DANIELS, J. Race, Civil Rights, and Hate Speech in the Digital Era. *In*: EVERETT, Anna (ed.). *Learning Race and Ethnicity*: Youth and Digital Media. Cambridge, MA: MIT Press, 2008. p. 129-154.

DANIELS, J. *Cyber Racism*: White Supremacy On--line and the New Attack on Civil Rights. Lanham, MD: Rowman and Littlefield, 2009.

DANIELS, J. Race and Racism in Internet Studies: A Review and Critique. *New Media & Society*, v. 15, n. 5, p. 695-719, 2013. doi:10.1177/1461444812462849.

DANIELS, J. "My Brain Database Doesn't See Skin Color": Color-Blind Racism in the Technology Industry and in Theorizing the Web. *American Behavioral Scientist*, v. 59, p. 1377-1393, 2015.

DARNTON, R. Google and the New Digital Future. *New York Review of Books*, 17 dez. 2009. Disponível em: www.nybooks.com.

DATES, J. A War of Images. *In*: DATES, J.; BARLOW, W. (ed.). *Split Images*: African Americans in the Mass Media. Washington, DC: Howard University Press, 1990. p. 1-25.

DAVIS, A. Reflections on the Black Woman's Role in the Community of Slaves. *Massachusetts Review*, v. 13, n. 1-2, p. 81-100, 1972.

DAVIS, J. L.; GANDY, O. H. Racial Identity and Media Orientation: Exploring the Nature of Constraint. *Journal of Black Studies*, v. 29, n. 3, p. 367-397, 1999.

DELGADO, R.; STEFANCIC, J. *Critical Race Theory*: The Cutting Edge. Philadelphia: Temple University Press, 1999.

DEWEY, C. Google Maps White House Glitch, Flickr Auto-tag, and the Case of the Racist Algorithm. *Washington Post*, 20 maio 2015. Disponível em: www.washingtonpost.com.

DIAZ, A. Through the Google Goggles: Sociopolitical Bias in Search Engine Design. *In*: SPINK, A.; ZIMMER, M. (ed.). *Web Searching*: Multidisciplinary Perspectives. Dordrecht, The Netherlands: Springer, 2008. p. 11-34.

DICKEN-GARCIA, H. The Internet and Continuing Historical Discourse. *Journalism and Mass Communication Quarterly*, v. 75, p. 19-27, 1998.

DICKINSON, G. M. An Interpretive Framework for Narrower Immunity under Section 230 of the Communications Decency Act. *Harvard Journal of Law and Public Policy*, v. 33, n. 2, p. 863-883, 2010.

DIMAGGIO, P.; HARGITTAI, E.; NEUMAN, W. R.; ROBINSON, J. P. Social Implications of the Internet. *Annual Review of Sociology*, v. 27, p. 307-336, 2001.

DINES, G. *Pornland*: How Porn Has Hijacked Our Sexuality. Boston: Beacon, 2010.

DORSEY, J. C. It Hurt Very Much at the Time: Patriarchy, Rape Culture, and the Slave Body-Semiotic. *In*: LEWIS, L. (ed.). *The Culture of Gender and Sexuality in the Caribbean*. Gainesville: University Press of Florida, 2003. p. 294-322.

DUHIGG, C.; BARBOZA, D. In China, Human Costs Are Built into an iPad. *New York Times*, 25 jan. 2012. Disponível em: www.nytimes.com.

DUNBAR, A. Introducing Critical Race Theory to Archival Discourse: Getting the Conversation Started. *Archival Science*, v. 6, p. 109-129, 2006.

DYER, R. *White*. London: Routledge, 1997.

EDDIE, R.; PRIGG, M. This Does Not Represent Our Values: Tim Cook Addresses Racism Claims after Seven Black Students Are Ejected from an Apple Store and Told They "Might Steal Something". *Daily Mail*, 13 nov. 2015. Disponível em: www.dailymail.co.uk.

EGLASH, R. Race, Sex, and Nerds: From Black Geeks to Asian American Hipsters. *Social Text*, v. 20, n. 2, p. 49-64, 2002.

EGLASH, R. Ethnocomputing with Native American Design. *In*: DYSON, L. E.; HENDRIKS, M. A. N.; GRANT, S. (ed.). *Information Technology and Indigenous People*. Hershey, PA: Idea Group, 2007. p. 210-219.

EISENHOWER, D. President's Farewell Address. 17 jan. 1961. Disponível em: www.ourdocuments.gov. Acesso em: 25 jul. 2012.

EPSTEIN, R.; ROBERTSON, R. The Search Engine Manipulation Effect (SEME) and Its Possible Impact on the Outcomes of Elections. *PNAS*, v. 112, n. 33, p. E4512-E4521, 2015.

ESSECK, K. Guns, Money and Cell Phones. *Industry Standard Magazine*, jun. 2011. Disponível em: www.globalissues.org.

ESTABROOK, L.; LAKNER, E. Managing Internet Access: Results of a National Survey. *American Libraries*, v. 31, n. 8, p. 60-62, 2000.

EVANS, J.; MCKEMMISH, S.; DANIELS, E.; MCCARTHY, G. Self-Determination and Archival Autonomy: Advocating Activism. *Archival Science*, v. 15, n. 4, p. 337-368, 2015.

EVERETT, A. *Digital Diaspora*: A Race for Cyberspace. Albany: SUNY Press, 2009.

FAIRCLOUGH, N. *Critical Discourse Analysis*. London: Longman, 1995.

FAIRCLOUGH, N. *Analysing Discourse*: Textual Analysis for Social Research. London: Routledge, 2003.

FAIRCLOUGH, N. *Language and Globalization*. London: Routledge, 2006.

FAIRCLOUGH, N. *Analysing Discourse*. New York: Taylor and Francis, 2007.

FALLOWS, D. Search Engine Users. *Pew Research Center*, 23 jan. 2005. Disponível em: www.pewinternet.org.

COMISSÃO FEDERAL DE COMUNICAÇÕES. *National Broadband Plan: Connecting America*, 2010. Disponível em: www.broadband.gov/download-plan/.

FERGUSON, J. H.; KRESHEL, P.; TINKHAM, S. F. In the Pages of *Ms.*: Sex Role Portrayals of Women in Advertising. *Journal of Advertising*, v. 19, n. 1, p. 40-51, 1990.

FEUZ, M.; FULLER, M.; STALDER, F. Personal Web Searching in the Age of Semantic Capitalism: Diagnosing the Mechanisms of Personalization. *First Monday*, v. 16, n. 2-7, 2011. Disponível em: www.firstmonday.org.

FIELDS, G. *Territories of Profit*. Stanford, CA: Stanford Business Books, 2004.

FILIPPO, J. Pornography on the Web. *In*: GAUNTLETT, D. (ed.). *Web.Studies*: Rewiring Media Studies for the Digital Age. London: Arnold, 2000. p. 122-129.

FLEISCHER, P. Foggy Thinking about the Right to Oblivion. *Peter Fleischer: Privacy...?* (blog), 9 mar. 2011. Disponível em: http://peterfleischer.blogspot. com/2011/03/ foggy-thinking-about-right-tooblivion.html.

FORBES, J. D. The Manipulation of Race, Caste and Identity: Classifying Afro-Americans, Native Americans and Red-Black People. *Journal of Ethnic Studies*, v. 17, n. 4, p. 1-51, 1990.

FORD, T. E. Effects of Stereotypical Television Portrayals of African Americans on Person Perception. *Social Psychology Quarterly*, v. 60, p. 266-278, 1997.

FOUCAULT, M. *A arqueologia do saber*. São Paulo: Forense Universitária, 2012.

FOUCHÉ, R. Say It Loud, I'm Black and I'm Proud: African Americans, American Artifactual Culture, and Black Vernacular Technological Creativity. *American Quarterly*, v. 58, n. 3, p. 639-661, 2006.

FRANCE, M. Journalism's On-line Credibility Gap. *Business Week*, v. 3650, p. 122-124, 1999.

FRASER, N. *Social Justice in the Age of Identity Politics*: Redistribution, Recognition, and Participation. The Tanner Lectures on Human Values. Stanford, CA: Stanford University Press, 1996.

FUCHS, C. *Internet and Society*: Social Theory in the Information Age. New York: Routledge, 2008.

FUCHS, C. Google Capitalism. *Triple C: Cognition, Communication, Cooperation*, v. 10, n. 1, p. 42-48, 2011.

FUCHS, C. *Digital Labour and Karl Marx*. New York: Routledge, 2014.

FUJIOKA, Y. Television Portrayals and African-American Stereotypes: Examination of Television Effects When Direct Contact Is Lacking. *Journalism and Mass Communication Quarterly*, v. 76, p. 52-75, 1999.

FURNER, J. Dewey Deracialized: A Critical Race-Theoretic Perspective. *Knowledge Organization*, v. 34, p. 144-168, 2007.

GALLOWAY, A. R. The Unworkable Interface. *New Literary History*, v. 39, n. 4, p. 931-956, 2008.

GALLOWAY, A. R.; LOVINK, G.; THACKER, E. Dialogues Carried Out in Silence: An Email Exchange. *Grey Room*, v. 33, p. 96-112, 2008.

GANDY, O. H., JR. *The Panoptic Sort*: A Political Economy of Personal Information. Boulder, CO: Westview, 1993

GANDY, O. H., JR. *Communication and Race*: A Structural Perspective. London: Arnold, 1998.

GANDY, O. H., JR. Consumer Protection in Cyberspace. *Triple C: Cognition, Communication, Co-operation*, v. 9, n. 2, p. 175-189, 2011. Disponível em: www.triple-c.at.

GARDNER, T. A. Racism in Pornography and the Women's Movement. *In*: LEDERER, L. (ed.). *Take Back The Night*: Women on Pornography. New York: William Morrow, 1980. p. 105-114.

GILLIS, S. Neither Cyborg nor Goddess: The (Im) possibilities of Cyberfeminism. *In*: GILLIS, S.; HOWIE, G.; MUNFORD, R. (ed.). *Third Wave Feminism*: A Critical Exploration. London: Palgrave, 2004. p. 185-196.

GLUSAC, E. As Airbnb Grows, So Do Claims of Discrimination. *New York Times*, 21 jun. 2016. Disponível em: www.nytimes.com.

GOLASH-BOZA, T. A Critical and Comprehensive Sociological Theory of Race and Racism. *Sociology of Race and Ethnicity*, v. 2, n. 2, p. 129-141, 2016. doi:2332649216632242.

GOLD, D. The Man Who Makes Money Publishing Your Nude Pics. *The Awl*, 10 nov. 2011. Disponível em: www.theawl.com.

GOLDSMITH, J. L.; WU, T. *Who Controls the Internet? Illusions of a Borderless World*. New York: Oxford University Press, 2006.

GOODE, E. Open Letter to Google from 80 Internet Scholars: Release RTBF Compliance Data. *Medium*, 14 maio 2015. Disponível em: www.medium.com/@ellgood.

GOOGLE. An Update to Our Search Algorithms. *Inside Search*, 10 ago. 2012. Disponível em: http://search.googleblog.com.

GRAMSCI, A. *Cadernos do cárcere*. Rio de Janeiro: Civilização Brasileira, 1999.

GRAY, H. Television, Black Americans, and the American Dream. *Critical Studies in Mass Communication*, v. 6, n. 4, p. 376-386, 1989.

GREER, J. D. Evaluating the Credibility of On-line Information: A Test of Source and Advertising Influence. *Mass Communication and Society*, v. 6, n. 1, p. 11-28, 2003.

GULLI, A.; SIGNORINI, A. The Indexable Web Is More than 11.5 Billion Pages. *In*: *Proceedings of the WWW2005*, 2005. Disponível em: http://www2005.org.

GUNKEL, D. J.; GUNKEL. A. H. Virtual Geographies: The New Worlds of Cyberspace. *Critical Studies in Mass Communication*, v. 14, p. 123-137, 1997.

GUYNN, J. Facebook Takes Heat for Diversity "Pipeline" Remarks. *USA Today*, 15 jul. 2016. Disponível em: www.usatoday.com.

HACKER, A. *Two Nations*: Black and White, Separate, Hostile, Unequal. New York: Scribner's, 1992.

HALAVAIS, A. *Search Engine Society*. Cambridge, MA: Polity, 2009.

HALL, S. Ideology. *In*: BARNOUW, E.; GERBNER, G.; SCHRAMM, W. et al. (ed.). *International Encyclopedia of Communications*. New York: Oxford University Press e Annenberg School for Communication, 1989. p. 307-311.

HARAWAY, D. J. *Simians, Cyborgs, and Women*: The Reinvention of Nature. London: Free Association Books, 1991.

HARDENAUG, B. The Dirt in the New Machine. *New York Times*, 12 ago. 2001. Disponivel em: www.nytimes.com.

HARDING, L. Swedish Minister Denies Claims of Racism over Black

Woman Cake Stunt. *Guardian*, 17 abr. 2012. Disponível em: www.theguardian.com.

HARDING, S. *Feminism and Methodology*. Buckingham, UK: Open University Press, 1987.

HARGITTAI, E. Open Portals or Closed Gates? Channeling Content on the World Wide Web. *Poetics*, v. 27, p. 233-253, 2000.

HARGITTAI, E. The Digital Divide and What to Do about It. *In*: JONES, D. C. (ed.). *New Economy Handbook*. San Diego, CA: Academic Press, 2003. p. 822-839.

HARRIS, C. Whiteness as Property. *In*: CRENSHAW, K.; GOTANDA, B.; PELLER, G.; THOMAS, K. (ed.). *Critical Race Theory*: The Key Writings That Informed the Movement. New York: New Press, 1995.

HARRIS-PERRY, M. V. *Sister Citizen*: Shame, Stereotypes, and Black Women in America. New Haven, CT: Yale University Press, 2011.

HARVEY, D. *Neoliberalismo*: história e implicações. São Paulo: Edições Loyola, 2008.

HEIDER, D.; HARP, D. New Hope or Old Power: Democracy, Pornography and the Internet. *Howard Journal of Communications*, v. 13, n. 4, p. 285-299, 2002.

HERRING, M.; JANKOWSKI, T. B.; BROWN, R. E. Pro-Black Doesn't Mean AntiWhite: The Structure of African-American Group Identity. *Journal of Politics*, v. 61, n. 2, p. 363-386, 1999.

HILES, H. Silicon Valley Venture Capital Has a Diversity Problem. *Recode*, 18 mar. 2015. Disponível em: www.recode.net.

HINDMAN, M. S. *The Myth of Digital Democracy*. Princeton, NJ: Princeton University Press, 2009.

HIRST, P. Q.; THOMPSON, G. F. *Globalization in Question*: The International Economy and the Possibilities of Governance. 2. ed. Cambridge, MA: Polity, 1999.

HOBSON, J. Digital Whiteness, Primitive Blackness. *Feminist Media Studies*, v. 8, p. 111-126, 2008. doi:10.1080/00220380801980467.

HOOKS, B. *Olhares negros*: raça e representação. São Paulo: Elefante, 2019.

HUDSON, N. Nation to Race: The Origin of Racial Classification in Eighteenth Century Thought. *Eighteenth-Century Studies*, v. 29, n. 3, p. 247-264, 1996.

HULL, G. T.; BELL-SCOTT, P.; SMITH, B. *All the Women Are White, All the Blacks Are Men, but Some of Us*

Are Brave: Black Women's Studies. Old Westbury, NY: Feminist Press, 1982.

HUNT, D.; RAMÓN, A.; TRAN, M. *2016 Hollywood Diversity Report: Busine$$ as Usual?* Ralph J. Bunche Center para os Estudos Afro-americanos na UCLA. Disponível em: www.bunchecenter.ucla.edu.

HYATT MAYOR, A. *Prints and People*. Princeton, NJ: Metropolitan Museum of Art, 1971.

INGRAM, M. A Google Monopoly Isn't the Point. *GigaOM*, 22 set. 2011. Disponível em: www.gigaom.com.

INSIDE GOOGLE. *Traffic Report: How Google Is Squeezing Out Competitors and Muscling into New Markets*, 2 jun. 2010. Consumer Watchdog. Disponível em: www.consumerwatchdog.org.

JANSEN, B.; POOCH, U. A Review of Web Searching Studies and a Framework for Future Research. *Journal of the American Society for Information Science and Technology*, v. 52, n. 3, p. 235-246, 2001.

JANSEN, B.; SPINK, A. How Are We Searching the World Wide Web? A Comparison of Nine Search Engine Transaction Logs. *Information Processing and Management*, v. 42, n. 1, p. 248-263, 2006.

JEANNENEY, J. N. *Google and the Myth of Universal Knowledge*: A View from Europe. Chicago: University of Chicago Press, 2007.

JENKINS, R. Rethinking Ethnicity: Identity, Categorization and Power. *Ethnic and Racial Studies*, v. 17, n. 2, p. 197-223, 1994.

JENNINGS, J.; GEIS, F. L.; BROWN, V. Influence of Television Commercials on Women's Self-Confidence and Independent Judgment. *Journal of Personality and Social Psychology*, v. 38, n. 2, p. 203-210, 1980. doi:10.1037/0022-3514.38.2.203.

JENSEN, R. *The Heart of Whiteness*: Confronting Race, Racism, and White Privilege. San Francisco: City Lights, 2005.

JONES, M. L. *Ctrl+Z*: The Right to Be Forgotten. New York: NYU Press, 2016.

KANG, J. Cyber-race. *Harvard Law Review*, v. 113, p. 1130-1208, 2000.

KAPPELER, S. *The Pornography of Representation*. Minneapolis: University of Minnesota Press, 1986.

KELLNER, D. Intellectuals and New Technologies. *Media, Culture and Society*, v. 17, p. 427-448, 1995.

KENDALL, L. *Hanging Out in the Virtual Pub*: Masculinities and Relationships On-line. Berkeley: University of California Press, 2002.

KENRICK, D. T.; GUTIERRES, S. E.; GOLDBERG, L. L. Influence of Popular Erotica on Judgments of Strangers and Mates. *Journal of Experimental Social Psychology*, v. 25, p. 159-167, 1989.

KILBOURNE, J. *Can't Buy My Love*: How Advertising Changes the Way We Think and Feel. New York: Simon and Schuster, 2000.

KILKER, E. Black and White in America: The Culture and Politics of Racial Classification. *International Journal of Politics, Culture and Society*, v. 7, n. 2, p. 229-258, 1993.

KISS, J. Dear Google: Open Letter from 80 Academics on "Right to Be Forgotten". *Guardian*, 14 maio 2015. Disponível em: www.theguardian.com.

KLEINMAN, Z. What Else Does Google's Alphabet Do?. BBC News, 11 ago. 2015. Disponível em: www.bbc.com.

KNOWLTON, S. Three Decades since *Prejudices and Antipathies*: A Study of Changes in the Library of Congress Subject Headings. *Cataloging and Classification Quarterly*, v. 40, n. 2, p. 123-145, 2005.

KOHL, P.; LEE, M. Letter to Honorable Jonathan D. Leibowitz, Chairman, Federal Trade Commission. 19 dez. 2011.Disponível em: www.kohl.senate.gov.

KOPYTOFF, V. Google Surpasses Microsoft as World's Most-Visited Site. *The Technology Chronicles* (blog), *San Francisco Chronicle*, 18 maio 2007. Disponível em: http://blog.sfgate.com/techchron/author/vkopytoff.

KRIPPENDORFF, K. *Content Analysis*: An Introduction to Its Methodology. Thousand Oaks, CA: Sage, 2004.

KUHN, A. *The Power of the Image*: Essays on Representation and Sexuality. New York: Routledge, 1985.

KUSCHEWSKY, M. (ed.). *Data Protection and Privacy*: Jurisdictional Comparisons. European Lawyer Reference. New York: Thomson Reuters, 2012.

LADSON-BILLINGS, G. "Who You Callin' Nappy-Headed?" A Critical Race Theory Look at the Construction of Black Women. *Race, Ethnicity and Education*, v. 12, n. 1, p. 87-99, 2009.

LEONARD, D. Young, Black (or Brown), and Don't Give a Fuck: Virtual Gangstas in the Era of State Violence. *Cultural Studies Critical Methodologies*, v. 9, n. 2, p. 248-272, 2009.

LERNER, G. *A criação do patriarcado*. São Paulo: Cultrix, 2019.

LEVENE, M. *An Introduction to Search Engines and Navigation*. Harlow, UK: Addison Wesley, 2006.

LEVIN, A. Alphabet's Project Wing Delivery Drones to Be Tested in U.S. Bloomberg Politics. 2 ago. 2016. Disponível em: www.bloomberg.com.

LEV-ON, A. The Democratizing Effects of Search Engine Use: On Chance Exposures and Organizational Hubs. *In*: SPINK, A.; ZIMMER, M. (ed.). *Web Searching Multidisciplinary Perspectives*. Dordrecht, The Netherlands: Springer, 2008. p. 135-149.

LIPSITZ, G. *The Possessive Investment in Whiteness*: How White People Profit from Identity Politics. Philadelphia: Temple University Press, 1998.

LUYT, B. Who Benefits from the Digital Divide? *First Monday*, v. 8, n. 9, 2004. Disponível em: www.firstmonday.org.

MACASKILL, E.; DANCE, G. NAS Files: Decoded. *Guardian*, 1 nov. 2013. Disponível em: www.theguardian.com.

MARKEY, K. Twenty-Five Years of End-User Searching, Part 1: Research Findings. *Journal of the American Society for Information Science and Technology*, v. 58, n. 8, p. 1071-1081, 2007.

MARKOWITZ, M. How Much Are Integrity and Credibility Worth? *EDN*, v. 44, p. 31, 1999.

MASTRO, D. E.; TROPP, L. R. The Effects of Interracial Contact, Attitudes, and Stereotypical Portrayals on Evaluations of Black Television Sitcom Characters. *Communication Research Reports*, v. 21, p. 119-129, 2004.

MATABANE, P. W. Cultivating Moderate Perceptions on Racial Integration. *Journal of Communication*, v. 38, n. 4, p. 21-31, 1988.

MATSAKIS, L. Google Employee's AntiDiversity Manifesto Goes "Internally Viral". Motherboard. 5 ago. 2017. Disponível em: https://motherboard.vice.com.

MAYALL, A.; RUSSELL, D. E. H. Racism in Pornography. *Feminism and Psychology*, v. 3, n. 2, p. 275-281, 1993. doi:10.1177/0959353593032023.

MCCARTHY, C. Multicultural Discourses and Curriculum Reform: A Critical Perspective. *Educational Theory*, v. 44, n. 1, p. 81-98, 1994.

MCCHESNEY, R. W.; NICHOLS, J. *The Death and Life of American Journalism*: The Media Revolution That Will Begin the World Again. New York: Nation Books, 2009.

MCGREAL, C. A $95,000 Question: Why Are Whites Five Times Richer than Blacks in the US? *Guardian*, 17 maio 2010. Disponível em: www.guardian.co.uk.

MEYER, R. Twitter's Famous Racist Problem. *Atlantic*, 21 jul. 2016. Disponível em: www.theatlantic.com.

MILLER, P.; KEMP, H. *What's Black about It? Insights to Increase Your Share of a Changing African-American Market.* Ithaca, NY: Paramount, 2005.

MILLER-YOUNG, M. Sexy and Smart: Black Women and the Politics of Self-Authorship in Netporn. *In*: JACOBS, K.; JANSSEN, M.; PASQUINELLI, M. (ed.). *C'lick Me*: A Netporn Studies Reader. Amsterdam: Institute of Network Cultures, 2005. p. 205-216.

MILLER-YOUNG, M. Hip-Hop Honeys and Da Hustlaz: Black Sexualities in the New Hip-Hop Pornography. *Meridians: Feminism, Race, Transnationalism*, v. 8, n. 1, p. 261-292, 2007.

MILLER-YOUNG, M. *A Taste for Brown Sugar*: Black Women in Pornography. Durham, NC: Duke University Press, 2014.

MILLS, C. W. *The Racial Contract*. Ithaca, NY: Cornell University Press, 2014.

MORVILLE, P. *Ambient Findability*. Sebastopol, CA: O'Reilly, 2005.

MOSCO, V. *The Political Economy of Information.* Madison: University of Wisconsin Press, 1988.

MOSCO, V. *The Political Economy of Communication: Rethinking and Renewal*. London: Sage, 1996.

MOSHER, A. Snapchat under Fire for "Yellowface" Filter. *USA Today*, 10 ago. 2016. Disponível em: www.usatoday.com.

MOSSE, G. L. *Nazi Culture*: Intellectual, Cultural, and Social Life in the Third Reich. New York: Grosset e Dunlap, 1966.

NAKAYAMA, T.; KRIZEK, R. Whiteness: A Strategic Rhetoric. *Quarterly Journal of Speech*, v. 81, n. 3, p. 291-309, 1995.

NASH, J. C. Strange Bedfellows: Black Feminism and Antipornography Feminism. *Social Text*, v. 26, n. 4 97, p. 51-76, 2008. doi:10.1215/01642472-2008-010.

ADMINISTRAÇÃO NACIONAL DE TELECOMUNICAÇÕES E INFORMAÇÃO. *Falling through the Net: Defining the Digital Divide*, 8 jul. 1999. Disponível em: www.ntia.doc.gov/report/1999/falling-through-net-defining-digital-divide.

LIGA NACIONAL DE URBANISMO. *State of Black America Report*, 2010. Disponível em: www.nul.org.

NELSON, A.; TU, T. L. N.; HINES, A. H. *Technicolor*: Race, Technology, and Everyday Life. New York: NYU Press, 2001.

NEVILLE, H.; COLEMAN, N.; FALCONER, J. W.; HOLMES, D. Color-Blind Racial Ideology and Psychological False Consciousness among African Americans. *Journal of Black Psychology*, v. 31, n. 1, p. 27-45, 2005. doi:10.1177/0095798404268287.

NEWPORT, F. Black or African American? Gallup. 28 set. 2007. Disponível em: www.gallup.com.

NIESEN, M. The Little Old Lady Has Teeth: The U.S. Federal Trade Commission and the Advertising Industry, 1970-1973. *Advertising & Society Review*, v. 12, n. 4, 2012. http://doi.org/10.1353/asr.2012.0000.

NISSENBAUM, H.; INTRONA, L. Shaping the Web: Why the Politics of Search Engines Matters. *In*: GEHRING, V. V. (ed.). *The Internet in Public Life*. Lanham, MD: Rowman e Littlefield, 2004. p. 7-27.

NOBLE, S. U. Missed Connections: What Search Engines Say about Women. *Bitch*, v. 12, n. 54, p. 37-41, 2012.

NOBLE, S. U. Google Search: Hyper-visibility as a Means of Rendering Black Women and Girls Invisible. *InVisible Culture*, n. 19, out. 2013. Disponível em: http://ivc.lib.rochester.edu.

NOBLE, S. U. Teaching Trayvon: Race, Media, and the Politics of Spectacle. *Black Scholar*, v. 44, n. 1, p. 12-29, 2014.

NOBLE, S. U.; ROBERTS, S. T. Through Google Colored Glass(es): Emotion, Class, and Wearables as Commodity and Control. *In*: NOBLE, S. U.; TETTEGAH, S. Y. (ed.). *Emotions, Technology, and Design*. London: Academic Press, 2015. p. 187-212.

NORRIS, P. *Digital Divide*: Civic Engagement, Information Poverty, and the Internet Worldwide. New York: Cambridge University Press, 2001.

O'BARR, W. M. *Culture and the Ad*: Exploring Otherness in the World of Advertising. Boulder, CO: Westview, 1994.

OHLHEISER, A. Revenge Porn Purveyor Hunter Moore Is Sentenced to Prison. *Washington Post*, 3 dez. 2015. Disponível em: www.washingtonpost.com.

OLSON, H. A. Mapping beyond Dewey's Boundaries: Constructing Classificatory Space for Marginalized Knowledge Domains. *In*: BOWKER, G. C.; STAR, S. L. (ed.). *How Classifications Work: Problems and Challenges in an Electronic Age*, special issue, *Library Trends*, v. 47, n. 2, p. 233-254, 1998.

OMI, M.; WINANT, H. *Racial Formation in the United States*: From the 1960s to the 1990s. New York: Routledge, 1994.

O'NEIL, C. *Algoritmos de destruição em massa*: como o Big Data aumenta a desigualdade e ameaça a democracia. Santo André: Rua do Sabão, 2020.

O'TOOLE, L. *Pornocopia*: Porn, Sex, Technology and Desire. London: Serpent's Tail, 1998.

PAASONEN, S. Trouble with the Commercial: Internets Theorised and Used. *In*: HUNSINGER, J.; KLASTRUP, L.; ALLEN, M. (ed.). *The International Handbook of Internet Research*. Dordrecht, The Netherlands: Springer, 2010. p. 411-422.

PAASONEN, S. Revisiting Cyberfeminism. *Communications: European Journal of Communication Research*, v. 36, n. 3, p. 335-352, 2011.

PACEY, A. *The Culture of Technology*. Cambridge, MA: MIT Press, 1983.

PALMER, C. L.; MALONE, C. K. Elaborate Isolation: Metastructures of Knowledge about Women. *Information Society*, v. 17, n. 3, p. 179-194, 2001.

PARISER, E. *O filtro invisível*: o que a Internet está escondendo de você. São Paulo: Zahar, 2012.

PASQUALE, F. *The Black Box Society*: The Secret Algorithms That Control Money and Information. Cambridge, MA: Harvard University Press, 2015.

PAVLIK, J. V. *New Media Technology*: Cultural and Commercial Perspectives. Boston: Allyn and Bacon, 1996.

PAWLEY, C. Unequal Legacies: Race and Multiculturalism in the LIS Curriculum. *Library Quarterly*, v. 76, n. 2, p. 149-169, 2006.

PEASE, O. *The Responsibilities of American Advertising*. New Haven, CT: Yale University Press, 1985.

PEET, L. Library of Congress Drops Illegal Alien Subject Heading, Provokes Backlash Legislation. *Library Journal*, 13 jun. 2016. Disponível em: www.libraryjournal.com.

PERDUE, L. *EroticaBiz*: How Sex Shaped the Internet. New York: Writers Club Press, 2020.

PETERSON, LATOYA. Postagem em *Racialicious* (blog). 25 jan. 2014. Disponível em: http://racialicious.tumblr.com/post/72346551446/kingjaffejoffer-holliebunni-this-was-vern.

PINKETT, R. Constructionism and an Asset-Based Approach to Community Technology and Community Building. Paper apresentado no 81º Encontro Anual da Associação Americana de Pesquisa Educacional (AERA), New Orleans, LA, 24-28 abr. 2000.

POSTMES, T.; SPEARS, R.; LEA, M. Breaching or Building Social Boundaries? SIDE-Effects of Computer-Mediated Communication. *Communication Research*, v. 25, p. 689-715, 1998.

POTTER, D. M. *People of Plenty*. Chicago: University of Chicago Press, 1954.

PUNYANUNT-CARTER, N. M. The Perceived Realism of African-American Portrayals on Television. *Howard Journal of Communications*, v. 19, p. 241-257, 2008.

PURCELL, K.; BRENNER, J.; RAINIE, L. Search Engine Use 2012. Pew Centro de Pesquisas. 9 mar. 2012. Disponível em: www.pewinternet.org.

QIN, S. Library of Congress to Replace Term "Illegal Aliens". *Dartmouth*, 28 mar. 2016. Disponível em: www.thedartmouth.com.

RAINIE, L.; MADDEN, M. Americans' Privacy Strategies Post-Snowden. Pew Centro de Pesquisas. Mar. 2015. Disponível em: www.pewinternet.org.

RAJAGOPAL, I.; BOJIN, N. Digital Representation: Racism on the World Wide Web. *First Monday*, v. 7, n. 10, 2002. Disponível em: www.firstmonday.org.

REIDSMA, M. Algorithmic Bias in Library Discovery Systems. Blog de Matthew Reidsma. 11 mar. 2016. Disponível em: http://matthew.reidsrow.com/ articles/173

RIFKIN, J. *The End of Work*: The Decline of the Global Labor Force and the Dawn of the Post-Market Era. New York: Putnam, 1995.

RIFKIN, J. *The Age of Access*: The New Culture of Hypercapitalism, Where All of Life Is a Paid-For Experience. New York: J. P. Tarcher/Putnam, 2000.

RITZER, G.; JURGENSON. N. Production, Consumption, Prosumption. *Journal of Consumer Culture*, v. 10, n. 1, p. 13-36, 2010. doi:10.1177/1469540509354673.

ROBERTS, S. T. Behind the Screen: Commercial Content Moderation (CCM). *The Illusion of Volition* (blog). 2012. Disponível em: www.illusionofvolition.com.

ROBERTS, S. T. Commercial Content Moderation: Digital Laborers' Dirty Work. *In*: NOBLE, S. U.; TYNES, B. (ed.). *The Intersectional Internet*. New York: Peter Lang, 2016. p. 147-160.

ROBERTSON, T. Digitization: Just Because You Can, Doesn't Mean You Should. Blog de Tara Robertson. 20 mar. 2016. Disponível em: www.tararobertson.ca.

ROCHA, V. "Revenge Porn" Conviction Is a First under California Law. *Los Angeles Times*, 4 dez. 2014. Disponível em: www.latimes.com.

ROGERS, R. *Information Politics on the Web*. Cambridge, MA: MIT Press, 2004.

RUDMAN, L. A.; BORGIDA, E. The Afterglow of Construct Accessibility: The Behavioral Consequences of Priming Men to View Women as Sexual Objects. *Journal of Experimental Social Psychology*, v. 31, p. 493-517, 1995.

SARACEVIC, T. Information Science. *Journal of the American Society for Information Science*, v. 50, n. 12, p. 1051-1063, 1999.

SARACEVIC, T. Information Science. *In*: BATES, M. J.; MAACK, M. N. (ed.). *Encyclopedia of Library and Information Science*. New York: Taylor and Francis, 2009. p. 2570-2586.

SCHILLER, D. *How to Think about Information*. Urbana: University of Illinois Press, 2007.

SCHILLER, H. *Information Inequality*: The Deepening Social Crisis in America. New York: Routledge, 1996.

SEARCH KING, INC., V. GOOGLE TECHNOLOGY, INC. Caso No. Civ-02-1457-M.W.D. Okla. Jan. 13. 2003. Disponível em: www.searchking.com.

SEDGWICK, E. K. *Epistemology of the Closet*. Berkeley: University of California Press, 1990.

SEGEV, E. *Google and the Digital Divide*: The Bias of On-line Knowledge. Oxford, UK: Chandos, 2010.

COMITÊ JUDICIÁRIO DO SENADO, SUBCOMITÊ DE POLÍTICAS DE COMPETIÇÃO, ANTITRUSTE E DIREITOS DO CONSUMIDOR. *The Power of Google: Serving*

*Consumers or Threatening Competition?*21 set. 2011. Disponível em: www.judiciary.senate.gov/ hearings.

SENFT, T.; NOBLE, S. U. Race and Social Media. *In*: HUNSINGER, J.; SENFT, T. (ed.). *The Routledge Handbook of Social Media*. New York: Routledge, 2014. p. 107-125.

SHAH, A. Hidden Cost of Mobile Phones, Computers, Stereos and VCRs? Global Issues. 21 ago. 2010. Disponível em: www.globalissues.org.

SHARPLEY-WHITING, T. D. *Black Venus*: Sexualized Savages, Primal Fears, and Primitive Narratives in French. Durham, NC: Duke University Press, 1999.

SINCLAIR, B. Integrating the Histories of Race and Technology. *In*: SINCLAIR, B. (ed.). *Technology and the African American Experience*: Needs and Opportunities for Study. Cambridge, MA: MIT Press, 2004. p. 1-17.

SMITH, L. C. Citation Analysis. *Library Trends*, v. 30, n. 1, p. 83-106, 1981.

SMYTHE, D. W. On the Audience Commodity and Its Work. *In*: DURHAM, M. G.; KELLNER, D. (ed.). *Media and Cultural Studies*. Malden, MA: Blackwell, [1981]2006. p. 230-256.

SOLLFRANK, C. The Final Truth about Cyberfeminism. *In*: OLDENBURG, H. von; REICHE, C. (ed.). *Very Cyberfeminist International*. Hamburg: OBN, 2002. p. 108-113.

SPINK, A.; WOLFRAM, D.; JANSEN, B. J.; SARACEVIC, T. Searching the Web: The Public and Their Queries. *Journal of the American Society for Information Science and Technology*, v. 52, n. 3, p. 226-234, 2001.

STEELE, J.; ILIINSKY, N. *Beautiful Visualization*. Sebastopol, CA: O'Reilly, 2010.

STEPAN, N. Race, Gender, Science and Citizenship. *Gender and History*, v. 10, n. 1, p. 26-52, 1998.

STONE, B. Concern for Those Who Screen the Web for Barbarity. *New York Times*, 18 jul. 2010. Disponível em: www.nytimes.com.

STORM, D. Think You Deleted Your Dirty Little Secrets? Before You Sell Your Android Smartphone... *ComputerWorld*, 9 jul. 2014. Disponível em: www.computerworld.com.

STRATTON, J. Cyberspace and the Globalization of Culture. *In*: BELL, D.; KENNEDY, B. (ed.). *The Cybercultures Reader*. New York: Routledge, 2000. p. 721-731.

STRATTON OAKMONT, INC. V. PRODIGY SERVICES CO. No. 31063/94. 1995 WL 323710. N.Y. Sup. Ct. 1995.

STROMAN, C. A.; MERRIT, B. D.; MATABANE, P. W. Twenty Years after Kerner: The Portrayal of African Americans on Prime-Time Television. *Howard Journal of Communication*, v. 2, p. 44-56, 1989.

SWEENEY, L. Discrimination in On-line Ad Delivery. *Communications of the ACM*, v. 56, n. 5, p. 44-54, 2013.

SWENEY, M. Michelle Obama "Racist" Picture That Is Topping Google Images Removed. *Guardian*, 25 nov. 2009. Disponível em: www.theguardian.com.

SWIFT, M. Blacks, Latinos and Women Lose Ground at Silicon Valley Tech Companies. *San Jose Mercury News*, 11 fev. 2010. Disponível em: www.mercurynews.com.

TAPSCOTT, D. *The Digital Economy*: Promise and Peril in the Age of Networked Intelligence. New York: McGraw-Hill, 1996.

TATE, G. (ed.). *Everything but the Burden*: What White People Are Taking from Black Culture. New York: Broadway Books, 2003.

TETTEGAH, S. Y. The Good, the Bad, and the Ugly: Color-Blind Racial Ideology. *In*: NEVILLE, H. A.; GALLARDO, M. E.; SUE, D. W. (ed.). *The Myth of Racial Color Blindness*: Manifestations, Dynamics, and Impact. Washington, DC: American Psychological Association, 2016. p. 175-190.

TIPPMAN, S. Google Accidentally Reveals Data on "Right to Be Forgotten" Requests. *Guardian*, 14 jul. 2015. Disponível em: www.theguardian.com.

TOFFLER, A. *O choque do futuro*. Rio de Janeiro: Record, 1970.

TOFFLER, A. *A terceira onda*. Rio de Janeiro: Record, 1995.

TREITLER, V. Racial Categories Matter Because Racial Hierarchies Matter: A Commentary. *Ethnic and Racial Studies*, v. 21, n. 5, p. 959-968, 1998.

TREITLER, V. *The Ethnic Project*: Transforming Racial Fiction into Ethnic Factions. Stanford, CA: Stanford University Press, 2013.

TSUKAYAMA, H. How to Clear Your Google Search History, Account Info. *Washington Post*, 29 fev. 2012. Disponível em: www.washingtonpost.com.

TUCHER, A. Why Web Warriors Might Worry. *Columbia Journalism Review*, v. 36, p. 35-36, 1997.

TUCHMAN, G. Women's Depiction by the Mass Media: Review Essay. *Signs: Journal of Women in Culture and Society*, v. 4, n. 3, p. 528-542, 1979.

TYNES, B. M.; MARKOE, S. L. The Role of Color-Blind Racial Attitudes in Reactions to Racial Discrimination on Social Network Sites. *Journal of Diversity in Higher Education*, v. 3, n. 1, p. 1-13, 2010.

UN WOMEN. UN Women Ad Series Reveals Widespread Sexism. 2013. Disponível em: www.unwomen.org.

U.S. CENSUS BUREAU. (2007). "Current Population Survey: People in Families by Family Structure, Age, and Sex, Iterated by Income-to-PovertyRatio and Race." U.S. CENSUS BUREAU. (2008). "Table B-2: Poverty Status of People by Age, Race, and Hispanic Origin: 1959-2008". In *Income, Poverty, and Health Insurance Coverage in the United States: 2008*, Report P60-236, 50-55. Washington, DC: U.S. Census Bureau.

U.S. DEPARTMENT OF JUSTICE, FEDERAL BUREAU OF INVESTIGATION. Table 43: Arrests, by Race, 2010. *In*: *Crime in the United States: 2010*. Disponível em:

http://ucr.fbi.gov/crime-in-the-u.s/2010/crime-in-the--u.s.-2010/tables/table-43.

VAIDHYANATHAN, S. Critical Information Studies: A Bibliographic Manifesto. *Cultural Studies*, v. 20, n. 2-3, p. 292-315, 2006.

VAIDHYANATHAN, S. *The Googlization of Everything (and Why We Should Worry)*. Berkeley: University of California Press, 2011.

VAN COUVERING, E. New Media? The Political Economy of Internet Search Engines. Paper apresentado na Conferência Anual da Associação Internacional de Mídia e Pesquisadores da Comunicação, Porto Alegre, Brasil, 2004.

VAN COUVERING, E. The History of the Internet Search Engine: Navigational Media and the Traffic Commodity. *In*: SPINK, A.; ZIMMER, M. (ed.). *Web Searching*: Multidisciplinary Perspectives. Dordrecht, The Netherlands: Springer, 2008. p. 177-206.

VAN DIJK, J.; HACKER, K. The Digital Divide as a Complex and Dynamic Phenomenon. *Information Society*, v. 19, n. 4, p. 315-326, 2003.

VAN DIJK, T. A. *Racism and the Press*. London: Routledge, 1991.

WAJCMAN, J. *Feminism Confronts Technology*. University Park: Pennsylvania State University Press, 1991.

WAJCMAN, J. Feminist Theories of Technology. *Cambridge Journal of Economics*, v. 34, p. 143-152, 2010.

WALLACE, M. *Invisibility Blues*: From Pop to Theory. London: Verso, 1990.

WARF, B.; GRIMES, J. Counterhegemonic Discourses and the Internet. *Geographical Review*, v. 87, n. 2, p. 259-274, 1997.

WASSON, H. The Ms. in Magazine Advertising. *In*: KING, R. (ed.). *Proceedings*: Southern Marketing Association 1973 Conference. Blacksburg: Virginia Polytechnic Institute and State University, 1973. p. 240-243.

WEHELIYE, A. G. "I Am I Be": The Subject of Sonic Afro-Modernity. *Boundary 2*, v. 30, n. 2, p. 97-114, 2003.

WEST, C. Black Strivings in a Twilight Civilization. *In*: GATES, H. L., Jr.; WEST, C. *The Future of the Race*. New York: Knopf, 1996. p. 53-114.

WEST, C. M. Mammy, Sapphire, and Jezebel: Historical Images of Black Women and Their Implications for Psychotherapy. *Psychotherapy*, v. 32, n. 3, p. 458-466, 1995.

WHITE, D. G. *Ar'n't I a Woman? Female Slaves in the Plantation South*. New York: Norton, [1985]1999.

WILHELM, A. G. *Digital Nation*: Towards an Inclusive Information Society. Cambridge, MA: MIT Press, 2006.

WILLIAMSON, Z. Porn SEO. Zack Williamson's blog. 19 jul. 2014. Disponível em: www.zackwilliamson.com.

WILSON, C. C.; GUTIERREZ, F.; CHAO, L. M. *Racism, Sexism, and the Media*: The Rise of Class Communication in Multicultural America. Thousand Oaks, CA: Sage, 2003.

WILSON, P. *Two Kinds of Power*: An Essay on Bibliographical Control. Berkeley: University of California Press, 1968.

WINNER, L. *The Whale and the Reactor*: A Search for Limits in an Age of High Technology. Chicago: University of Chicago Press, 1986.

WOLFRAM, D. Search Characteristics in Different Types of Web-Based IR Environments: Are They the Same? *Information Processing and Management*, v. 44, n. 3, p. 1279-1292, 2008.

XANTHOULIS, N. Conceptualising a Right to Oblivion in the Digital World: A Human Rights-Based Approach. SSRN. 22 maio 2012. Disponível em: http://dx.doi.org/10.2139/ssrn.2064503.

XMCP. Yes Dear, There Is Porn SEO, and We Can Learn a Lot from It. *YouMoz* (blog). 21 jan. 2008. Disponível em: www.moz.com.

YANG, J. L.; EASTON, N. Obama & Google (a Love Story). *Fortune*, 26 jul. 2009. Disponível em: http://money.cnn.com.

YARBROUGH, M.; BENNETT, C. Cassandra and the “Sistahs”: The Peculiar Treatment of African American Women in the Myth of Women as Liars. *Journal of Gender, Race, and Justice*, v. 3, n. 2, p. 626-657, 2000.

ZERAN V. AMERICA ON-LINE, INC. (1997). 129 F.3d 327 (4th Cir.).

ZIMMER, M. Preface: Critical Perspectives on Web 2.0. *First Monday*, v. 13, n. 3, 2008. Disponível em: www.firstmonday.org.

ZIMMER, M. Web Search Studies: Multidisciplinary Perspectives on Web Search Engines. *In*: HUNSINGER, J.; KLASTRUP, L.; ALLEN, M. (ed.). *International Handbook of Internet Research*. Dordrecht, The Netherlands: Springer, 2009. p. 507-521.

ZITTRAIN, J. *The Future of the Internet and How to Stop It*. New Haven, CT: Yale University Press, 2008.

ZITTRAIN, J.; EDELMAN, B. Localized Google Search Result Exclusions: Statement of Issues and Call for Data. 2002. Disponível em: http://cyber.harvard.edu/filtering/

ÍNDICE REMISSIVO

Ação afirmativa, 12, 174

Adelsohn Liljeroth, Lena, XX

Algoritmos de Destruição em Massa (O'Neil), 27

Algoritmos, vieses da big data, 29, 31, 36; conceitualizações, 24; práticas democráticas on-line desmentidas, 49; efeito discriminatório, 6, 13, 28, 85, 173, 175-76; percepção de neutralidade, 37, 44, 56, 171; "algoritmos racistas," 9; reflexo dos programadores, 1, 26. *Ver também* Google PageRank; Kandis Ali, Kabir, 80 Alphabet, 34-35; Imperialismo cultural, 86; Expansão em tecnologias de vigilância,28

Anderson, Benedict, 136

Angwin, Julia, 27

Anonymous (grupo hacker), 112, 194n4

antes da internet, 173-75; papel nos resultados de buscas, 11, 16, 24, 36, 38, 54. *Ver também* interesses comerciais; otimização de mecanismos de busca por empresas de publicidade, 5, 50, 123; vieses, 89,105-6, 116; intenção de lucro, 36, 124; papel em resultados de busca, 24, 38, 40-41,

Apple: condições de trabalho na China, 164, 199n43; preconceito nas lojas, 163

Armazenamento de dados e arquivo, 125-28

Arreola, Veronica, 155

ArtStor, viés no gerenciamento de metadados, 145-47

Ascher, Diana, 29

Associação Nacional Para o Avanço das Pessoas Negras, 55; NAACP Image Awards, 191n74

Associated Press v. United States, 190n57

Baartman, Sara, 94-96, 100

Bagdikian, Ben, 41

banco de dados de retratos policiais, 123-24

Bar-Ilan,Judit, 47

Barlow, John Perry, 61

Baron, Jill, 134

Battelle, John, 148

Berger, John, 58

Berman, Sanford, 139, 143-44 vies. *Ver* empresas de publicidade; algoritmos; mecanismos de busca; Twitter

Biblioteca do Congresso, 134-35

Bibliotecas e bibliotecários, 11, 16; práticas de análise de citações, 144; má-representações em catálogos e classificações, 12, 147; filtros de pornografia, 55, 100, 190n71. *Ver também* Cabeçalhos de Assuntos da Biblioteca do Congresso (LCSH)

Bitch, 4, 181

Black Girls (banda de rock), 69

Black Lives Matter, 165

Black Scholar, 11

Black, Diane, 135

Blanchette, Jean-François, 125, 128

Bombardeamento de Google, 46-47, 189n47; George W. Bush e fracasso miserável, *48*; Santorum, Rick, 47, 189n50

Brancos e Negros, 199n51; Mulheres negra como deviante, 93; criminalidade futura de réus Brancos e Negros, 27; diferença crescente na renda, 167; olhar masculino, 58-59; anúncio de pesquisas de antecedentes criminais, 124; estatísticas sobre pobreza, 193n47, 193n52; problemas de raça e gênero, 70-71; binarismo racial, 79; cultura do estupro, 93-94, 96; identidade social, 104-5; "três adolescentes negros" ou "três adolescentes brancos," 80; manchetes algorítmicas no Twitter, 29; Americano Branco como norma, 71, 91; preponderância masculina Branca e Asiática, 65, 108; ideias hegemônicas Brancas, 168 europeus Brancos, 94, 98; supremacistas Brancos, 11, 42, 96, 112; Conselho dos Cidadãos Conservadores, *117*; Conselho dos Cidadãos Conservadores (CCC), 111-12, 116-18; Stormfront, 172

Brin, Sergey, 37, 38, 40-41, 44, 47

Brock, André, 17-*21*, 91, 151

Brown, Ronald, 104

Bureau do Censo dos EUA (2007) estatísticas sobre pobreza, 193n47

Bureau Federal de Investigação (FBI)

Cabeçalhos de Assuntos da Biblioteca do Congresso (LCSH), 24; vieses em classificação, 12,24, 136-37,139-40,144; "Ciganos" 140; cabeçalho "imigrante ilegal"134-35; "Questão Judaica" 135, 139, 142, 143; "Cr*olos," 143; "Oriental," 140; "Questão Racial" ou "Negroides," 139, 142, 43; classificação religiosa, 140; "Mulheres como contadoras" 139; "Perigo Amarelo" 135, 139

Cabos-Owen, Julie, 119

categorias raciais: PubMed/MEDLINE, 95; África do Sul, 95

Centro de Direitos da Pobreza do Sul, 104, 118

Centro de Pesquisas Pew, 51

Chicago Tribune, 134

Chicago Urban League, 191n73

Chin, Denny, 157

Cisão digital, 34, 56, 86, 160-61, 164, 188n21

Coalizão pela Internet Aberta, 156

Cohen, Nicole, 154

Comentários #Gamergate, 63; espelho da sociedade, 90-91; Identidade social, 104-5

Comissão Europeia, 157

Comissão Federal de Comércio (FTC), 166;

Comissão Federal de Comunicações

Comprando produtos on-line, 175

ComputerWorld, 127

comScore Media Metrix enquete de consumidores, 35, 53

Comunidade Afroamericana, salão de cabelereiro, 173-74

ConsumerWatchdog.org, 56
Controle privado ao acesso à informação, 2, 84, 123; exploração comercial, 50-51, 92, 155; questão do Google Books, 157; Influência do governo, 129; acesso público e participação, 26, 153-54; conteúdo da rede e propriedade, 51, 104-5, 172
copyright, 50, 120, 129
Corte Europeia de Justiça, 121
Crawford, Kate, 26
Crimes de ódio: grupos disseminadores de ódio, 116-17;
Cyber Racism (Daniels), 116
cyberspace, 61-62;
Dados sobre força de trabalho do Departamento do Trabalho, 162
Damore, James, 2
Daniels, Jessie, 84, 108, 116, 172
Darnton, Robert, 157
Davis, Jessica, 85
"Uma Declaração de Independência do Cyberespaço" (Barlow), 61
DeSantis, John, 134
Desigualdade social, problema e passos a serem dados, 165-66
Diaz, Alejandro, 26, 42
Dickinson, Gregory M., 158-59
Dines, Gail, 101-2
"direito ao esquecimento," 12, 121-22; limitações, 128; natureza dos pedidos, 130; proteção de indivíduos e grupos, 122-23; transparência dos pedidos, 130-31
Direitos de propriedade intelectual., 50, 158
diretórios on-line, 25
Discriminação no aluguel de Airnbnb, 163
Doctor, DePayne Middleton, 110
dominação patriarcal da tecnologia, 107-8
Dorsey, Joseph C., 93
Edelman, Benjamin, 44

Eisenhower, Dwight D., 190n64

Epstein, Robert, 52

Esquemas classificação, 150; Eurocentrismo, 141; má representações de mulheres e pessoas não brancas, 5, 138; classificação racial, 136-37, 149. *Ver também* Cabeçalhos de Assunto da Biblioteca do Congresso (LCSH), Coalizão para Reforma Imigratória, Igualdade e DREAMers (CoFired), 135

Estatísticas criminais, 112, 194n5

estereótipos. *Ver* racismo e sexismo

Estudos de informação. *Ver* bibliotecas e bibliotecários

Everett, Anna, 107

Facebook, 3, 156, 158, 181; moderação de conteúdo comercial, 58; filtragem de conteúdo, 56; "problemas de diversidade," 65, 177; informação pessoal, 120-21; otimização de mecanismos de pesquisa, 54; subcontratação de mulheres negras, 69. *Ver também* pornografia não-consensual (NCP)

Fairclough, Norman, 61, 91-92

"fake news," 183-*85*

Fanon, Franz, 144

(FCC), 49, 166; plano decianual de banda larga, 153

Feminismo negro, 29-33, 92-93; antipornografia retórica e bibliografia, 100 estudos de tecnologia feminista negro (BFTS), 171-72

Feminismo: imagens de mulheres, 106-7;

Feuz, Martin, 54

filtros, 45; filtros "Bob Marley" e "yellowface", 69; moderação de conteúdo comercial, 56-57; "bolha de filtragem" 5, 187n3; configurações padrões do Google, 88; Critério objetivo de dano ao público, 56; Filtros de pornografia, 55, 100. *Ver também* Prodigy

Financiamento coletivo, 188n27

Flaherty, Colin, 104

Fleisher, Peter, 128

Ford, Thomas E., 89

Foskett, Anthony Charles, 136

Fouché, Rayvon, 108

França, "Charter of good practices on the FreePorn. com blog, 87

Fuchs, Christian, 162

Fujioka, Yuki, 89

Fuller, Matthew, 54

Fundo da Liberdade da Faculdade de Dartmouth, 134

Fundo Nacional para as Artes, 183

Furner, Jonathan, 135-36

Galloway, Alex, 148

Gandy, Oscar Jr., 85, 125

Gardner, Tracey A., 59

Gillespie, Tarleton, 26

Golash-Boza, Tanya, 80

Gold, Danny, 120

Goodman, Ellen P., 130

Google AdWords, 86-87, 106, 116; resultados das buscas por 'meninas negras', 68, 86-87; Custo por clique (CPC), 46-47

Google Books, 50, 86, 191n77; sentença sobre "uso aceitável", 157

Google Glass: "Glassholes," 164; projeto neocolonial, 164

Google Image, busca, 6

Google Image, rotulador, 188n27

Google Instant, resultados de primeira página proibidos para menores, 155

Google Maps, busca por Cr*olo apresenta a Casa Branca, 6-*8*

Google PageRank, 11, 38-42, 46-47, 54, 158, 189n48

Google Search, 3-4, 86; controle do algoritmo, 179; correção automática para "ele mesmo" 142; autosugestões, 6, 11, 15, *20-21*, 24; Perspectiva feminista Negra, 30-31; influência comercial no ambiente, 24, 179; ciências da computação e tomada de decisões 148-49; proteção ao consumidor, 143, 189n42; filtros para anunciantes, 45; 188n10; aviso, 31, 42, 159; aviso sobre procuras pelo termo "judeu" 44, 88n24, 191n73; priorização dos próprios produtos, 162; prioridade no ranqueamento, 18, 32, 42, 63, 65, 118, 155, 158; pressão pública, 50; resposta aos estereótipos, 82; sexismo e discriminação 15-16. *Ver também* Resultados das buscas por 'meninas negra'; pornografia; resultados de pesquisas; *Google Spain v. AEPD and Mario Costeja González*, 121

Google Web History, 190n70

Google: desculpas, 6; arquivos não-públicos de resultados de pesquisa, 122, 129; Bloqueio de competidores, 56; críticas, 28, 33, 36-37, 56, 163-64; Políticas de armazenamento de dados, 125-29; "problemas de diversidade," 64-65, 69, 163; conglomerados de notícias da grande imprensa, 49; Método de reconstrução de índices, 189n38; Status de quase monopólio, 34-36, 86, 156, 188n10, 198n32; política de privacidade, 129-30; direito à transparência sobre remoção de dados, 130-31; excedente de força de trabalho graças ao uso livre, 162; subcontratação de mulheres Negras, 69; política ilegal de remoção de páginas, 42; diferenças salariais, 2

Grimes, John, 90

Gross, Tina, 135

Guardian, 130

Guynn, Jessica, 65-66, 80

Halavais, Alex, 25

Harding, Sandra, 31

hardware, condições de trabalho na mineração de matéria bruta, 161, 164, 199n42

Harp, Dustin, 58

Harvey, David, 91-92

Heider, Don, 58

Herring, Mary, 104

Hiles, Heather, 65-66

Hobson, Janell, 165

Holloway, Max, 48

hooks, bell, 33, 92, 102

Hudson, Nicholas, 136

Humanidade universal, 61-62

Hunt, Christopher, 15

Hunt, Darnell, 55

Hurd, Cynthia, 110
(ICTs), 91, 107, 150-51, 163
Igreja Metodista Episcopal Africana "Mãe Emanuel", 11, 110
Influências comerciais, 16, 104
informação política on-line, 49; efeito de viés de informação, 52-53
Ingram, Matthew, 159
Iniciativa dos Direitos Civis Cibernéticos, 120
Iniguez, Noe, 121
Instituto de Serviços aos Museus e Bibliotecas 183
Inteligência artificial, 1-2, 148; papel na crise financeira de imóveis de 2008, 27; previsões futuras de criminalidade, 27
Interesses comerciais, 32, 36, 157, 179; manipulando o sistema, 40-41; Influência sobre o jornalismo, 154; transparência, 50, 104
Introna, Lucas, 26
Investigação do Google, 34, 156, 159, 191n77; prestação pública de contas, 51
Jackson, Susie, 110
Jankowski, Thomas, 104
Johnson, Deborah, 125, 128
Jurgenson, Nathan, 161
Kandis, 12, 173-78, 187n10; supressão de negócios no Yelp, 200n3 Busca por palavras-chave, 29, 46-47, 87-88; Ferramenta de Estimativas de palavras-chave, 46; uso de linguagem de minorias, 177; relação com grupos marginalizados, 60, 108. *Ver também* Google Search
Kilbourne, Jean, 105
King, Martin Luther, Jr., 172
Kuhn, Annette, 106
LA Times, 29
Lance, Ethel, 110
legislação: Ato de Proteção das Crianças na Internet, 166, 199n50; Ato de Uso Seguro por Crianças de 2007, 166, 199n51; Ato de Decência nas Comunicações

(CDA), 158-59; Ato de Sustação de Políticas Partidárias na Biblioteca do Congresso, 135

Lerner, Gilda, 93-94

Liberdade de expressão e garantias à liberdade de expressão, 46, 57, 172; corporações, 143

Library Journal, 134

Liga Antidifamação, 42, 44, 157, 160

Liga Internacional Contra o Racismo, 42

Liga Urbanística, 55

Linde, Makode Aj, 96-97

Lipsitz, George, 59, 168

Los Angeles Times, 121, 135

Lycos, 25

"Manifesto antidiversidade", 2

Marshall, Joan K., 143, 144

Martin, Trayvon, 11, 111, 115

Massa, Bob, 158

Massacre da Igreja "Mother" Emanuel AME, 110; "manifestos racistas"," 110-11

Mathes, Adam, 47

McCarthy, Cameron, 85

McChesney, Robert, 49, 154

McKesson, Deray, 6

Mecanismos de busca, 35-36; análise de citações, 39-41, 144, 147; comercialização de identidades de meninas, 71-78; índice de conteudo, 141; viés de mecanismo de busca, 26-29, 31-32, 36-37, 41-42, 150, 152; frases de busca, 37-38. *Ver também* práticas de contratação; Google Search; websites *Search Engine Use 2012*, 53-54; *Search Engine Watch*, 48; Search King, 158

Media Matters, 49

MegaTech, 57

Memac Ogilvy & Mather Dubai, 15, 17 projetos militar-industriais, 190n64

Meninas Negras Programam, 26, 64-65

Mercado de trabalho: condições da extração de matéria-prima, 161, 163; declínio de Negros e Hispânicos entre o gerenciamento de alto escalão, 162-63; trabalhadores explorados na República Democrática do Congo, 164; trabalhos de manufatura para a Ásia, 164; desmantelamento de e-lixo tóxico em Gana, 164

mercados de moradia e educação, 167

Mídia, 171; erosão de padrões profissionais, 155; continuidade de representações históricas, 150; cultura informal na, 85-86; Participação de pessoas Negras, 165; representações de Afroamericanos, 89, 105; tensão com jornalistas, 154

Miller-Young,

Mills, Charles, 60 monopólios. *Ver* Google; monopólios de tecnologia

Mireille, 101-2

Monopólios tecnológicos, 3, 12, 24, 122; controle corporativo da informação, 5; "cisão digital," 160-61. *Ver também* empresas de telecomunicação do Google, discriminação de roteamento de tráfego, 156

Moore, Hunter, 120-21, 158

Morville, Peter, 87

Movimentos de libertação feminista e gay 132

Ms. blog, 155

Mulheres e direitos das mulheres: igualdade de contratação, 2; resultados de pesquisas, 4, 24, 38. *Ver também* racismo e sexismo

Museu Jim Crow de Souvenires Racistas, 96, 98

Nações Unidas, 15

Narissra M., 89

Nash, Jennifer C., 100-101

Negação de serviço distribuída (DDOS), 112

Negroponte, Nicholas, 187n9 neoliberalismo, 1; capitalismo, 33, 36, 104, 133; desinformação e má representação, 185; internet privatizada, 11, 61, 165, 179; políticas tecnológicas, 32, 64, 91-92, 129, 131, 161

Neutralidade, expectativa de 1, 6, 18, 25, 56; processos de priorização de conteúdo, 156

Nichols, John, 49, 154

Niesen, Molly, 51

Nissenbaum, Helen, 26

Northpointe, 27

"novo capitalismo," 92

O'Neil, Cathy, 27

Obama, Michelle, 6, *9*

Off Our Backs, 132

Olhares Negros (hooks), 92-94

Olson, Hope A., 138, 140-42

Omi, Michael, 80

On Our Backs, 131-32

Opressão algorítmica, 1-2,4, 10, 80, 84, 173

organização de fachada para grupos de ódio, 116-17; falha identificando Afroamericanos como "macacos", 6; image search, 6, *20-23*,

Otimização de mecanismos de busca, 40-41; FreePorn.com blog, 87; influência negativa, 91; uso pela indústria pornográfica, 87-88; Empresas de orimização de buscas, 46-47, 49

Padilla, Melissa, 134

Page, Larry, 37, 38, 40-41, 47

Páginas da internet: Blackbird, 150-51; BlackFind.com, 151; BlackWebPortal, 151; "websites camuflados," 116, 172; Conselho dos Cidadãos Conservadores, 111-12; FreePorn.com, 87; FreePress.org,, 55, 191n76; GatewayBlackPortal, 151; páginas focadas em identidades, 151; IsAnyoneUp.com, 120; JewGotIt, 151; Jewish.net, 151; Jewogle, 151; JGrab, 151; martinlutherking.org, 172; Maven Search, 151; Mugshots.com, 124; NewNation.org, 112, 115; UnpublishArrest.com, 124; www. conservative-headlines. com, 117; www.lastrhodesian.com, 110, 194n2; Zillow.com, 167

Pasquale, Frank, 28

Peet, Lisa, 134

perfilação, racial e de gênero, 1, 163. *Ver também* segregação tecnológica

perfis raciais e de gênero, 28

Peterson, Latoya, 4-5

Pinckney, Clementa, 110

Plataformas de mídia digitais, 5-6, 12-13, 30, 56, 148, 188n31

Política pública, 6, 12-13, 34, 133; proteção ao consumidor, 29, 188n10; assegurando padrões de decência, 158-59; efeitos em pessoas Negras, 34; efeito em pessoas marginalizadas, 80, 160, 166-67; questão do Google Books, 157; importância da informação, 154; alternativas públicas de mecanismos de pesquisa, 152. *Ver também* "direito a ser esquecido"

"políticas de reconhecimento" 84-85

Políticas de tecnologia, 70, 89

Pornografia de vingança. *Ver* pornografia não-consensual (NCP)

Pornografia não consensual (NCP), 119-22

pornografia: algoritmo para suprimir pornografia, 104; pornô comercial, 100-102; algoritmos do Google para suprimir pornografia, 104; olhar masculino e, 58-59; pornificação de mulheres Negras, 10, 17, 32-33, 35, 49, 59, 102; pornificação de Latinas e Asiáticas, 4, 11, *75*, 159; Resultados de busca pornográficas por mulheres Negras, 99-100. *Ver também* racismo e sexismo

Post-Snowden," 52; controle sobre dados como direito humano, 128; dados deletados ou esquecidos, 127-28; digitalização de informação sensível, 131-*32*; Política de privacidade do Google 129-30; identidades e rastreamento de buscas, 54-55, "esquecimento social",125-26, 128; arquivos visíveis e invisíveis, 129. *Ver também* "direito ao esquecimento"

Powers, Laura Weidman, 65

Powles, Julia, 130

PR Ad Network, 158

Práticas de contratação: currículo de faculdades de engenharia, 70, 163; "questões de escoamento" 64-66; Subcontratação de Negros, 80; subcontratação de mulheres Negras, 69

privacidade: "American's Privacy Strategies

Privatizando e/ou vendendo informação, 51

Prodigy, 158-59

programadores: "cisão digital" 161; mulheres e pessoas não-Brancas, 26

Projeto Pew de Internet e Vida Americana, 35, 51, 53, 190

prosumerismo, audiência como commodity, 161-62, 198n25

Publicidade: impacto na sociedade, xx; 56. *Ver também* Google Search

Punyanunt-Carter,

Racialicious (blog), 4

racismo e sexismo, 9, 186; aplicação de interface de programa (API), 187; pessoas Negras como um problema, 142-43; "cegueira à cor" e multiculturalismo, 167-68; Apagamento de contribuições Afroamericanas, 108; fantasia de pós racialismo, 108, 168; crise financeira e de moradia de 2008, 27; primeiros resultados de pesquisa, 5; criminalidade futura de réus Brancos e Negros, 27; comentários #Gamergate, 63, 191n96; configurações padrão do Google, 88-89; história de escravidão e exploração, 92, 96-98; impacto de estereótipos, 105, 155; internet como ferramenta, 89; marginalização na internet de mulheres e Negros, 58, 108, 165; imagem da Jezebel, 70, 96, 98; impacto masculino on-line, 58; imagem da Mãe Preta ou Sapphire, 70, 98; aplicativo de interface de programa cr*olo (API), 4-5; teoria de hierarquia racial, 79-80; reconhecimento de, 25; viés de mecanismo de busca, 29, 31-32; replicação de imagens tradicionais da mídia, 55-56, 59. *Ver também* liberdade de expressão e garantias à liberdade de expressão: Brancos e Negros.

Rastros digitais, 11, 187-189

Recode, 65

Recuperação de informação, contexto social de organizadores, 149-50

Reidsma, Matthew, 144-45

Relatório da Universidade de Brandeis, 167

Resultados de buscas: meninas Afroamericanas, 78; meninas índias, 76; páginas antissemitas, 42-45; meninas asiáticas, 72, 160; meninas indianas, 73; Crime de Negros contra Brancos, 111-17, 194n5; "doutor," *82*; gorilas, *7*; meninas hispânicas, 74; "Judeu," 42, 44, 86, 143, 160; vadia Jezebel, *99*; meninas latinas, 75, 160; anúncios de pesquisas de antecedentes criminais, 124; "enfermeira," *83*; economia política da busca, 49-50; "estilos de pentado profissionais e não profissionais para o ambiente de trabalho," *83*; reflexo da sociedade e do conhecimento, 148; Sara Baartman, 95; "três adolescentes negros" ou "três adolescentes brancos," 80-81; imagens de conteúdo gerado por usuários (UGC), 104; resultados enviesados sobre crimes violentos, 115; meninas Brancas, 77. Ver também 'meninas negras' resultado de pesquisas

Resultados de pesquisa para "meninas negras", 17-21, 31, 49, 64, 66-68, 103, 160, 192n5; Liga Urbanística de Chicago, 191n73; primeiros resultados de pesquisa, 3-4, 5; melhorias, 10, 181-82; pornificação,11, 86

right to be forgotten..." 121

Ritzer, George, 161

Roberts, Sarah T., 56-58, 164

Robertson, Ronald, 52

Robertson, Tara, 131-32

Roof, Dylann "Storm," 11, 110, 115-18, 133, 194n1; website, 194n2

Sanders, Felecia, 110

Sanders, Tywanza, 110

Saracevic, Tefko, 149

Schiller, Dan, 92

Schiller, Herbert, 51, 153

Scott, Keith Lamont, 29-30

Segev, Elad, 28, 86

Segregação tecnológica, 1, 167

Sexualidadade africana, 94-95

Sheppard, Polly, 110

Shuhaibar, Kareem, 15

Simmons, Daniel Sr., 110

Singleton, Sharonda, 110

Sistema de Classificação Decimal Dewey, 24, 136; vieses, 140

Smith, Linda, 40

Smythe, Dallas, 161

Snapchat: filtros de "Bob Marley" e "yellowface", 69, 163; subcontratação de mulheres negras, 69

Snowden, Edward, 52, 125, 196n27

Stalder, Felix, 54

Stepan, Nancy Leys, 62
Storm, Darlene, 127
Stratton Oakmont, Inc. v. Prodigy Services Co., 159
Sweeney, Latanya, 124
Tecnolofias de informação e Comunicação
teoria de formação racial, 84
Teoria racial crítica, 6, 61, 136, 138, 143, 150
Tettegah, Sharon, 168
The Googlization of Everything (Vaidhyanathan),42
The Power of the Image (Kuhn), 106
The Racial Contract (Mills), 60
"The Venus Hottentot," 94
Thompson, Myra, 110
Toffler, Alvin, 198
transparência, 50, 104; remoção de dados no Google, 130-31; o mecanismo de imaginação, *180*-81; pedidos por esquecimento, 130-31
Treitler, Vilna Bashi, 79-80
Trump, Donald, 166, 183
Twitter, 80, 110; vieses em tuítes automatizados, 29; #Black Lives Matter, 11; #Drop-TheWord, 135; #NoHumanBeingIsIllegal, 135; "estilos de penteado profissionais e não-profissionais para o ambiente de trabalho," *83*; trollagem racista, 163; postagem sobre "três adolescentes negros" ou "três adolescentes brancos", 80
U.S. News and World Report, 6, 9
USA Today, 65-66, 80, 119, 134
Vaidhyanathan, Siva, 28, 42, 157
Verizon, 125
Vessey, Denmark, 110
Vieses de sistemas de pesquisa de bibliotecas, 144-*45*
Wajcman, Judy, 107
Wallace, Michele, 165
Warf, Barney, 90
Washington Post, 6, 121
Ways of Vering (Berger), 58
West, Cornel, 142

Winant, Howard, 80
Winner, Langdon, 89
Witzel, Amy, 134
Wordze, 87
Writers' Rights (Cohen), 154
Xanthoulis, Napoleon, 128
Yahoo!, 25, 149; processo francês sobre souvenires nazistas, 45
Yelp, 85, 173; efeito dos anúncios, 176-78; controle do algoritmo, 12, 175-76, 178-79; Comunidades não-brancas, 175-76; trancando ou bloqueando avaliações, 177, 200; fotografias ou mapas, 177-78; usuários como clientes, 176
YouTube, 86; filtragem de conteúdo, 56; comentários de ódio, 5; vídeo do armazenamento de dados pessoais do Google, 125
Zeran v. America On-line, Inc., 159
Zimmerman, George, 111
Zittrain, Jonathan, 45

TIPOGRAFIA:
Antonio (título)
Georgia (texto)